# LAMENNAIS

1423

DE M. F. DUINE

Le tombeau de Thomas James, dans la cathédrale de Dol. (Rennes, Philon-Hervé, 1895. Brochure.)

Légendes péruviennes, contes pour les petits enfants. — (Tours, Mame, 1896.)

Un poète du XVIe siècle. — Notice sur l'évêque-comte Charles d'ESPINAY. (Paris, Lortic, 1896. Brochure.)

Cojou-Breiz. — 1re *Série.* — Légendes et poèmes recueillis dans le village breton de Plougasnou. (Paris, Bouillon, 1896.)

Etude sur le patois de Dol. (Extrait des *Annales de Bretagne* revue de la Faculté des lettres de Rennes, 1897 et 1898.)

Les saints Celtiques. — Saint Samson. (Rennes, Fr. Simon, 1898. Brochure.)

A. MOLIEN ET F. DUINE

PRÊTRES DE L'ORATOIRE

LAMENNAIS

SA VIE, SES IDÉES

Pages Choisies

LYON

EMMANUEL VITTE, ÉDITEUR

3, Place Bellecour, 3

1899

D'après une lithographie peinte de l'hôtel de ville de Dol.

La maison où Lamennais est né se trouve rue Saint-Vincent actuelle, n° 3. Elle a subi des transformations regrettables : à la place de la cour, on a établi un bazar qui enlève tout cachet à cette demeure sévère et seigneuriale. — La propriété de La Chesnaie, elle aussi, a subi des modifications : beaucoup d'arbres ont été coupés et la petite chapelle n'existe plus.

LAMENNAIS

SA VIE, SES IDÉES

Pages Choisies

PAR

A. MOLIEN ET F. DUINE

Prêtres de l'Oratoire

« Nous n'avons à désavouer aucune de
nos paroles en tant que sincères... Mais
nous nous sommes souvent trompés et
quelquefois gravement... »

(Lamennais, *préface des Troisièmes
Mélanges).*

LYON

LIBRAIRIE GÉNÉRALE CATHOLIQUE ET CLASSIQUE

Emmanuel VITTE, Directeur

Imprimeur-Éditeur de l'Archevêché et des Facultés catholiques de Lyon.

3, PLACE BELLECOUR, 3

1898

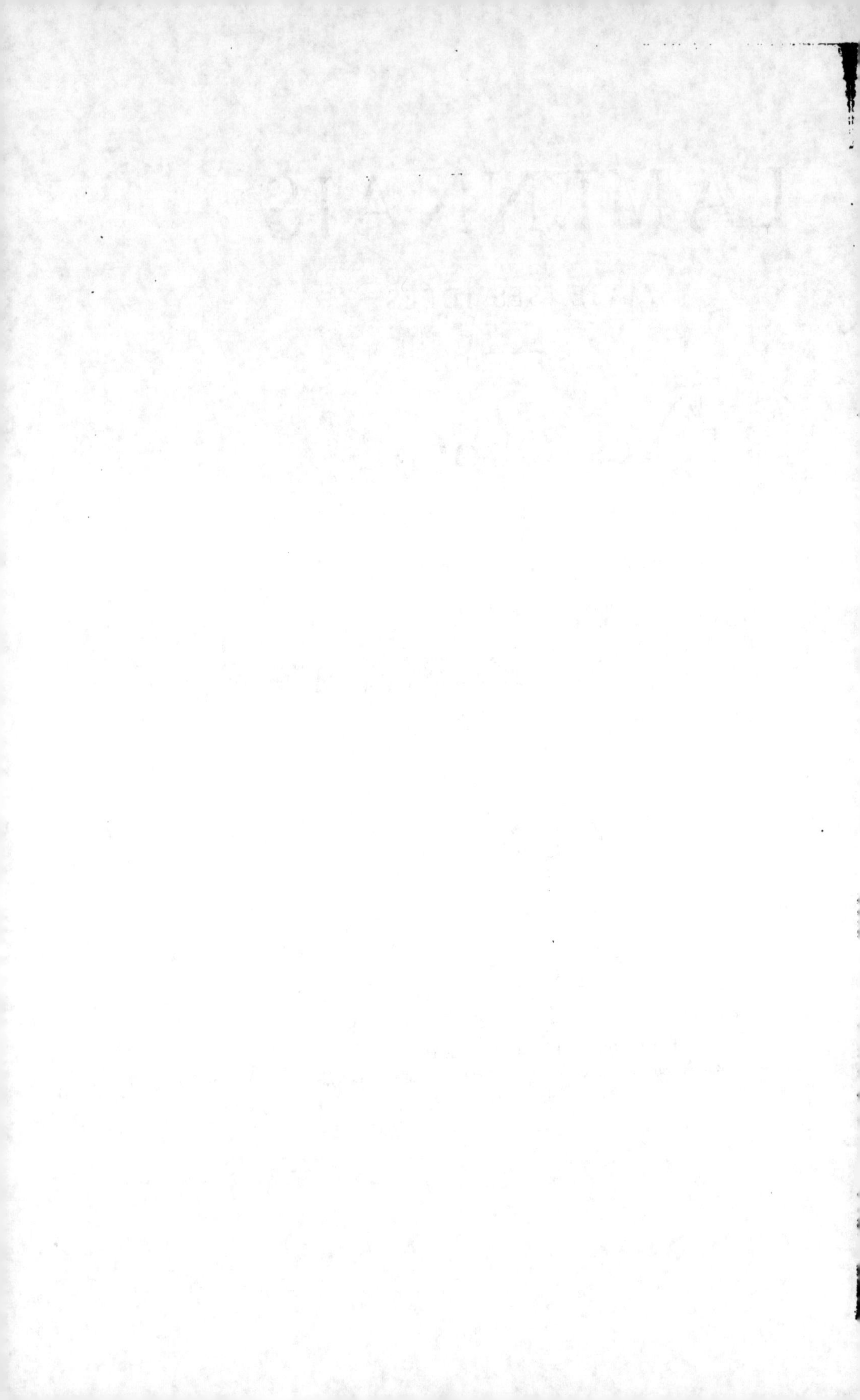

AVERTISSEMENT

I_L *y a déjà belles années que Lamennais écrivait :
« On ne lit point aujourd'hui les longs ouvrages ;
ils fatiguent ; ils ennuient : l'esprit humain est las
de lui-même, et le loisir manque aussi (1). » Rien n'est
plus vrai à l'heure présente. Notre époque aime les
Revues et les Morceaux choisis. Il nous faut une
savante étude en quelques articles, quintessence de longues recherches à travers les in-folio ; dans notre impos-
sibilité de tout lire et dans la crainte d'ouvrir un volume
ennuyeux, il nous plaît de juger un grand écrivain par
une suite de fragments, pages d'une beauté toujours
vivante, arrachées du milieu des idées et des formes qui
passionnèrent une génération écoulée.*

*Qui ne se rappelle cette fine esquisse où Irving (2),
dans la bibliothèque de l'abbaye de Westminster, cause
avec les livres les plus respectables du passé ?... Tous se
plaignent de l'oubli !... Tel est l'inévitable destin de
ceux dont la plume fut une épée. Ces âmes de combat
ont agi profondément sur leurs contemporains, mais,
par cela même, leurs œuvres furent surtout des actua-*

(1) *De la Religion considérée dans ses rapports avec l'ordre politique
et civil*, préface.

(2) *Sketch Book.*

lités, et elles sont négligées des jeunes hommes qui jouissent de bien des richesses sans s'occuper du travail de leurs aînés. Seuls, d'illustres noms survivent !

N'est-ce point le cas de Lamennais ? Et, puisque d'ailleurs la littérature du XIXe siècle est au programme des études classiques, n'est-il pas opportun qu'une main amie et discrète offre aux élèves de nos collèges des pages qui puissent ravir leur imagination, former leur goût littéraire et grandir leur cœur ? Elles abondent dans ce maître écrivain. Que de lignes d'émotion intense et de douleur amère, de douce poésie et de confiance en l'amitié, d'espérance dans l'avenir et en Dieu ! Quelle langue fine, ironique, pénétrante, vigoureuse, alliant la sévérité de Port-Royal à l'ardeur de Jean-Jacques !

Pourquoi faut-il que ce grand homme, qui aimait tant la vérité, se soit identifié avec elle et ait cru sincèrement, mais par un orgueil insensé, que la sagesse mourrait avec ses idées personnelles. Certes, le poète (1) avait raison de chanter :

Oh ! que la mer est vaste et que l'âme est profonde !

Lamennais fut le type de la contradiction. Après avoir proclamé l'infaillibilité du sens commun et de la tradition ecclésiastique, il a nié l'autorité de l'Eglise et n'a eu foi qu'en sa raison individuelle ; il a cru au droit du prince, puis à la sainteté de la révolution ; il a été dogmatiste intraitable, puis libéral aventureux..... Plaignons ses erreurs ; aimons-le pour les belles choses

---

(1) V. Hugo, *les Quatre Vents de l'esprit.*

qu'il voulut réaliser et pour les outrages dont on l'abreuva.

« Le bien que les hommes font, dit Shakespeare (1), est enterré avec leurs os. » Nous voudrions qu'il n'en fût point ainsi de Lamennais. Tel est l'esprit qui anime ceux qui publient cet ouvrage.

(1) *Julius Cæsar.*

BIBLIOGRAPHIE

Œuvres qui font partie de la dernière édition publiée par LAMEN-
NAIS, 10 vol. in-18, Pagnerre, 1844.

Tomes I à V :

Essai sur l'indifférence en matière de religion.

Réflexions sur l'état de l'Eglise.

*De la religion considérée dans ses rapports avec l'ordre poli-
tique et civil.*

Liberté d'enseignement.

Tome VI :

Progrès de la Révolution.

Lettres à l'archevêque de Paris.

Mélanges religieux.

Tome VII :

Du catholicisme dans ses rapports avec la société politique.

Questions politiques et philosophiques. Articles publiés dans le
journal *l'Avenir.*

De l'absolutisme et de la liberté.

De l'ignorance.

Liberté religieuse.

Tome VIII :

Affaires de Rome.

Des maux de l'Eglise et de la société.

Tome IX :

Politique à l'usage du peuple.

Esclavage moderne.

Mélanges philosophiques et littéraires.

De la servitude volontaire de la Boëtie.

Histoire des anciens peuples de l'Italie.

Traditions des sauvages.

Tome X :

Paroles d'un croyant.

Une voix de prison.

Livre du peuple.

Ouvrages publiés par LAMENNAIS, mais qui ne font point partie de l'édition des œuvres complètes.

Traduction de l' « Imitation de Notre-Seigneur Jésus-Christ ».

Traduction du « Guide spirituel de Louis de Blois ».

Guide du premier âge.

Guide de la jeunesse.

Le pays et le gouvernement, 1840.

Le passé et l'avenir du peuple, 1841.

De l'absolutisme et de la liberté. « Revue des Deux-Mondes », 1er août 1834.

Discussions critiques et pensées diverses sur la religion et la philosophie, 1841.

Amschaspands et Darvands, 1843.

« Les Evangiles », traduction nouvelle avec notes, 1845.

Le deuil de la Pologne. Protestation de la démocratie française et du socialisme universel, 1846.

Esquisse d'une philosophie, 4 vol. in-8, 1841-1846.

Le Peuple constituant. Articles parus dans ce journal du 27 février au 11 juillet 1848.

La Réforme. Articles à partir du 11 juillet 1848.

ŒUVRES POSTHUMES

Correspondance publiée par E.-D. FORGUES, 2 vol. 1855-1858. Perrin, éditeur.

« Divine Comédie » de Dante et Mélanges, publiés par E.-D. FORGUES, 3 vol.

Lettres inédites de J.-M. et F. de la Mennais adressées à Mgr Bruté, recueillies par Henri de Courcy et précédées d'une introduction par Eugène DE LA GOURNERY, 1 vol. in-12, 1862.

Œuvres inédites de F. Lamennais, publiées par Ange BLAIZE, 2 vol. in-8, 1866.

Correspondance inédite entre Lamennais et le baron de Vitrolles, 1819-1853, publiée par Eugène FORGUES, 1 vol. in-8, 1886. Charpentier-Fasquelle, éditeur.

Confidences de la Mennais, lettres inédites de 1821 à 1848, publiées avec une introduction et des notes par Arthur DU BOIS DE LA VILLERABEL, in-12, 1886.

Lamennais, d'après des documents inédits, par Alfred ROUSSEL, 1892, 2 vol. in-12.

Lettres à M. Eugène Boré. « Revue britannique », octobre et novembre 1894.

Mme de Vaux, correspondance entre Lamennais et Mme de Vaux, P.-B. DES VALADES, *Quinzaine*, 1er et 15 janvier 1895.

Lamennais intime, d'après une correspondance inédite, par Alfred ROUSSEL, prêtre de l'Oratoire, 1897.

Un Lamennais inconnu, lettres inédites, par A. LAVEILLE, 1 vol. in-12, 1898. Perrin, éditeur.

Lettres à Montalembert, publiées par M. FORGUES, 1 vol. in-8, 1898. Perrin.

Une correspondance inédite de Lamennais. *Lettres à M. d'Alzon.* « *Revue bleue* », 9 et 16 avril 1898.

TRAVAUX DIVERS SUR LAMENNAIS

Examen des opinions de l'abbé de Lamennais, abbé PAGANEL, 1825.

MADROLLE, *Histoire secrète du parti et de l'apostasie de Lamennais*, 1834.

Lettre encyclique, Grégoire XVI, *Singulari Nos*, 7 juillet 1834.

LACORDAIRE : *Réflexions sur le système philosophique de M. de Lamennais*, 1834.

Edmond ROBINET : *Etudes sur l'abbé de Lamennais*, 1835.

Examen des « Paroles d'un croyant » et du « Livre du peuple », par le comte DU PLESSIS DE GRÉNEDAN, 1840.

De la politique à l'usage du peuple, Paulin LIMAYRAC, 1840.

Elias REGNAULT : *Procès de Lamennais et notice*, 1841.

Jules SIMON : *M. de Lamennais. — Esquisse d'une philosophie.* « *Revue des Deux-Mondes* », 15 février 1841.

M. Lamennais réfuté par lui-même à l'occasion de son ouvrage intitulé : « *Esquisse d'une philosophie* », par l'abbé PELTIER, 1841.

Lettres à une provinciale. M. Lamennais devant le peuple, par le Dr SALES-GIRONS, 1841.

Lettres sur les doctrines philosophiques et politiques de M. de Lamennais, par l'abbé GIOBERTI, 1843.

Notice bibliographique des ouvrages de M. de Lamennais, de leurs réfutations, de leurs apologies et des biographies de cet écrivain, par J.-M. QUÉRARD, 1849.

Béranger et Lamennais : Correspondance, entretiens et souvenirs (anonyme), 1851.

Doctrine fondamentale, ou Lamennais tombé, réfuté par lui-même (anonyme), 1851.

Lamennais. Devoir et tombe. Rectifications motivées adressées au journal *le Siècle*, le 2 décembre 1855, par Auguste BARBET, exécuteur testamentaire de Lamennais, 1856.

Réflexions sur la chute de M. l'abbé de Lamennais, par Mgr Gerbet, 1858.

Essai biographique sur M. F. de Lamennais, par Ange Blaize, 1858.

Lamennais, par E. de Mirecourt, 1858.

Lamennais, par Hippolyte Castille, 1859.

Lamennais, sa vie intime à la Chenaie, par J.-M. Peigné, 1863.

L'école menaisienne. Lamennais, par Mgr Ricard, 1882.

Paroles d'un croyant, avec une préface par Jean Larocque, 1890.

Philosophie de Lamennais, par Paul Janet, 1890.

E. Spuller : *Lamennais. Etude d'histoire politique et religieuse*, 1892.

Lamennais, d'après sa correspondance et les travaux les plus récents, par le R. P. Mercier, S. J., 1895.

The Abbé de Lamennais and the liberal catholic movement in France, by the hon. W. Gibson, 1896, London.

Un grand nombre d'articles ont aussi été publiés par différents auteurs, dans diverses revues ou dans divers recueils. Signalons principalement :

Sainte-Beuve : *Portraits contemporains*, 1832. — *Nouveaux lundis*, t. I, p. 22 ; *Nouveaux lundis*, t. XI, p. 347.

Renan : « *Revue des Deux-Mondes* », 15 août 1857.

Brunetière : « *Revue des Deux-Mondes* », 1er février 1893.

Faguet : « *Revue des Deux-Mondes* », 1er avril 1897.

Emile Caro : *Nouvelles études morales sur le temps présent*.

Edmond Schérer : *Mélanges de critique religieuse*.

Sylvestre de Sacy : *Variétés littéraires*, tome II.

A. Laveille : « *Revue du clergé français* », 15 mai et 1er juillet 1896 ; 1er juillet et 1er novembre 1897.

« *Nouvelle revue rétrospective* », janvier-juin 1897.

Naissance, Education, Sacerdoce.

LAMENNAIS

SA VIE. — SES IDÉES

I

NAISSANCE, ÉDUCATION, SACERDOCE

HUGUES-FÉLICITÉ ROBERT DE LA MENNAIS (1) naquit le 19 juin 1782, à Saint-Malo, dans cette même rue des Juifs où Chateaubriand avait reçu le jour treize ans auparavant.

Les deux principaux initiateurs de notre siècle, l'un dans l'ordre littéraire et artistique, l'autre dans l'ordre religieux et philosophique, ont eu le même berceau. Tous deux reçurent une large part des qualités et des défauts de leur race.

Une éducation négligée laissa se développer en liberté les germes qu'ils tenaient de la nature. Chateaubriand a raconté, dans les *Mémoires d'outre-tombe*, comment il fut abandonné à lui-même pendant les années si précieuses de son enfance. Pour d'autres raisons, Lamennais ne connut

(1) La Mennais est le nom d'une petite terre située dans la commune de Trigavoux (Côtes-du-Nord). On écrivait tantôt de la Mennais, tantôt de Lamennais. Le nom patronymique Robert cessa bientôt d'être usité.

pas les bienfaits d'une éducation régulière qui assouplit le caractère, modère les passions trop vives et fortifie la volonté en la brisant.

Il grandit un peu à sa tête, sans ordre ni règle.

Son père, qui était armateur, avait fait de brillantes affaires. Louis XVI l'anoblit en 1788 pour avoir nourri à grands frais la population dans une disette; mais la Révolution allait emporter les titres et la fortune de la famille. Plusieurs millions furent engloutis dans le gouffre révolutionnaire, et les fils de l'armateur ne purent, plus tard, empêcher qu'à force de travail et de sacrifice la vente de la Chenaie, propriété de la famille, hypothéquée au-dessus de sa valeur.

Félicité, ou plus simplement Féli, comme le nommaient ses parents, et plus tard ses disciples, avait quatre frères et une sœur qui devait épouser. M. Blaize. Un de ses frères, Jean(1), plus âgé que lui de deux ans, devint prêtre. Il fonda le collège de Saint-Malo, dont il fut quelque temps supérieur, fut nommé vicaire général de Saint-Brieuc, attaché à la grande aumônerie de France, puis consacra le reste de sa longue vie à l'institution des frères connus sous le nom des frères de Ploërmel.

Leur mère qui avait, dit-on, du sang irlandais dans les veines, était une femme d'une haute raison, d'une instruction solide et d'une piété éclairée. Mais elle mourut lorsque Féli n'avait encore que cinq ans, ce qui, joint à sa constitution maladive, contribua à voiler de tristesse ses premières années. Il n'avait conservé d'elle que deux souvenirs: il se rappelait l'avoir vu réciter son chapelet et jouer du violon.

Malgré sa mélancolie habituelle, quand il était avec ses

(1) Ils étaient six enfants dont cinq frères et une sœur : Louis-Marie, né en 1776; Pierre-Jean, en 1778; Jean-Marie, en 1780; Félicité, en 1782 ; Gratien-Claude; Marie-Joseph, leur sœur, épousa M. Blaize et fut la mère d'Ange Blaize et Augustine Blaize. Cette dernière fut mariée à Elie de Kertanguy.

camarades, à huit ans, ses allures parfois étaient extrêmement vives et pétulantes. Il mettait en émoi ceux de son
âge par ses malices, ses saillies et ses jeux. Ses maîtres ne
savaient comment le maintenir tranquille sur son banc, et
on ne trouva un jour, dit-on, d'autre moyen que de lui attacher à la ceinture un poids de tourne-broche. Cette contradiction apparente dans le caractère, ce mélange de tristesse
concentrée et de joie expansive, dura toute sa vie. Au milieu de ses humeurs noires, il avait tout à coup des accès
et comme des quintes de gaieté. Un jour, au sortir d'une
séance qui l'avait mis en humeur, il est pris dans la rue
d'un fou rire à se tenir les côtes et obligé de s'asseoir sur
un banc sans pouvoir continuer sa route.

Son père, obligé de voyager fréquemment pour ses
transactions commerciales, dut l'abandonner aux soins
d'une vieille gouvernante, la bonne Villemain, qui l'aimait
et le gâtait. Elle désespérait de lui apprendre à lire. On
raconte qu'un jour, par un mouvement de colère, elle jeta
le livre sur lequel elle s'efforçait depuis un temps indéfini
de lui apprendre ses lettres. « Va-t'en, lui cria-t-elle, tu ne
seras qu'un âne, et tu viendrais me supplier désormais à
deux genoux de t'apprendre à lire, que je ne t'écouterais
pas. J'y renonce. » — « Bon ! fit l'enfant, alors j'apprendrai
seul. » — « Je te le défends bien, par exemple ! » — « Tu
me le défends ? Raison de plus. » Le jeune Féli se serait
alors enfermé dans sa chambre, aurait, par des efforts
inouïs, retrouvé le nom des lettres, assemblé les syllabes
et appris à lire en trois jours.

La Révolution survenant entrava encore cette éducation si étrange. On le voit assistant la nuit en cachette
à la messe d'un prêtre non assermenté. A certains jours, le
bon abbé Viel pénétrait dans la maison paternelle à la
faveur d'un déguisement. On se réunissait à minuit dans
une mansarde. La chère Villemain, si dévouée à ses maîtres, veillait au dehors pendant que l'on célébrait la messe
sur une table transformée en autel.

Féli était à peine capable de sixième quand les événements le privèrent ainsi de ses maîtres. Il fut élevé tant bien que mal par son oncle, Robert des Saudrais, traducteur d'Horace et du Livre de Job, grand ennemi des jacobins et des philosophes. Faut-il voir déjà dans cette première influence l'origine de son horreur pour la Révolution et pour les idées gallicanes?

Son frère, l'abbé Jean, un peu plus avancé que lui, le guida pendant quelques mois, mais l'élève entêté aurait, paraît-il, déchiré l'une après l'autre les pages de son rudiment et refusé d'apprendre. Ses essais de latin ne lui font pas honneur. M. Blaize, son beau-frère, nous a conservé quelques exemples de ces *juvenilia* de grammaire. « Noé eut trois fils, Sem, Cham et Japhet : *Noemus habuit tres filius, Shemus, Chamus et Japhetus.* — Ces arbres sont très bien fleuris : *Hi arbores sunt optimi floridi.* — Ce thème a été fait par moi : *Hic scriptio factus est ab ego.* » On n'en pouvait rien obtenir.

Enfin, fatigué peut-être lui-même de son entêtement ou par esprit de contradiction, il aurait ouvert intrépidement un dictionnaire, et à l'aide de traductions serait parvenu à comprendre les auteurs; si bien, qu'aux vacances suivantes, son frère fut étonné de le voir expliquer couramment Horace et Tacite.

Vers l'âge de douze ans, il apprit le grec et parvint à le savoir assez bien sans autre secours que les livres, car il ne rentra plus jamais dans aucune école.

Déjà il s'essayait dans le goût de ses modèles à de petites compositions, sur le bonheur de la vie champêtre, par exemple. C'est qu'en effet, bien qu'il n'eût eu personne pour le diriger, il lisait avidement tous les auteurs qui lui tombaient sous la main. Enfermé par une imprudence regrettable dans la vaste bibliothèque de son oncle, pour ses mutineries, il dévorait les livres. Pièces de théâtre, romans, histoire, voyages, philosophie et science, tout l'intéressait ; mais il goûtait les *Essais de Morale* de Nicole plus que tout le reste ; à dix ans, disait-on, il avait lu Jean-Jacques. Il se passionna surtout pour ce Rousseau qu'il devait un jour attaquer avec tant de violence, mais pour lequel il conserva toujours une secrète sympathie. Cette lecture lui fit acquérir les habitudes solides et sérieuses de son style. Puis, c'est Malebranche qui le séduit ; il cherche ensuite la vérité tour à tour dans Voltaire, Bayle, Spinosa, Condillac, se perd au milieu du chaos de ces doctrines et n'aboutit qu'au doute.

Cependant, malgré tant de lectures mélangées et faites à un âge prématuré, sa piété continuait d'être vive. Dès sa plus tendre enfance, il se plaisait à imiter les cérémonies qu'il avait vues à la cathédrale, édifiait de petites chapelles, souvent il allait en secret visiter le saint Sacrement dans les églises d'alentour, on le surprenait quelquefois passant des heures entières devant une statue de la Sainte Vierge.

Il ne fit toutefois sa première communion qu'à l'âge de vingt-deux ans. Faut-il attribuer ce retard seulement à la Révolution ? Sainte-Beuve dit qu'il avait été placé chez un curé pour la faire ; les développements qu'il entendit sur la religion éveillèrent sa contradiction ; l'amour-propre se mit en jeu ; les arguments philosophiques qu'il avait lus lui revinrent à la mémoire ; il aurait fallu lui répondre par écrit. Sa première communion s'en trouva reculée.

Lui-même nous a laissé peu de détails sur cette première partie de sa vie. Préoccupé de l'avenir son regard se reportait rarement sur le passé. Un jour, raconte Ange Blaize, son neveu, il se promenait avec sa bonne sur les remparts de Saint-Malo ; à l'aspect de la mer soulevée par une violente tempête, il crut voir l'infini et sentir Dieu. Etonné de ce qui se passait dans son âme, il se retourna vers la foule et se dit en lui-même : « Ils regardent ce que je regarde, mais ils ne voient pas ce que je vois. » Lamennais ne racontait jamais cette anecdote sans ajouter : « Toutes les fois que mes souvenirs me reportent vers ces temps éloignés, une telle pensée d'orgueil dans un enfant de huit ans me fait encore frémir.» Faut-il attacher à cette anecdote toute l'importance que Lamennais paraissait lui donner ? Les philosophes raisonnent avec l'intelligence formée de leur âge mûr sur les faits de leur enfance ; il leur est bien difficile de se les rappeler tels qu'ils se sont passés exactement, et de noter l'impression qu'ils ont ressentie. Le miroir est changé, eux-mêmes se sont modifiés. Le P. Gratry raconte, dans ses *Souvenirs de jeunesse*, qu'il eut à cinq ans une énergique et profonde impression de Dieu : « Je me souviens, dit-il, dans ma première enfance, avant l'âge qu'on appelle de raison, d'avoir un jour senti cette impression de l'Être dans sa vivacité. Un grand effort contre une masse extérieure distincte de moi, dont l'inflexible résistance m'étonnait, me fit articuler ces mots : « Je sais ! » L'idée abstraite de l'Etre saisie par un enfant de cinq ans peut paraître au moins très prématurée. Sans doute en est-il de même de la réflexion de Lamennais.

· Outre ce fait, on a conservé le souvenir d'une promenade aventureuse qu'il fit seul sur une barque détachée furtivement. Il avait failli périr. Un voyage à Paris en 1806 pour raison de santé, quelques articles de journaux, une satire pour demander qu'on refuse une statue à la Mettrie, voilà les seuls incidents de cette vie monotone. Il ne paraît pas que ces années d'enfance aient laissé une douce impression dans son âme. La maison où il n'y a plus de mère est triste. Le foyer paternel lui semblait froid et terne. N'est-ce pas lui qui a écrit cette boutade ? « L'ennui naquit en famille, une soirée d'hiver. »

L'âge des emportements et des passions était arrivé. Lamennais le passa, à ce qu'il paraît, dans un état non pas d'irréligion (ceci est essentiel à remarquer), mais de conviction rationnelle sans pratique. Le christianisme était devenu pour le bouillant jeune homme une opinion très probable qu'il défendait devant le monde, mais qui ne gouvernait plus ni son cœur ni sa vie.

C'était déjà un retour, bien imparfait sans doute, succédant à une période de doutes qui avaient pour un temps prévalu dans son âme. De sorte qu'il refusa de profiter de la réouverture des églises pour faire sa première communion : « J'y réfléchirai, disait-il, je ne suis pas convaincu de la divinité de Jésus-Christ. » Il n'accomplit cet acte important qu'en 1804. Il avait alors vingt-deux ans.

« Quant(1) à ce qui touche le genre d'émotions auxquelles dut échapper difficilement une âme si ardenteà la fois et si tendre, les lettres de ses amis en font foi, sous le voile épais de pudeur et de silence qui recouvre aux yeux mêmes de ses plus proches ces années ensevelies, on entreverrait de loin, en le voulant bien, de grandes douleurs, comme quelque chose d'unique et de profond, puis un malheur décisif qui du même coup brisa cette âme et la rejeta dans la vive pratique chrétienne d'où elle n'est plus sortie. Toutes conjectures d'un ordre inférieur doivent tomber comme grossières et dénuées de fondement. » Il est même possible que ce que dit Sainte-Beuve soit excessif; il serait difficile d'en trouver trace dans la correspondance, ou dans les faits de sa jeunesse.

Lamennais aima beaucoup les jeunes gens, d'un amour tendre, dévoué, qui ne peut supporter la séparation. Les lettres à Benoist d'Azy sont l'expression d'une sensibilité que l'on serait presque tenté de trouver excessive : « Mets entre elles (tes lettres), je t'en prie, le moins de distance qu'il te sera possible. Si tu savais quel bien elles feront à ton pauvre frère! Tu m'es si présent que je ne crois pas, hors le temps du sommeil, avoir passé une demi-heure sans penser à toi! Qu'il est doux de s'aimer, de s'aimer en Dieu! Mais il ne faut pas se séparer, cela fait trop de mal! Quelquefois

---

(1) A défaut de documents plus précis, nous empruntons cette phrase presque textuellement à Sainte-Beuve ordinairement bien informé et toujours curieux de ces sortes de faits. Il est le seul du reste qui ait osé aborder cette délicate question (*Portraits contemporains*, I, 143).

il me semble que je ne t'ai point dit assez combien tu m'es cher : mais tu n'en doutes pas, n'est-ce pas? Dis-moi, mon Denis, que tu n'en doutes pas. » (26 janvier 1818.) Le 27 janvier, il ajoute : « Il m'est venu plus d'une fois dans l'esprit ou plutôt dans le cœur, d'aller te trouver à Angers et de n'en revenir qu'avec toi. Les lieux où tu n'es pas me paraissent un désert... A demain, car je ne veux pas trop m'attendrir. » Et le 29 : « Je ne saurais jouir de rien pour moi-même. Ma vie dans ce monde n'est pas en moi : elle est en ceux que j'aime : et qui ai-je jamais aimé comme mon frère ? Sois donc heureux, mon bien-aimé, si tu veux que je le sois. » Voici en quels termes il annonce à Benoist la mort d'Henri Moorman, un jeune Anglais qu'il aimait beaucoup : « Mon frère, aie pitié de moi. Ce jeune Anglais, ce tendre ami dont je t'ai parlé, n'est plus. Je ne puis t'en dire davantage. J'ai été bien près de le suivre; maintenant je suis bien, il n'y a plus de danger. Sois heureux, mon frère. » (30 janvier 1818.) Telle fut sa seule passion avec celle de la vérité. Il ne faut donc point se figurer une jeunesse orageuse et romanesque comme celle de Chateaubriand. Avec quelques-uns des mêmes éléments et plus d'un signe de la même race, tout y est triste au dehors, sans lueur aimable et sans éclair décevant.

Cependant la fougue de son caractère se révélait de différentes façons. Il aimait les armes et s'y exerçait avec ardeur. Un duel qu'il fut sur le point d'avoir ou même qu'il soutint réellement aurait eu une grande influence sur sa conversion. De plus, il nageait à l'excès et jusqu'à l'épuisement, comme Byron, faisait de violentes courses à cheval et montait à l'arbre comme un écureuil. Par un contraste frappant qui achève de le peindre, il avait aimé tout enfant à faire de la dentelle. Tel il nous apparaît à la fin de sa jeunesse, caractère énergique, porté à l'extrême et rempli de contradictions. Peu de natures ont été plus entières, et moins susceptibles de se modifier. Lamennais fut en réalité un caractère simple et tout d'une pièce.

Il eût fallu une éducation forte pour endiguer ces facultés riches et puissantes, mais toujours prêtes à déborder. Celle qu'il reçut ne fut ni assez complète, ni assez profonde. Elle offre, même comme celle de la plupart des solitaires, d'assez grandes lacunes qui expliquent ce qu'il y aura d'incomplet dans son esprit et dans ses œuvres. Il manqua de ce qui fait la diversité et la fécondité d'une carrière, l'étendue des connaissances, la variété des études, la flexibilité de l'esprit. Réduit par la délicatesse de sa santé et l'exiguïté de sa fortune à vivre au fond de la Bretagne, il n'apprend point à connaître la société avec la diversité et la richesse des aspects qu'elle offre à l'observateur. Les passions qu'ont si bien étudiées les moralistes, et dont la connaissance est si propre à nous remplir d'indulgence, en même temps que de calme et de sérénité, il ne les analyse pas ; il ne peut pas comparer les opinions appuyées sur des raisons à peu près également plausibles ; les lettres profanes qui peuvent, suppléer en partie à la connaissance directe de la vie, il ne les cultive point ou du moins fort peu. Il n'a que la littérature nécessaire, celle qui lui sert d'arme et d'argument ; celle qui est un agrément lui manque. Il passe son temps à se dévorer lui-même, à se forger des armes de controverse. Les années d'apprentissage dans la saison utile lui ont fait complètement défaut.

Livré de bonne heure à des préoccupations théologiques avec son frère Jean qui l'engage dans ses querelles contre l'Université, il en conserve un singulier mélange d'ignorance en matière pratique et de vigueur en matière spéculative. De là, un peu de chimérique dans la plupart de ses ouvrages et dans la conduite de sa vie.

Au lieu d'embrasser la carrière du commerce suivant le désir de son père, il accepta une chaire de mathématiques au collège de Saint-Malo, puis, après la mort de M. de Lamennais, vers 1804, il se retira dans la solitude de Chenaie. Il y travailla avec son frère pendant plusieurs années, menant une vie toute d'étude et de prière, à peine accidentée par quelques voyages à Saint-Malo et assujettie à bien des soins et des ennuis domestiques. En 1807 paraît de lui une traduction du *Guide Spirituel* de Louis de Blois. Ce livre fut le résultat d'une longue familiarité avec les méditations d'un bénédictin mystique du xvie siècle. La préface est aussi parfaite de style que tout ce que Lamennais a écrit plus tard. Elle respire un parfum de grâce céleste, une ravissante fraîcheur de spiritualité.

Les Réflexions sur l'Etat de l'Eglise en France pendant le XVIIIe siècle et sur la situation actuelle, imprimées en 1808, inaugurent la lutte hardie que le jeune apôtre soutiendra contre le siècle. Déjà, dans ce premier ouvrage, il trace en deux ou trois pages tout le plan de ce qu'on a appelé plus tard la renaissance catholique au temps où nous sommes. C'est son vrai point de départ, et il convient d'y remonter, si l'on veut se faire une juste et complète idée de son extraordinaire influence sur la conduite de l'Eglise de France depuis bientôt un siècle.

L'ouvrage fut saisi par la police de Bonaparte à cause de son caractère ultramontain. Lamennais trouva cette mesure absolument despotique et voulut résister. L'empereur osant juger et condamner ses livres lui semblait une énormité sans exemple. Il déclara qu'il voulait venir à Paris, lutter contre le colosse et lui démontrer que son pouvoir devait s'arrêter au seuil de sa pensée à lui.

L'abbé Jean eut bien de la peine à le retenir. Il fallait une occupation à son humeur batailleuse, mais la police impériale faisait trop bonne garde; aussi, bientôt la maladie du génie, l'inquiétude vague, le mécontentement et la nausée du présent qui sera son état fondamental et constitutionnel se dessine et se déclare pour ne plus cesser. Ses facultés non occupées l'agitent, le dévorent, l'étouffent, lui causent un malaise indéfinissable.

« Qu'il fait bon n'être rien ! La belle, la sainte vocation, mais qu'il est difficile d'y être fidèle, » écrit-il à Jean en 1810. — « Toute liaison et même toute communication avec les hommes m'est à charge. » Il croit avoir usé la vie, il ne l'a pas même commencée : « Mélancolie aride et sombre, écrit-il, noir dégoût de la vie qui, s'emparant de mon âme peu à peu, finit par la remplir tout entière ! »

— « Il n'y a plus pour moi que la saison des tempêtes. » Son talent d'écrivain ne commence à se produire dans ses lettres qu'en se niant lui-même :

« Tout m'est bon, parce que tout m'est, ce me semble, également indifférent. La vue de ces champs qui se flétrissent, ces feuilles qui tombent, ce vent qui siffle ou qui murmure, n'apportent à mon esprit aucune pensée, à mon cœur aucun sentiment. Tout glisse sur un fond d'apathie stupide et amère. Cependant, les jours passent, et les mois et les années emportent la vie dans leur fuite rapide. Au milieu de ce vaste océan des âges, quoi de mieux à faire que de se coucher, comme Ulysse, au fond de sa petite nacelle, la laissant errer au gré des flots, et attendant en paix le moment où ils se refermeront sur elle pour jamais ? Je sais bien que c'est là de la philosophie humaine, mais tout n'est pas erreur dans la sagesse de l'homme, comme tout n'est pas folie dans sa raison...

« Il semble que le jour ne se lève que pour me convaincre de plus en plus de ma parfaite ineptie. Je ne saurais ni étudier, ni composer, ni agir, ni ne rien faire. Cette incapacité absolue me tranquillise un peu sur l'inutilité de ma vie ; je ne puis enfouir, ni faire valoir un talent que je n'ai point reçu. A quoi suis-je bon ? A souffrir ; ce doit être là ma façon de glorifier Dieu. Il ne faut pas gémir sur ce partage, il est encore assez beau (1). »

Comme toute âme généreuse, il souffre de ses imperfections, qu'il exprime avec une grande délicatesse de conscience : « Hélas ! écrit-il, en 1809, à Mgr Bruté, c'est la misère toute vive que votre pauvre ami. Quand je réfléchis sur ma vie passée, et qu'après cela je viens

____

(1) *Lettre écrite de la Chenaie* (1811).

à considérer mon état présent, *cet amour-propre qui ne se sacrifie jamais qu'à demi et qui renaît sous le couteau même*, j'entre dans une frayeur qui n'a que trop de fondement. » Cependant, son frère lui trouve des dispositions admirables : « Voilà un billet de notre saint frère, son âme est tout ardente de foi et d'amour, il se perd, il s'abîme en Dieu. » — « O douce patrie, chère éternité, s'écrie Féli, venez, Seigneur Jésus, mon âme languit, elle défaillit dans l'ardeur de s'unir à vous. » A cause de ces saintes dispositions, on l'engage à entrer dans les ordres ; il reçoit, en effet, la tonsure en 1811, sans avoir fait de séminaire. Mais bientôt les lettres de son frère marquent dans le nouveau clerc une certaine hésitation : « Cette pauvre âme languit et s'épuise entre deux vocations incertaines qui l'attirent et la repoussent tour à tour. » — « Je suis, écrit Féli à la même époque, dans une petite paix sèche, et c'est plus que je n'osais espérer. »

On ne donna point suite, pour le moment, à cette première démarche. Tout en enseignant les mathématiques à Saint-Malo, il composa, avec les cahiers de son frère, un ouvrage publié en 1814 : *Tradition de l'Eglise sur l'Institution des Evêques*. Le caractère de cette œuvre ne suffisait pas à l'activité de son esprit, et l'on voit par ses lettres que d'autres préoccupations l'assiègent : « L'Eglise de France a une dure vieillesse. Entourée d'enfants ingrats, que son existence lasse et irrite, elle descend au tombeau en se voilant le visage, et il ne s'est trouvé personne qui essuyât ses derniers pleurs. »

Nous retrouverons fréquemment la même pensée exprimée avec plus de violence dans les lettres de 1825 à 1830.

Aussi veut-il profiter du retour des Bourbons pour fonder quelque feuille ecclésiastique. Le polémiste qui s'est un moment dévoilé en 1808 se déclare ; le génie le pressant, il veut se mêler au mouvement des idées et songe à quitter la Bretagne pour rester à Paris. Mais, comment se conduire seul avec un tempérament comme le sien ? Il sent lui-même la nécessité d'être conduit : « J'ai besoin, écrit-il, de quelqu'un qui me dirige. » Il veut décider son frère à le suivre.

L'abbé Jean, vicaire général de Saint-Brieuc, ne peut quitter son pays pour l'accompagner. En même temps Napoléon rentre en France et le projet avorte.

Pendant les Cents jours, Lamennais ne se croyant pas, faussement sans doute, en sûreté dans son pays, à cause de ses livres, se réfugia d'abord à Guernesey, puis en Angleterre. Après y avoir erré quelque temps sans ressources, il finit par trouver un asile auprès du vertueux abbé Carron, directeur d'un pensionnat spécial pour des enfants d'émigrés. Féli s'attacha à lui et se donna sans réserve comme un fils à son père. Il y fit la connaissance d'un certain nombre de demoiselles nobles, surtout de Mlles de Lucinière, de Trémereuc et de Villiers, dont l'abbé Carron était aumônier. A leur retour en France, elles se fixèrent dans l'impasse des Feuillantines (1), d'où le nom sous lequel elles sont connues.

Dans ses voyages à Paris, Lamennais reçut plusieurs fois chez elles une très cordiale hospitalité. Il donnait à l'abbé Carron le nom de père. Les « bonnes dames » s'intitulaient elles-mêmes ses sœurs. Les enfants, cette joie du cœur et le plaisir des yeux, ne manquaient pas à ce paisible intérieur, car la communauté dont l'abbé Carron resta l'aumônier comprenait une institution de jeunes filles, institution peu nombreuse, à ce qu'il semble, et composée surtout des plus proches parentes de ces demoiselles. Les nièces de Lamennais y étaient élevées et il les appelait volontiers ses filles. Tout le monde dans cette maison lui était attaché, même les domestiques. Plusieurs de ses lettres contiennent un mot aimable à leur adresse.

---

(1) Cette impasse qui donnait rue Saint-Jacques tirait son nom du couvent des Feuillantines dont la règle était la même que celle des Feuillants. Le couvent fut fermé en 1790.

C'est qu'ils s'intéressent à ce qui le touche. Ils s'indignent des bruits du dehors fâcheux pour sa renommée.

Cette affection qui nous apparaît si vive, si sincère d'après la correspondance, résista à tous les orages. Mlle de Lucinière recevait du roi une pension de 1200 francs et Mlle de Tremereuc, une de 800. Elles ne restèrent pas moins attachées à Lamennais quand il fut devenu républicain et il fut toujours pour elles le bon, le cher, le très cher abbé Féli.

Lui, qui ne permit jamais à personne de lui faire des observations, en accepta de ces pieuses demoiselles. Mlle de Lucinière peut lui dire en toute liberté ce qu'elle pense de son livre sur les *Progrès de la Révolution;* et il ne se trouve offensé en aucune façon de sa hardiesse à le blâmer après la publication des *Paroles d'un croyant.*

C'est une chose remarquable que le don d'attacher que Lamennais avait au plus haut point. A son lit de mort, on voit les représentants des diverses époques de sa vie étonnés de se trouver ensemble et réunis dans une commune douleur.

Il resta chez l'abbé Carron tant qu'il sut assez d'anglais pour se faire une situation. Lady Jerningham, sœur de lord Strafford, avait besoin d'un précepteur pour ses enfants. Lamennais se présenta chez elle avec une lettre de son ami. Timide et embarrassé, il fut mal reçu par la grande dame qui ne lui offrit pas même un siège et le renvoya en disant qu'elle aviserait. Le solliciteur parti, elle écrivit à l'abbé Carron : « Je ne veux pas de cet homme-là, il est trop laid et il a l'air trop bête ». La sœur de lord Strafford ne se trompait que dans une partie de ses considérants ; il est fort possible aussi que Lamennais eût fait un assez mauvais précepteur. Il demeura donc auprès de l'abbé Carron, travailla à la conversion d'un jeune Anglais, Henri Moorman, dont l'amitié lui fut si chère.

Il rentra en France à la fin de novembre 1815, passa quelque temps au séminaire de Saint-Sulpice où il reçut le sous-diaconat le 23 décembre. Le diaconat et la prêtrise lui furent conférés à Vannes à trois semaines de distance pendant le carême de 1816.

Ici se pose la question si importante de sa vocation. Depuis son retour complet à la foi, en 1804, Lamennais avait toujours eu une piété exemplaire, tendre et presque mystique, mais il ne paraît jamais avoir aspiré au sacerdoce, au contraire. Nous avons signalé déjà quelques hésitations au moment de la tonsure et d'autres obstacles que la situation politique retardèrent son entrée dans les ordres.

L'abbé Houët nous l'assure : « Il n'éprouva jamais pour le sacerdoce qu'une répugnance invincible. » Mais il est probable que les instances furent pressantes autour de lui.

L'abbé Jean s'est toujours défeudu d'avoir exercé une pression sur lui au moment du sous-diaconat. Mais il était prêtre lui-même, heureux dans sa vocation, il était tout naturel qu'il souhaitât pour son frère le même bonheur. Ainsi la piété, le désir de se trouver ensemble dans le même état, ont pu déterminer les premiers pas.

D'ailleurs d'autres influences se sont fait sentir : « Je m'indigne presque de ne pas encore le savoir prêtre, » écrit M. Teysserre à Jean en 1812. Puis, s'adressant aux deux frères : « Il me tarde d'apprendre que le plus jeune d'entre vous, marchant sur les glorieuses traces de son aîné, ait enfin contracté ces doux et sacrés engagements qui l'uniront irrévocablement. »

En Angleterre, il subit l'ascendant du vertueux abbé Carron qu'il appelle : le saint prêtre, son excellent père, l'instrument auprès de lui des miséricordes de Dieu.

Quand on lui propose de faire le pas décisif, il obéit avec une docilité d'enfant, mais tout en protestant que son inclination n'est pas de ce côté : « Sans lui (M. Carron), je n'eusse jamais pris le parti auquel il m'a déterminé ; trop de penchants m'entraînaient dans une autre voie. » Or, nous sommes au 12 septembre 1815, trois mois avant l'ordination.

Le 19 octobre, il ajoute : « En me décidant, ou plutôt en me laissant décider pour le parti qu'on m'a conseillé de prendre, je ne suis ni ma volonté, ni mon inspiration ; je crois, au contraire, que rien n'y saurait être plus opposé. » Son découragement est si grand qu'il se propose de n'écrire plus : « Rien ne nourrit davantage l'amour-propre. » L'abbé Carron insiste de son côté : « Il ne m'échappera pas, écrit-il le 28 octobre; l'Église aura ce qui lui appartient. »

A la parole du directeur s'ajoute la voix de l'amitié : « Féli, hâtez-vous d'être ordonné et de vous presser avec nous aux autels. » Ainsi s'exprime Mgr Bruté sur le vaisseau qui l'emmène en Amérique.

Lamennais se résigne par la considération du bien qu'il pourra faire dans le sacerdoce. Il dit quelques jours seulement avant le sous-diaconat : « Ce n'est sûrement pas mon goût que j'ai consulté en me décidant à reprendre l'état ecclésiastique. Mais, enfin, il faut tâcher de mettre à profit cette vie si courte. » Puis, aussitôt qu'il a fait le pas décisif, il le regrette et se considère « comme une victime attachée au poteau du sacrifice ». Le lendemain même de l'ordination, il écrit à son frère : « Cette démarche m'a prodigieusement coûté, Dieu veuille en tirer sa gloire. » Ses inquiétudes au lieu de diminuer ne font que s'aggraver, et il tombe dans un état voisin du désespoir.

Il célébra sa première messe aux Feuillantines, assez longtemps, dit-on, après son ordination ; un des assistants remarqua que le malheureux officiant était d'une pâleur livide et qu'à un moment son visage parut se couvrir d'une sueur froide. Ce n'est point là ce genre d'émotion vive et douce à la fois que tout jeune prêtre a ressentie ! et nous lisons dans une lettre écrite trois mois après son sacerdoce : « Je suis et ne puis qu'être désormais extraordinairement malheureux. Si j'avais été moins confiant ou moins faible,

ma position serait bien différente. » Et quelques jours plus
tard (9 juillet) : « Tout ce qui me rappelle ce sujet de près
ou de loin me cause une émotion que je ne suis pas le maître
de modérer ». Et en décembre : « Quelle terrible pensée
que celle d'avoir réduit un être humain en cet état. »
Lamennais paraît donc avoir été victime des meilleures
intentions du monde ; il crut bien faire de se rendre aux
désirs de ceux qui le dirigeaient dans une voie qui n'était
pas la sienne. L'abbé Jean dit le vrai dans une lettre à
Mgr Bruté : « M. Carron d'un côté, moi de l'autre, nous
l'avons entraîné, mais sa pauvre âme est encore ébranlée
de ce coup. » (8 juin 1816.) Pourquoi oublièrent-ils qu'un
directeur ne fait pas la vocation ; il doit conduire le jeune
homme, écarter les obstacles ; mais, en règle générale,
c'est l'intéressé lui-même qui doit se déterminer avec une
très grande liberté ; une sage prudence conseille de laisser
attendre tant que dure l'indécision. Cependant Lamennais
ne reprocha jamais cette pression exercée sur lui ; il parle
bien, vers 1840, de l'influence fâcheuse de son frère, mais
il pouvait faire allusion à des faits postérieurs. Quant à
l'abbé Carron, il eut toujours pour ce saint prêtre la plus
grande vénération. Après sa mort, il forme le projet d'écrire
sa vie et demande à ce sujet des renseignements aux
Feuillantines.

Hélas ! le fond de l'âme était atteint, sa nature n'était pas
de celles qui se guérissent par des conditions extérieures ;
elle était trop marquée en elle-même d'un signe de déso-
lation. M. Teysserre et Jean l'engagent à se rendre à
Rome pour entrer chez les jésuites : il refuse. Des obses-
sions de toutes sortes l'accablent, il s'enfonce dans la solitude de la Chenaie, puis vient à Paris pour essayer de
s'échapper à lui-même en s'étourdissant dans le bruit. Il
est reçu chez les Feuillantines qu'il ravit par sa jovialité,
besoin maladif de faire diversion à sa profonde tristesse.
En effet, ses directeurs eux-mêmes sont effrayés. M. Teysserre ne dissimule point son inquiétude : « Son imagi-

nation est folle jusqu'à la fureur, il est sauvé si nous parvenons à l'occuper et à le distraire. Il pousse l'obéissance jusqu'à célébrer tous les jours, malgré l'horreur qu'il semble avoir du sacerdoce. » — « Il est simple et docile comme un petit enfant, avec l'esprit le plus indépendant et l'imagination la plus vive que l'on connaisse. J'aime mieux le voir martyr de l'Église que de l'imagination. »

Lui-même nous fait part des angoisses de son cœur, et les lettres de 1817 sont d'une désespérante tristesse. Il travaille au premier volume de *l'Essai :* « Je n'avance guère mon ouvrage, il m'ennuie. Écrire m'est un supplice. Je déteste Paris, je déteste tout. Cette vie est pour moi un enfer. J'ai manqué l'occasion de vivre selon mon caractère et mon goût, c'est sans retour. » — Je ne connais qu'un livre gai, consolant, et qu'on voit toujours avec plaisir, c'est un livre mortuaire; tout le reste est vain et ne va pas au fait. »

N'est-ce point ici le point central et comme la pierre angulaire de toute sa vie? Oui, son sacerdoce explique ses écarts. Si Lamennais n'avait point été prêtre, il eût mis également son génie au service de l'Église, puisque son intention depuis sa conversion avait toujours été de la défendre. Les attaques qu'il eût dirigées contre ses ennemis, venues d'un laïque, auraient blessé moins violemment les partis, les gallicans en particulier; ses erreurs, s'il était tombé dans quelqu'une, auraient fait moins de bruit, l'envie se serait moins attachée à l'abaisser, qui sait si son influence n'aurait pas été heureuse jusqu'au bout? Mais il n'était pas de ceux qui savent corriger par des expédients une situation fausse et se faire une vie du moins tolérable quand les événements ne les favorisent pas.

Ame excessive, inquiète, haletante, il appelle sans cesse et repousse le repos, enviant la mort et activant la vie. Tout ce qui est modéré lui paraît fade. Esprit systématique, il ne comprend que l'unité de principe et ses conséquences rigoureuses. Il lui faut un monde complet, tout un ou tout autre. Il avait reçu de la nature ce que Pascal appellerait l'esprit géométrique ; et ses habitudes intellectuelles, puisqu'il avait enseigné les mathématiques, avaient encore développé ces dispositions naturelles.

De même il n'est capable que d'affections extrêmes. Aimer à l'excès ou haïr, il ne conçoit pas de milieu. En 1818, la mort de son frère Gratien Robert l'avait affecté au point de mettre sa vie en danger. M. Teysserre mourut quelque temps après : « Ne sois pas inquiet de ma santé, écrit-il à l'abbé Jean, un autre coup m'a préparé à celui-là, je puis pleurer ». Voilà jusqu'où pouvait aller son affection pour les siens.

Ajoutons une tournure d'imagination mystique, funèbre, apocalyptique, nous comprendrons qu'il avait en lui les ferments qui détruisent l'équilibre, ou l'eurhythmie, comme dirait un Grec.

De plus, la vérité prenait en quelque sorte possession de son âme plutôt qu'il n'y adhérait pour des motifs de crédibilité fondés sur la raison. Une fois entrée, elle faisait une marque sensible, pour ainsi dire, une impression telle qu'elle n'en pouvait être détachée. Celle que son esprit n'accueillait pas, il l'avait en horreur. Un sceptique, c'est ce qu'il détestait le plus ; et un indifférent, qu'en aurait-il pensé ? Il n'aurait pu le souffrir. Il n'a que du dédain pour Fontenelle. Qu'aurait-il dit de nos modernes dilettantes, ces malfaiteurs intellectuels, que Nicole, s'il revenait, pourrait appeler à juste titre « des empoisonneurs publics non des corps, mais des âmes » ? Ah ! de quelle haine, il les aurait poursuivis ! et Renan, et Jules Lemaître, et Anatole France, quel profond dégoût ils lui eussent inspiré !

Aussi n'accepte-t-il pas la théorie de l'art pour l'art. Ecoutons-le plutôt :

« Puisque le Beau réside primitivement, essentiellement dans l'idée, dans le type, et non dans la forme qui manifeste le type, rechercher la forme pour la forme même, ou, en d'autres termes, réduire l'Art à un de ses éléments, la forme pure, ce n'est pas seulement le mutiler, c'est le détruire radicalement. La fonction de la forme est de rendre présent à l'esprit le modèle idéal, en dirigeant vers lui le regard interne, de l'exprimer en ce sens. Elle ne fait que cela, ne peut faire que cela. Et que seroit une forme qui n'exprimeroit rien ? Elle est le moyen, et non pas le but : le but, c'est la vision spirituelle qu'elle provoque, la pensée qu'elle suscite, le sentiment qu'elle éveille ; et la forme, dès lors, n'occupe dans l'Art qu'un rang subordonné ; elle y est ce que, dans l'homme, le corps est à l'être véritable, à l'être intelligent et moral (1). »

Il faut donc que toute œuvre d'art exprime une idée.

Notons encore ce trait qui achève de le peindre : il a le mépris du petit à petit, du peu à peu. *Quod facis, fac citius*, est son mot familier, et il le met en pratique. La patience ne devait pas être une vertu fort à son usage et le baromètre de son humeur subissait des variations si rapides qu'elles effrayaient plus tard ses disciples.

C'était un malade qui, dans les accès de redoublement d'une fièvre continue, avait tantôt d'affreux cauchemars, tantôt, et plus rarement, des visions souriantes dans l'azur. Avec cela, d'une candeur effrayante, le mot est de Frayssinous ; ne se résignant que difficilement à reconnaître la duplicité humaine, mais la poursuivant avec une fougue irritée quand elle lui était devenue évidente. Il était d'une grande inaptitude dans les relations d'affaires et de parti, d'une grande timidité. Il lui fallait pour en triompher l'atmosphère morale de la plus indulgente amitié. En dehors de ce cercle, il était gêné, contenu, et devenait irritable. Parfois il éclatait, on le croyait méchant, quoiqu'il ne le fût aucunement ; il était au contraire doux comme un enfant, mais les luttes qu'il eut à soutenir en firent l'éternel exas-

(1) *De l'Art et du Beau*, p. 349.

péré que l'on connaît. Ame très pure et très noble, il était aussi éloigné que possible des préoccupations intéressées et des voies du siècle, aimait à être aimé, en avait un véritable besoin et tombait dans le dernier degré de la stupéfaction quand il ne rencontrait pas la sympathie qu'il se croyait due. Il ne comprenait pas qu'on retirât d'une main l'amour que l'on offrait de l'autre. L'amitié, on l'a dit, a été l'un des plus grands et des plus nobles sentiments que Lamennais, souvent misanthrope, ait reconnus comme l'apanage privilégié de la nature humaine.

Avec ceux qui le contredisaient, il était d'une violence rare : c'était comme un ressort terrible, comme un arc tendu et toujours prêt à lancer le trait. Dévoré par un feu ardent et sombre, il avait de plus le génie de l'invective : combattant doublé d'un artiste incomparable !

Il était orateur, la plume à la main surtout. Or, « l'éloquence, dit Faguet, qui, sans être précisément un défaut, est un des plus grands dangers que l'homme puisse porter avec soi, peut avoir des suites graves chez les entêtés. Le propre de l'orateur étant de croire invinciblement ce qu'il dit, à la différence des hommes du commun qui disent ce qu'ils croient, Lamennais se persuadait qu'une chose qu'il avait dite était vraie, et il continuait de la défendre envers et contre tous ».

Sa forte imagination n'est pas cette imagination souple, alerte et compréhensive de Chateaubriand, capable d'embrasser, de refléter et de créer tous les genres possibles de beauté, mais une imagination d'homme du Nord, amoureux du funèbre et même de l'horrible, imagination de visionnaire. Chez lui l'idée s'est tout de suite revêtue des couleurs les plus vives et est arrivée à l'état d'idée fixe. Tel il apparaît au moment où il va engager la lutte la plus vigoureuse, la plus énergique qui va passionner notre siècle, quand il se prépare à jeter dans le monde les idées qui vont le remuer, qui nous préoccupent encore en ce moment et dont nous vivons. Il est admirablement doué pour l'attaque, peut-être tout autant pour la riposte, mais incapable de subir les rudes ennuis d'une lutte, manquant absolument de cette *pazienza* dont il dit : « C'est de toutes les vertus celle dont l'usage est le plus fréquent, et nous ne saurions solder le moindre compte avec la vie sans un appoint de patience. »

Lamennais ultramontain.

II

'EST au milieu d'angoisses intérieures et malgré un profond dégoût pour toutes sortes d'occupations qu'il commença son principal ouvrage. Le premier volume de l'*Essai sur l'indifférence en matière de religion* parut en 1818. Les trois autres volumes avec la *Défense* furent publiés successivement jusqu'en 1824. C'était une apologie du christianisme ou plutôt du catholicisme romain. Elle avait sa raison d'être après tant de travaux antérieurs, depuis saint Justin et saint Augustin jusqu'à Pascal et Bossuet. C'est qu'en effet si la vérité reste la même, le point de vue pour la considérer et surtout l'erreur se déplacent. Au xviie siècle, les hérésies divisaient la religion chrétienne ; de nos jours, c'est la philosophie qui semble vouloir l'anéantir. La raison d'abord timide avec Abailard dans ses agressions contre la foi avait accru peu à peu son audace. Luther, Calvin, Bayle, Voltaire, Rousseau marquent les progrès de cette guerre chaque jour plus menaçante. Des attaques d'un nouveau genre exigeaient de nouveaux moyens de défense. Chateaubriand, dans le *Génie du christianisme*, avait déjà modifié la forme apologétique. Au lieu de démontrer que la religion est divine et de conclure de cette divinité à son utilité et à sa beauté, il s'était attaché à faire éclater le charme de la religion, pour ramener les cœurs et les esprits, avant d'en prouver la divinité.

Lamennais s'attache à faire ressortir l'influence du christianisme sur les mœurs. L'indifférence, dit-il, est mauvaise en principe et fatale dans ses conséquences. Il faut donc une religion ; puis il montre que celle-ci n'est pas seulement une institution politique nécessaire pour le peuple et inutile aux autres, mais que tous en ont besoin. Bien plus la religion naturelle ne suffit point, il faut une religion révélée dont tous les articles doivent être admis. La vraie religion est l'Eglise catholique romaine ; il l'établit par les marques d'unité, de perpétuité, de sainteté, d'apostolicité. Telle est la marche de son argumentation.

Son criterium de certitude est le sens commun, c'est-à-dire qu'une croyance lui paraît certaine quand elle est fondée sur l'opinion universelle du genre humain. Mais il a le tort de regarder le consentement universel comme l'unique fondement de la certitude. Il n'est même pas un criterium, loin d'être le seul. L'autorité est notre mère à tous, et la virilité de l'intelligence consiste à se prouver à soi-même ce qu'on nous a appris. Le consentement général est un fait ; Lamennais a eu le tort d'élever ce fait à la valeur d'une doctrine. Ce qu'il met surtout en relief, c'est l'utilité sociale du christianisme. Nous trouvons ici le principe d'une doctrine qui n'a fait que se développer depuis Lamennais, et nous assistons de nos jours à son épanouissement progressif. Les siècles précédents, le xviie siècle en particulier, demandaient à la religion bien plutôt une règle de vie individuelle qu'une direction pour l'ensemble de la société. C'est par son côté moral, pour les secours qu'elle offrait contre les efforts de la concupiscence qu'elle captivait les intelligences et les cœurs ; nous sommes aujourd'hui beaucoup plus frappés de son influence sociale.

Cet ouvrage provoqua le réveil de notre nation aux questions religieuses. Il se faisait, en 1820, dans tous les jeunes esprits, un mouvement qui les poussait avec ardeur vers les études et les idées. En poésie, Lamartine avait donné le signal du renouvellement ; d'autres le donnaient dans l'ordre de l'histoire, de la philosophie, des arts. C'était comme une restauration universelle. L'esprit français, pareil à une terre fertile, après s'être forcément reposé durant quelques années, redemandait avec avidité toutes les cultures. En religion, Lamennais fut le chef le plus avancé et le plus vaillant des ardents défenseurs, Gerbet, Lacordaire, Montalembert, qu'il conduisit lui-même à la bataille.

Aussi son livre eut-il un succès considérable. Lamennais avait compris son siècle; la nature du mal qui l'agitait, il l'avait pénétrée. Il s'était ému de la fièvre intense qui dévorait ses contemporains. Aussi quel enthousiasme il souleva! « Ce fut comme un tremblement de terre sous un ciel de plomb, » dit Joseph de Maistre. « Cet ouvrage réveillerait un mort, » écrit Frayssinous en parlant du premier volume. L'*Essai* est presque aussitôt traduit en plusieurs langues ; on le lit beaucoup, on l'admire universellement. L'auteur ne tarda pas à être « revêtu devant l'opinion de l'autorité de Bossuet ». L'expression est de Lacordaire, et Montalembert ajouta plus tard : « Il se trouve le plus célèbre et le plus vénéré des prêtres français. »

En effet, malgré des imperfections nombreuses, des jugements trop acerbes, une érudition incomplète quoique vaste, et surtout l'importance trop grande accordée à la doctrine du sens commun (qui fut condamnée plus tard), ce grand ouvrage donna une nouvelle vie à la science chrétienne au XIXe siècle. « Le style, dit Sainte-Beuve, possède au plus haut degré la beauté propre, la vertu inhérente au sujet; grave et nerveux, régulier et véhément, sans fausse parure, ni grâce mondaine, style sérieux, convaincu, pressant, s'oubliant lui-même, qui n'obéit qu'à la pensée, y mesure paroles et couleurs. Il y a nombre de chapitres qui semblent l'idéal de la beauté théologique, telle qu'elle resplendit en plusieurs pages de la *Cité de Dieu* et de l'*Histoire universelle*, mais ici plus frugale en goût que chez saint Augustin, plus enhardie en doctrine que chez Bossuet, mais aussi, il faut le dire, moins souverainement assise que chez l'un, moins prodigieusement ingénieuse que chez l'autre. » (1)

(1) *Portraits contemporains.*

Parmi les philosophes, il y eut, à ce qu'il semble, comme un émoi véritable. Le haut monde politique de son côté n'admettait pas qu'un simple prêtre parlât sur ce ton aux puissances. Le vieil Episcopat à son tour maudissait la Révolution qui engendrait de pareilles nouveautés. Mais le jeune clergé était ravi d'enthousiasme, et le premier volume attira à l'auteur ses plus chères sympathies. Le pape Léon XII l'admirait beaucoup. Il n'avait, dit-on, d'autre ornement dans son cabinet que l'image du Christ et le portrait de Lamennais. L'illustre écrivain fut accueilli de la manière la plus aimable dans son voyage à Rome en 1824. Le Pontife l'appelait le dernier des Pères de l'Eglise (1) et voulait le faire cardinal. On a retrouvé une note à ce sujet dans ses papiers. Ce fut le gouvernement français qui s'y opposa. Il serait difficile, dit Gibson, de trouver dans l'histoire de la diplomatie un fait plus parfaitement attesté.

Sans doute aujourd'hui la science de la Religion a fait des progrès inouïs; mais ce qui reste de ce livre c'est son apparition dans le monde religieux, moral et littéraire; il fut plus qu'un événement, il causa une sorte d'ébranlement général des esprits dont les suites se font encore sentir.

L'auteur fut immédiatement félicité et recherché par les écrivains catholiques, on l'encouragea à ne pas en rester là. « Ne laissez pas dissiper votre talent, vous avez reçu de la nature un boulet, n'en faites pas de la dragée » lui écrivit Joseph de Maistre.

(1) Une lettre du cardinal Bernetti au duc de Laval-Montmorency prête ces paroles au Pape : « Quand Nous l'avons reçu, Nous avons été frappé d'effroi. Depuis Nous avons sans cesse devant les yeux sa face de damné. Détaillez les traits de son visage et dites s'il n'a pas une trace visible de la malédiction divine. Il y a du damné, de l'apostat dans ce prêtre. » Cette lettre et la réflexion du Pape sont d'une authenticité plus que douteuse. Comment expliquer en effet l'hypocrisie de Léon XII qui comble Lamennais d'attentions, tout en portant ce jugement ?

MM. de Villèle, Chateaubriand, de Bonald l'attirèrent au *Conservateur* qu'ils fondaient en ce moment (1).

Pendant ces mêmes années, Lamennais collabora à divers journaux : le *Drapeau blanc*, le *Mémorial catholique*, la *Quotidienne*. Partout il fut accueilli, partout on le rechercha. Alfred Nettement fait remarquer qu'il introduisit dans la polémique religieuse des habitudes de violence, de sarcasme et d'outrage. Louis Veuillot fut sous ce rapport son héritier direct. Ces esprits de race gauloise, chez lesquels déborde si naturellement la sève des écrivains du XVIe siècle et en qui l'on croit reconnaître parfois la descendance littéraire de Rabelais, ont peine à sacrifier aux convenances mondaines ou même à la charité chrétienne la tentation et le plaisir d'un mot bien trouvé, d'une mordante raillerie, d'une caricature amusante et meurtrière, d'une invective vivement troussée.

En 1824, comme distraction à ces travaux de polémique, il avait traduit *l'Imitation de Jésus-Christ*, en y ajoutant des remarques d'une piété, d'une onction, d'nne suavité tout à fait remarquables. Bien que Lamennais ait avoué son impuissance à réaliser la curieuse naïveté du texte, sa traduction est excellente, et quelques-unes de ses remarques ont semblé à de bons juges n'être pas indignes de figurer à côté des *Élévations* de Bossuet. Il y en a en effet de fort belles, vraiment éloquentes.

Mais lui même, quels étaient ses sentiments au milieu de tant de succès ? Il avait entrepris son ouvrage sans goût et presque à contre-cœur. La renommée, la gloire, en lui venant tout d'un coup, semblait l'avoir irrité, ulcéré, au lieu de l'adoucir : « Loin de m'applaudir du succès de mon livre, j'y vois la ruine du seul bien qui me restait pour me rendre la vie supportable, une profonde obscurité; et je ne connais pas seulement l'ombre d'une petite conso-

(1) Les articles insérés par Lamennais dans ce journal ont été reunis dans un volnme intitulé : *Premiers mélanges.*

lation. » — « Le plus beau jour de ma vie sera celui où je cesserai d'écrire, mais il y a des occasions où c'est un devoir. » — « Je suis très faible et très abattu. Mais ma vie ressemble à un rève triste et morne. J'aspire au réveil. » — « La tristesse m'affaiblit et m'ôte tout ressort. Tout m'est à dégoût, je ploie sous la vie ». Ces réflexions sont de l'année 1818, qui accueillait si favorablement le premier volume de l'*Éssai*.

Les attaques aussi se reproduisaient nombreuses, violentes, irritées. Il en souffre et il en jouit tout à la fois : « Ce sera un beau sujet de lutte », écrit-il un jour en aiguisant ses armes contre ses adversaires, puis, en même temps, l'opiniâtreté que nous avons déjà remarquée se dévoile de plus en plus : « Si on rejette les principes que j'ai exposés, je ne vois aucun moyen de défendre solidement la religion, aucune réponse décisive aux objections des incrédules de notre temps. » (1er nov. 1820.) Puis il ajoute : « Si je suis condamné, décidé à ne plus écrire, je serai l'homme du monde le plus heureux. » Mais Rome ne le condamna point et d'autres pensées occupèrent bientôt son esprit. Un article du *Drapeau blanc* contre Frayssinous, grand maître de l'Université, lui avait attiré en 1823 un premier procès. En 1826, il fut traduit devant le tribunal correctionnel à cause de son écrit : *de la Religion considérée dans ses rapports avec l'ordre politique et civil.* C'est d'une belle langue, pleine de force et de vie, d'une dialectique serrée et d'une haute ironie. Il avait jusqu'ici traité la question plus ou moins spéculative des rapports de la foi et de la raison, mais le terrain devenait plus brûlant quand il s'agissait des rapports de l'Église et de l'État. Loin de subordonner l'Église à l'État comme 'exigeait le pouvoir, ou d'admettre un concordat entre ces deux puissances, il veut soumettre l'État à l'Église. Le Pape possède, à défaut d'un pouvoir direct sur le temporel, un pouvoir indirect qui, en pratique, produit les mêmes effets. Lamennais condamne vivement la déclaration de 1682, regardée par le gouvernement comme une des lois constitutives de l'État. Sans rien craindre, il propose les réformes à faire. La loi est athée, pense-t-il, puisqu'elle garde le silence sur l'existence de l'Être Suprême. L'État ne peut donc pas s'occuper de ce qui touche à la religion. Il faut une loi qui rétablisse les tribunaux ecclésiastiques, qui livre au clergé l'éducation de la jeunesse, qui supprime le mariage civil, applique aux sacrilèges la peine la plus sévère de toutes. Malgré de justes revendications, bien des prétentions étaient exagérées, et Royer-Collard eut raison de s'y opposer en disant : « Non seulement le royaume de Jésus-Christ est de ce monde, mais ce monde est son royaume, le sceptre a passé dans ses mains. » C'est en vain que Berryer prêta à l'auteur le concours de sa grande éloquence, Lamennais fut condamné à trente francs d'amende et aux dépens. Les journaux catholiques furent mécontents de la sentence. En réalité, cette polémique violente eut un fâcheux effet, et Lamennais atteignit un résultat tout à fait contraire à son but. En effet, une partie de l'épiscopat se crut obligée, par respect pour ses prédécesseurs et par sentiment de fidélité envers le roi, à signer un exposé qui rajeunissait la doctrine de 1682. Et l'école monarchique, pour résister à des doctrines qu'elle croyait dangereuses pour l'État et la religion, fut amenée à se mêler des affaires ecclésiastiques. Deux années seulement devaient séparer le jugement appuyé sur la déclaration de 1682, invoquée comme loi de l'état, des ordonnances de 1828 sur les petits séminaires. Lamennais s'opiniâtra en vrai Breton qu'il était dans son ultramontanisme, et tint à l'égard du pouvoir civil la même conduite qu'il observera plus tard à l'égard de Rome. Le nouveau Lamennais perçait sous l'ancien.

D'autres idées, en effet, commençaient à s'emparer de son esprit. Il était toujours resté attaché au parti légitimiste. Les articles publiés par lui dans différents journaux défendent l'ancienne monarchie. Mais, à partir de sa condamnation, l'illusion qu'il avait gardée s'évanouit.

Du reste, depuis longtemps, sa confiance n'était plus entière. Déjà, en 1817, nous trouvons cette réflexion : « Sous le gouvernement du Roi très chrétien, Dieu n'est pas à beauconp près si privilégié que les ministres, ni la Religion que la Charte. » Mais peut-être en accuse-t-il les ministres plus que le roi lui-même. Bientôt il doute de la puissance du prince : « La monarchie ne sauvera pas même ce que l'Empire avait sauvé. » (25 janvier 1818). Après son procès, il cesse d'être royaliste : « Je plains le malheureux roi qui ne sait pas ou qui ne veut pas. *Quos vult perdere, Jupiter dementat.* » (11 juin 1827.) « Je vois beaucoup de gens s'inquiéter pour les Bourbons ; on n'a pas tort, je crois qu'ils auront la destinée des Stuarts. »

Puis une pensée dont nous constatons de plus en plus la vérité : « Il n'y a point aujourd'hui de pouvoir que les peuples puissent supporter longtemps. Le mariage seul unit irrévocablement ; or, il n'existe plus de mariage en politique. La nation et le souverain vivent ensemble, voilà tout. » (30 novembre 1827.) Bientôt ses jugements sévères se doublent de sarcasme et de moquerie :

« Cet édifice qu'on élève en hâte dans la cour du Palais-Bourbon, qu'est-ce ? Une chapelle ardente pour la monarchie. » (1829.) « Elle ne saurait périr ; elle est immortelle comme le couteau de Jocrisse qui avait usé cinq lames et trois manches. » (2 mars 1830.)

C'est à la société qu'il s'en prend avec plus de violence ; tout lui apparaît sous les couleurs les plus noires.

Le monde est pour lui : « cet enfer où l'on ne voit pas même de Satan pour régulariser le désordre ». Il n'aperçoit dans l'avenir « qu'une tempête de crimes dont l'horizon est noir ». La société : « Elle est condamnée, le jugement est prononcé, mais on attend le bourreau. »

« J'éprouve tous les jours, dit-il, une chose que j'aurais crue impossible, c'est un accroissement de mépris pour les hommes de ce temps. Je n'aurais jamais pensé que la nature humaine pût descendre si bas ; elle a passé mes conjectures et mes espérances. » (28 mars 1825.) « La société, c'est en grand le chariot de Thespis avec cette différence que les acteurs aspirent au moment où, au lieu de lie de vin, ils pourront se barbouiller de sang. » (6 janvier 1826.) « Nous nous rapetissons furieusement, il en résulte qu'on ne peut se fâcher contre cette pauvre société idiote, qui s'en va à la Morgue en passant par la Salpêtrière. » (11 novembre 1827.) « Il m'est arrivé quelquefois, et toujours avec un serrement de cœur inexprimable de voir des fous. Mais une société folle, tour à tour idiote et frénétique et quelquefois l'une et l'autre ensemble, c'est bien autre chose, les paroles manquent. » (30 novembre 1827.) Cependant, la France obtient en partie grâce à ses yeux : il en fait un gracieux éloge. Les Français comme les Athéniens dont parlait Platon souscriront volontiers à la louange qui leur est adressée : « Ce que vous me dites de l'état de la jeunesse en Italie est bien affligeant. En France, au moins, il y a de la franchise, excepté depuis peu et seulement parmi quelques aspirants aux emplois. L'hypocrisie est un vice antinational. Chère France! elle est encore à tout prendre ce qu'il y a de mieux dans cette Europe si corrompue. Sans doute elle renferme beaucoup de mal, mais le mal y est moins mauvais qu'ailleurs, et c'est beaucoup. Nous avons encore de la naïveté et quelque grandeur dans tout ce que le gouvernement n'a pas avili par la servilité et la passion de l'or. »

Mais cela ne suffira point pour arrêter la catastrophe inévitable : « On est à la veille d'une révolution qui doit bouleverser de fond en comble la France et l'Europe entière. La société ressemble à la mer au commencement d'une violente tempête. On entend des bruits étranges, les vagues courent et se brisent les unes sur les autres, le ciel est teint d'une couleur livide. » (22 janvier 1826.)

« L'Europe, le monde sera renouvelé. Il faut se le dire une fois, toute illusion est dangereuse, il n'y a plus de société. Les masses sont moins coupables qu'on ne croit.

Le crime appartient à quelques scélérats profondément pervertis qui les égarent, égarés eux-mêmes et dominés par le chef de ceux qui n'ont point de chef, selon la sublime expression de Zoroastre en parlant d'Ahriman. » (7 décembre 1827.)

On ne peut empêcher les progrès de cette crise :

« Ne croyez pas qu'on puisse arrêter le mouvement qui emporte la société, ni se rendre maître de sa direction par aucun des moyens que fournit la politique. Ce mouvement est dans les esprits qui, préoccupés d'idées nouvelles, en partie fausses, vraies en partie, s'avancent vers un avenir aussi inconnu qu'inévitable. Jamais on ne relèvera l'ancien édifice et sous presque aucun rapport, il ne serait à souhaiter qu'on le relevât. » (30 septembre 1827.) Tout cela est très instructif et nous sommes frappés de la justesse de ses prédictions. Mais ce qui est plus révélateur pour la connaissance de son âme que tout le reste, c'est la manière dont il parle des évêques et surtout du pape. En 1817, il disait déjà : « On veut des gentilshommes pour évêques, c'est-à-dire des abbés de cour, vétérans de la frivolité et peut-être du vice, mais on aime mieux l'imbécillité que la roture. » Une grande mission incombe à l'Eglise, mais ceux qui la dirigent sont insouciants, ne savent pas, ou ont peur : « Là (à Rome) où l'on pourrait quelque chose et même beaucoup, on ne sait rien, on ne prévoit rien, et l'on ne veut rien. C'est le siège de la peur et de la faiblesse, au point même de m'étonner. *Cela ne m'empêchera pas de lutter jusqu'au bout. Je tiendrai ferme dans mes Thermopyles.*» (11 janvier 1826.) « Jamais en France les catholiques ne furent plus catholiques. Oh ! si l'*on* était secondé ! Si l'*on* savait ce que l'on sait ici, ce qui frappe les yeux, et l'esprit de tout le monde ! » (27 juin 1826.) « Tous les yeux sont fixés sur R.... Les préjugés commentent son silence et les passions l'expliquent à la faiblesse. Qu'elle continue de se taire, qui osera, qui voudra parler ? » (8 juillet.) « Levez les yeux sur Sinaï. Le sacré mont n'est plus recouvert du nuage enflammé que sillonnait l'éclair et où grondait la foudre ; un brouillard humide et sombre enveloppe sa tête et dans ce brouillard un silence de mort. » (5 juillet 1829.) — Je sais qu'il n'est pas à craindre qu'aucun acte du Saint-Siège compromette la foi ; mais *hors de cette limite, tout me paraît possible dans le temps où nous vivons.* » (6 juillet 1829.)

Sans doute ces critiques violentes et acerbes s'adressent à l'entourage du pape autant qu'au pape lui-même ; mais n'y a-t-il pas de l'orgueil à vouloir tracer la ligne de conduite à celui que Dieu lui-même a promis d'éclairer pour diriger son église ? Quelle contradiction aussi de revendiquer dans ses ouvrages, pour le souverain pontife, des droits qu'il ne demande pas et de trouver qu'il n'est pas à la hauteur de sa mission, de condamner les gallicans comme ennemis du pape et de renchérir sur le mépris qu'ils témoignent au souverain pontife. Le Lamennais de 1832, qui voudra à tout prix une réponse, ne lève-t-il pas un coin du voile ? celui de 1836 n'en est pas absolument différent.

Une grande transformation s'est donc déjà opérée dans ses idées quand il publie en 1829 son livre : « *Des Progrès de la Révolution et de la guerre contre l'Eglise.* » Le ministère Martignac venait d'édicter les fameuses ordonnances qui interdisaient aux petits séminaires de recevoir d'autres élèves que les étudiants ecclésiastiques et d'y confier l'enseignement à des congrégations non reconnues. L'auteur s'élève avec violence contre les abus. Les revendications de 1826 sont devenues de violentes invectives, l'état est tout à fait incompétent en matière pédagogique, parce qu'il n'a ni principes, ni doctrine. Lamennais attaque violemment l'enseignement national et laïque ; les évêques même ne sont pas ménagés ; il compare Feutrier, l'honnête évêque de Beauvais qui avait remplacé Frayssinous comme grand maître de l'Université, à Caïn, à Ahriman. Enfin, le gouvernement de Charles X lui paraît le plus exécrable despotisme qui ait jamais pesé sur des consciences chrétiennes. L'ouvrage fit grand bruit. Six mille exemplaires furent enlevés en quinze jours. Jamais sa verve caustique, sa dialectique puissante, son éloquence souveraine n'avaient été si remarquables.

C'est surtout le parti royaliste et gallican qui se sentit blessé. Les évêques attaquent dans leurs mandements, l'auteur riposte dans deux lettres qui, pour le ton, l'éloquence, font penser à celles de Rousseau répondant à Christophe de Beaumont, archevêque de Paris.

Lamennais était depuis 1818 le prêtre le plus en vue de l'Eglise de France; à partir de 1825 environ, il commence au milieu de ces ardentes polémiques, à devenir chef d'école. La première idée d'une société de prêtres pour la défense de la religion et la restauration des études ecclésiastiques était née dans le salon de l'abbé de Salinis, alors aumônier du lycée Henri-IV. L'abbé Gerbet en causait avec lui lorsqu'arrive Lamennais. On le met au courant des idées échangées, le résultat de l'entretien fut la fondation de l'Ecole Ménaisienne, non que le but fût encore nettement défini à cette époque, car il ne se précisa que plus tard, mais, dès 1825, l'abbé Gerbet suit Lamennais à la Chenaie. Puis arrivent un certain nombre de jeunes prêtres, les abbés Blanc, Godin, Bonnet, Gaume venus de la Franche-Comté ; la Lorraine envoie Rohrbacher; le Dauphiné, l'abbé Combalot; et en 1830 seulement Lacordaire se joint aux autres. L'association prit le nom de Société de Saint-Pierre. Elle se proposait de rendre au successeur du prince des apôtres tout son prestige et toute son autorité.

On a retrouvé dernièrement la première rédaction des statuts de la congrégation de Saint-Pierre, écrite en entier de la main même de Lamennais en 1828 (1). « Pour lutter, dit-il, avec succès contre les causes de destruction, il faut rétablir dans les esprits l'autorité du Saint-Siège, opposer

____

(1) Cfr. *Revue du Clergé français*, 1er juillet 1897. *Lamennais et les études ecclésiastiques*, par le P. LAVEILLE.

au vaste système d'erreur, fondé sur le principe du jugement privé, un corps de doctrines fondé sur le principe
contraire et le répandre par des écrits de toute sorte, par
l'éducation, la prédication et tous les moyens que le zèle
suggère ; recréer une science catholique en harmonie avec
cette doctrine.

« Pour atteindre ce but, il faut, en ces tristes temps, un
ordre à la fois mobile et fort, qui s'applique à tous les
genres d'œuvres sans dépendre d'aucune, en un mot cons-
titué de manière à conserver une action libre au milieu des
difficultés qui l'environnent. » L'ordre fondé s'occupera
donc de travaux ayant pour but spécial la défense de
l'Eglise et du christianisme, c'est l'apostolat par la science.
La seconde classe d'œuvre sera l'éducation soit laïque, soit
cléricale, et la troisième comprendra les missions, les
retraites, la direction des âmes, la conduite des congrégations et des académies de jeunes gens (1).

A cette société de prêtres était jointe une réunion
de laïques. Eloy Jourdain, connu sous le nom de Charles
de Sainte-Foy, Léon et Eugène Boré, devenu plus tard
supérieur des prêtres de la mission, La Provotaye, Deniel,
Curis et Cyprien Robert furent les premiers. Plus tard,
Maurice de Guérin, du Breil de Mazan, Elie de Kertanguy
et de la Morvonnais en firent aussi partie. On fonda une
succursale à Malestroit. C'était une sorte de séminaire dont
l'abbé Blanc avait la direction. Rohrbacher y fut profes-
seur d'histoire, l'abbé Gerbet intéressait les élèves par ses
conférences. Le temps consacré à l'étude était plus considérable que dans les autres séminaires. De plus, on s'y
occupait de langues et de littératures. L'élève faisait en
quelque sorte lui-même son cours, le rédigeait en français
et faisait part de ses découvertes aux autres dans des con-

(1) On peut trouver ce programme développé avec beaucoup
d'éloquence par le P. GRATRY, dans une préface de la *Vie de l'abbé
Perreyve*, et par Mgr PERRAUD dans l'*Oratoire de France* au XVIIe et
au XIXe siècle, IIIe partie.

férences qui se faisaient chaque soir. L'abbé Jean y venait souvent, c'était lui qui était chargé des affaires importantes. Lamennais y vint rarement. M. de Hercé dit qu'il ne l'y vit pas plus de trois fois en six ans. Mais il écrivait souvent pour recommander à ses élèves les vertus chrétiennes, et en particulier l'humilité (1).

Les laïques résidaient à la Chenaie. Cette belle propriété est située sur la lisière de la forêt de Coëtquen, près de Dinan. On s'engage pour y arriver dans une longue avenue de pins et de chênes qui rejoignent leurs branches formant une voûte épaisse et sombre. La maison, que l'on appelait cependant le château, est petite et peu élevée. On a peine à comprendre que tant de personnes aient pu s'y loger. C'est pourtant le berceau de la petite congrégation qui, dans ses jours éphémères, a réuni tant d'hommes plus tard devenus célèbres. Elle devait être par son éclat, et aussi, hélas ! par sa dispersion rapide, le Port-Royal du xixe siècle. Maurice de Guérin en fut comme le paysagiste : « La Chenaie, dit-il, est une sorte d'oasis au milieu des steppes de la Bretagne. Devant le château s'étend un vaste jardin coupé par une terrasse, plantée de tilleuls, avec une petite chapelle au fond... A l'orient et à quelques pas du château dort un petit étang, entre deux bois peuplés d'oiseaux dans la belle saison ; et puis à droite, à gauche, de tout côté des bois, partout des bois. »

Mais le ciel est bien loin d'être aussi clair que l'air transparent de sa belle Provence. Maurice ne retrouve point les riantes clartés de son beau soleil. En hiver, il se montre rarement et alors il a tout au plus l'air d'une lune endimanchée comme le dit Lamennais. Aussi le jeune homme salue le retour des beaux jours avec un enthousiasme tout plein de poésie : « Quand le printemps reparaît, la Chênaie me fait l'effet d'une vieille bien ridée, bien chenue, rede-

---

(1) Cfr. P. Laveille, *Lamennais et les Etudes ecclésiastiques.* « *Revue du Clergé français* », 1er nov. 1897.

venue par la baguette des fées, jeune fille de seize ans et des plus gracieuses. » Les beaux jours sont rares et un parcimonieux soleil semble compter les rayons qu'il distribue. « C'est comme un avare qui se met en frais, il y a de la ladrerie dans sa magnificence. »

Le règlement était à peu près le même que dans les séminaires, mais une plus grande liberté était laissée à chacun dans le travail, pour permettre aux talents individuels de se développer. On devait toujours lire la plume à la main. La matinée était consacrée aux études personnelles, le soir, on s'occupait de langues, de littérature ancienne et moderne. A la promenade hebdomadaire, on était tenu de parler une langue étrangère. Lamennais se plaisait à y expliquer lui-même Dante et Milton, surtout le premier qu'il aimait particulièrement.

Il ne dédaignait pas non plus d'instruire ses jeunes disciples, c'était le plus souvent dans ses entretiens particuliers. Les réflexions piquantes n'en étaient point exclues, car le maître avait de l'esprit, beaucoup d'esprit.

Un jour, en expliquant de la philosophie, il laisse tomber la lampe qu'il tenait à la main. « Tiens, on n'y voit plus goutte, s'écrie le jeune Elie de Kertanguy. — Mes enfants, répond Lamennais, c'est presque toujours ainsi que se terminent les cours de philosophie ! »

Un autre fait, raconté par Maurice de Guérin, donne le ton de ces entretiens dans lesquels tout servait de commentaire à la démonstration. Le maître s'y révèle aussi avec sa fougue et son éloquence habituelles. Un soir, Lamennais s'écriait : « Voyez-vous cette pendule, Messieurs? On lui dirait : Si tu sonnes dans dix minutes, on te coupera la tête, que dans dix minutes, elle ne sonnerait pas moins ce qu'elle doit sonner. Faites comme elle, Messieurs; quoi qu'il puisse arriver, sonnez toujours votre heure ! »

Il se levait comme tous les autres à cinq heures du matin, malgré ses insomnies fréquentes. Après sa messe, il déjeunait dans sa chambre d'une bouillie de pommes de terre, puis descendait dans son salon du rez-de-chaussée, et se mettait à une table où il ne souffrait autre chose qu'une écritoire, quelques plumes et du papier de petit format. Il le couvrait d'une écriture fine et régulière, sans ratures ni surcharges, ce qui ferait croire qu'il avait le travail très facile. Au contraire, il est telle de ses périodes qu'il a vingt fois retournée dans sa tête avant de l'écrire. Il les composait sur la terrasse en se promenant, et se martyrisant les ongles avec un canif. Il se plaisait ainsi, avant de prendre sa plume, à ciseler la phrase comme un vase de marbre ou d'airain, pour qu'elle exprimât sa pensée dans la perfection. Il ne portait la soutane que pour sortir. Aussitôt rentré dans sa chambre, il la déposait sur un fauteuil. Il était petit et maigre ; son front était voilé de tristesse, ses joues pâles, ses pommettes saillantes. D'une vivacité singulière et comme fébrile, résultat d'un tempérament nerveux et maladif, il était presque toujours souffrant et d'humeur difficile, exigeant et capricieux comme une femme. Il passait en une seconde de la plus franche gaieté à une tristesse noire. Il disait que pour éviter de tomber en défaillance, il était quelquefois obligé de chercher noise au premier venu, sauf à demander ensuite pardon de ses emportements. Il aimait à bâtir et à tailler les arbres. Une année, il en fit planter plus de 5.000 (1).

S'il n'était point capable de parler en public, c'était en revanche un merveilleux causeur : « Les conversations de M. Féli, dit Maurice de Guérin, valent des livres, mieux que des livres. Impossible d'imaginer le charme de ces causeries où il se laisse aller à tout l'entraînement de son imagination. Philosophie, politique, voyages, anecdotes, his-

(1) Ce sont ces arbres qui font encore aujourd'hui le plus bel ornement de la Chenaie. La propriété appartient à M. le sénateur Roger-Marvaise. La chapelle bâtie par les deux frères a été rasée par l'ancien propriétaire, M. Blaize, neveu de Lamennais. La terrasse où le philosophe avait coutume de se promener est également détruite en partie.

toriettes, plaisanteries, malices, tout cela sort de sa bouche sous les formes les plus originales, les plus vives, les plus saillantes, les plus incisives, avec les rapprochements les plus neufs, les plus profonds, quelquefois avec des paraboles admirables de poésie, car il est grandement poète. »

Un jour, en 1822, Berryer était à la Chenaie. On avait causé toute la journée. Après la promenade, la conversation s'était prolongée jusque très avant dans la soirée. Berryer se met au lit. Lamennais s'assied à son chevet. Au matin, ils causaient encore. La tête inclinée sur la poitrine, les mains jointes, Lamennais parlait, et les raisonnements coulaient si serrés, les phrases si élégantes, qu'en fermant les yeux on avait l'illusion d'entendre le plus beau des livres. Il emporta ainsi son jeune ami à travers un torrent de poésie.

Les paysans du voisinage l'aimaient beaucoup. Ceux qu'il employait à son service ne tarissaient pas sur la bonté, la familiarité de *M. de Lamennais*. Il passait volontiers des heures entières à causer avec eux, les amusant par sa conversation simple et enjouée. Celui qui faisait son cidre se plaignait d'avoir trop bon appétit. Il mangeait tout ce qu'il gagnait sans pouvoir s'en empêcher. « Il y a pourtant un moyen bien simple, dit Lamennais, supprimez une bouchée chaque jour, vous ne vous en apercevrez guère et au bout de quelque temps, vous pourrez travailler sans manger. — Je n'arriverai qu'à mourir de faim, reprend le bonhomme, et qui donc alors *pilera* vos pommes, M. Lamennais ? » Celui-ci se mit à rire et l'engagea à manger comme par le passé. Il était très charitable, de cette charité qui honore le pauvre en même temps qu'elle le soulage. Un jour, en passant par la cuisine, il voit plus de casseroles que de coutume, il en demande la raison. « C'est mardi gras, dit la vieille bonne. — Carnaval, c'est la fête des pauvres gens, reprend Lamennais, nous mangeons de la viande tous les jours, bientôt ils n'auront peut-être qu'un morceau de pain. Si nous offrions ce dîner aux malheureux qui travaillent dans le bois. » On les fait venir, il appelle ses neveux qui servent eux-mêmes à table ces pauvres gens tout émerveillés de se trouver à pareille fête. On voit donc qu'il n'a pas attendu l'époque des *Paroles d'un croyant* et du *Livre du peuple*, pour s'intéresser aux souffrances des autres et avoir pitié du *pauvre prolétaire*. Beaucoup de lettres qu'il adresse à Denys Benoist d'Azy portent la trace de ses préoccupations charitables. Avant d'épouser à grand fracas la cause du peuple, il se montre pitoyable à toutes les infortunes obscures qu'il rencontre sur son chemin.

C'est aussi de 1825 à 1830 qu'il exerça davantage le saint ministère. Jusque-là ses écrits avaient converti un certain nombre d'incrédules ; il avait reçu dans sa chapelle de la Chenaie l'abjuration de plusieurs protestants. Mais en dehors de la direction de quelques âmes d'élite, il ne s'était pas occupé personnellement de la conversion des fidèles. Devenu le guide des jeunes gens groupés autour de lui, il les confesse chaque semaine, leur adresse des instructions tous les dimanche. Il célèbre la Messe chaque jour dans la chapelle ; et parfois au salut l'abbé Gerbet ou Maurice de Guérin fait entendre à la communauté un de ces vieux cantiques qu'affectionne le maître. Ses disciples avaient pour lui la plus profonde vénération, c'était une vraie séduction qu'il exerçait sur eux. Si l'écrivain choquait par son amertume et sa hauteur, l'homme vous pénétrait, vous charmait par sa simplicité, sa douceur et son abandon. Tous ses disciples sont unanimes sur ce point : « J'éprouvais, dit Maurice de Guérin, en abordant M. Féli, ce tremblement mystérieux dont on est toujours saisi à l'aspect des choses divines et des grands hommes ; mais bientôt ce tremblement se changea en abandon et confiance... La gloire vue de près est simple et douce comme un enfant, et nul n'est d'un plus facile accès qu'un grand homme. » — Charles de Sainte-Foi a la même impression : « Je ne saurais exprimer à quel point, il était bon, caressant, tendre même. » Et Montalembert : « Il savait être le plus caressant et le plus paternel des hommes. »

Aussi la plus grande intimité régnait-elle entre maître et disciples, entre les disciples eux-mêmes. Des œuvres importantes furent bientôt le fruit de ces forces mises en commun. De 1828 à 1834, la maison d'études de Malestroit fut un foyer intense d'activité intellectuelle. Jusqu'en 1830, les disciples avaient combattu le gallicanisme. Rohrbacher défendait les opinions romaines dans le *Mémorial catholique*, Gerbet repoussait les assauts de Benjamin Constant, Aug. Comte, Cousin, Jouffroy.

Les relations de Lamennais avec Aug. Comte méritent une mention particulière. En 1826, l'auteur de la philosophie positiviste invitait Lamennais à une série de conférences sur sa doctrine. Celui-ci empêché répondait qu'il était heureux d'avoir fait la connaissance du philosophe et qu'il se sentait honoré de son estime et de son affection. Dans le *Mémorial catholique*, il trouve l'ensemble des idées de Comte remarquable, mais se montre irrité de cette pensée que le catholicisme doit représenter une simple protestation du passé contre l'anarchie moderne et que c'est au nouveau système qu'appartient la tâche d'organiser la société sans l'intervention d'aucun élément surnaturel. Dans les années qui suivent, son esprit s'avance d'une façon continue dans le sens des idées d'Aug. Comte. Il accepte le principe que la société est gouvernée non par ceux qui semblent diriger, mais *par des idées généralement régnantes dont les effets peuvent être calculés aussi bien que dans le monde matériel les effets des forces physiques.*

La même influence est encore sensible et dans la classification des sciences qu'il adopte dans son *Progrès de la Révolution* et dans toute la physionomie du mouvement général qui porte son nom. Lamennais aurait pu reprendre d'un point de vue catholique, l'application historique et scientifique que Comte fait de la religion. Malheureusement et cela semble une ironie du sort, la réalisation de cette idée devint définitivement impossible au moment même où elle touchait à sa maturité. En cessant d'être catholique, Lamennais méconnut la certitude de la révélation, unique fondement sur lequel pouvait reposer un système tel que celui qu'il se proposait d'élever. Il fut seul, obligé non seulement de vivre et d'agir seul, mais de penser seul, et son esprit n'aboutit qu'à l'anarchie. C'est le mot que lui adressa Aug. Comte lui-même après la publication de l'*Esquisse d'une philosophie*. Ils prenaient part tous deux à un procès politique comme avocats du parti que le gouvernement essayait de faire condamner légalement. Après les débats, Comte qui rencontrait Lamennais pour la première fois depuis le changement fondamental opéré dans ses idées, lui dit : « Ainsi, nous voilà arrivés à l'anarchie. » Celui-ci acquiesça tristement d'un signe de tête.

Les disciples aussi furent seuls, les membres de la Congrégation de Saint-Pierre durent se disperser au bout de quelques années. Leurs efforts furent encore féconds; mais isolés, ils n'eurent plus ni la même puissance, ni la même efficacité.

Le christianisme libéral de Lamennais.

III

Depuis longtemps Lamennais avait prédit la ruine des Bourbons; en 1828, elle lui paraissait immédiate, la Révolution de 1830 lui donna raison; il y voit aussitôt un moyen de réaliser ses idées, l'association dont-il est le chef forme un groupe tout prêt à prendre pied sur les autres; *le Mémorial* en peut être l'organe et Malestroit l'université catholique du régime nouveau.

Mais la situation a changé, ce n'est pas seulement la monarchie légitimiste qui a succombé dans les journées de Juillet, elle a entraîné la religion dans sa chute. Pendant les quinze dernières années, par l'imprudence des uns et la perfidie des autres, le catholicisme avait confondu ou du moins paru confondre sa cause avec celle d'un pouvoir de plus en plus détesté. De là cette explosion d'impiété qui signale les années 1830 à 1832. Pas un prêtre n'eût osé se montrer dans la rue avec la soutane. Elles sont innombrables les accusations dirigées contre le clergé dans les journaux et les brochures infâmes. Le déchaînement est tel que des écrivains déclarent la religion morte. Et ce qui frappe les regards attentifs, c'est que les scènes de l'impiété la plus repoussante ont pour signal les manifestations légitimistes. C'est après un service pour le duc de Berry, service pendant lequel on a placé sur le catafalque une statue du duc de Bordeaux, qu'on pille les églises, qu'on saccage l'archevêché et qu'on en jette les trésors à la Seine. Quelques-uns sont d'avis d'attendre que le torrent fangeux se soit écoulé, persuadés que le calme se rétablira de lui-même quand Henri V sera monté sur le trône.

Lamennais n'est point de cet avis, il faut résister à tout

prix et empêcher l'Eglise d'être victime de ce malentendu qui la rend solidaire d'un pouvoir à jamais tombé. Du reste, on est déjà en république, il n'y manque plus que le nom. On ne refait pas, dit-il, une monarchie, c'est comme un arbre renversé par la tempête. On peut bien le remettre sur ses bases, mais il ne reprend plus. Ainsi s'accomplit la transformation qui fait, du catholique ultramontain de l'*Essai*, le catholique libéral de l'*Avenir*.

Il fonde, en effet, un journal portant ce titre caractéristique. Le nom seul est une révélation. Lamennais se fixe à Juilly auprès de l'abbé de Salinis, supérieur du collège, à qui il a donné quelques prêtres de sa congrégation pour être professeurs. Les principaux rédacteurs sont Lacordaire, ce Montalembert, qui accourt exprès de l'Irlande, et que Lamennais appellera toujours son cher, son très cher enfant, Gerbet, Rorhbacher, de Coux, etc.

Fidèles à leur devise ils croient qu'une ère nouvelle se lève pour la France et le monde : « Tout renaît, tout change, tout se transforme, et les brises de l'avenir apportent aux peuples comme les parfums d'une terre nouvelle. » La Révolution, abusant de ce qu'il y avait de légitime dans les revendications du peuple, a détourné le mouvement des idées au profit de l'irréligion. Mais ce progrès de la liberté politique doit se développer, s'étendre au catholicisme et le favoriser, car il a pour principe une idée chrétienne. L'émancipation des esclaves, l'établissement des communes, les états-généraux, la participation du tiers-état aux charges, sont les premières étapes. Les gouvernements ont jusqu'ici entravé cette liberté. C'est à l'Eglise de diriger le mouvement pour le faire aboutir, tout en le modérant. Mais, tant qu'elle sera inféodée à un gouvernement, les peuples douteront de sa sincérité. Il faut donc rompre avec les anciens partis qui aspirent à régner, se séparer du pouvoir actuel qui persécute l'Eglise. Sans doute, « l'Eglise et l'Etat devraient être inséparables comme l'âme et le corps. » Mais la démocratie règne malgré la forme politique présente qui, du reste, ne tardera pas à disparaître, et l'Eglise ne peut s'exposer à devenir le jouet des perpétuelles variations d'un gouvernement. Il faut donc dénoncer le Concordat qui nous lie les mains. Il faut que l'Eglise soit libre de nommer ses évêques elle-même, etc., etc. (1).

Mais, c'est renoncer au budget des cultes! Qu'on en fasse généreusement le sacrifice. « Quiconque est payé dépend de celui qui le paie, » s'écrie Lacordaire, et sur toutes les questions on y va avec cette assurance.

Telle est la partie négative. L'*Avenir* trace aussi la conduite à tenir par l'Eglise dans le mouvement social et politique. Elle doit sans tarder se mettre en avant pour empêcher la Révolution de détourner encore une fois ces aspirations légitimes. Donc, c'est à nous catholiques, de poursuivre l'intérêt des pauvres par la charité, sans doute, mais aussi, et avant tout, en réclamant la justice sociale. Nous devons créer à l'ouvrier une condition acceptable. La Révolution en abolissant les corporations a isolé le travailleur, la libre concurrence a remplacé le système de protection. C'est une lutte pour la vie dans laquelle le plus faible ne peut vivre à côté du plus fort. Il faut faire de nouvelles associations qui s'harmonisent avec la situation actuelle. L'ouvrier travaille quinze et dix-huit heures par jour au lieu de douze qui seraient un maximum. Un tel régime est injuste, épuise les forces de la nation : « Une race étiolée, petite de stature, pâle et frêle, a pris la place de cette autre race qui avait conservé les traits mâles des anciens Saxons et des anciens Gaulois (2). »

Nous sommes aujourd'hui beaucoup plus préoccupés de la partie sociale de ce programme. En 1830, les questions

(1) Nous suivons pour résumer ce programme l'ouvrage du R. Père Lecanuet : *Montalembert, sa jeunesse.* Les doctrines de l'*Avenir* y sont exposées d'une manière plus complète qu'on ne l'avait encore fait jusque là.

(2) *Avenir*, 22 juin 1831.

politiques passionnaient davantage; c'est que la génération d'alors ne jouissait pas des libertés que nous avons conquises depuis.

L'*Avenir* prédit l'avènement certain de la démocratie; les droits que la nation n'a pas encore, on les obtiendra. L'hérédité au trône inscrite dans la charte finira par disparaître. Au vote réparti par le cens succèdera le suffrage universel. — Etait-il possible de voir plus juste dans l'avenir ?

Les réformes que notre génération commence à réclamer hardiment, décentralisation, une certaine autonomie des communes, Lamennais les propose avant Tocqueville et Taine. Mais le moyen par excellence pour régénérer la France, c'est de refaire la famille chrétienne, parce qu'elle est l'organe naturel voulu de Dieu pour former l'individu et par lui la société. L'*Avenir* avait donc tracé le programme presque complet de ce que nous voyons se réaliser de nos jours.

Les rédacteurs réclament, comme moyen d'obtenir ce qu'il croient nécessaire au salut de la France, les libertés politiques, la liberté de la presse, la liberté d'association, d'enseignement et de conscience.

On se met aussitôt à agir. Une agence générale est fondée pour la défense de l'Eglise; elle doit relier les associations particulières de toutes les provinces. Le but est de repousser toute atteinte aux droits des catholiques, de conquérir les libertés nécessaires. Lacordaire demande à reprendre sa place au barreau; on défend les trappistes expulsés de la Meilleraye. Une école d'enfants de chœur est fermée à Lyon; c'est une occasion d'ouvrir une école libre. Le procès est jugé devant la cour des pairs. Lacordaire et Lamennais avaient déjà, le 31 janvier 1831, comparu devant la cour d'assises pour un article soutenant que les évêques devaient recevoir l'institution du chef de l'Eglise sur la présentation des fidèles; ils avaient été acquittés. Le 3 janvier 1831, on dépose à la Chambre un projet de loi pour demander la liberté d'enseignement.

Le bien, dit-on, ne fait pas de bruit. Il est pourtant des circonstances dans lesquelles un coup de tocsin est nécessaire pour éveiller l'attention. Tout le monde fut étonné, diversement toutefois, de cette brusque intervention ; on aurait dit une pierre jetée dans une fourmilière et qui met toute la république en émoi. De toutes parts arrivent des adhésions. Victor Hugo et Alfred de Vigny offrent leur concours. Ce fut le signal du réveil pour les catholiques. Le jeune clergé se montra généralement favorable ; du reste, Lamennais en fait le plus grand éloge dans les lettres de ce temps-là ; il trouve que les neuf dixièmes au moins sont animés d'un entier dévouement à la cause qu'il défend. De jeunes séminaristes bavarois le remercient du bonheur et du courage qu'ils lui doivent. C'est un hymne enthousiaste plutôt qu'une lettre qui lui arrive d'un couvent de femmes pour le féliciter.

Tout le monde, il s'en faut, n'approuve point tant d'audace. Gallicans et royalistes, les libéraux et le gouvernement, tout le monde se sent atteint et comme éclaboussé par une pierre tombée soudain dans un étang. Aussi de vives oppositions se manifestent. Ennemis d'avance, les gallicans, dont Lamennais disait : « Ils en viendront à défendre de dire la messe, sous prétexte qu'on la dit à Rome, » dénoncent la théorie du sens commun.

Les royalistes, qu'il maltraite fort dans ses lettres en écrivant par exemple : « Je pense qu'on ne doit pas entièrement désespérer des royalistes... Mais que dis-je des royalistes ? La première chose est d'oublier ce nom ; j'y substituerais celui d'égoïstes, si je ne craignais que l'on ne trouvât la nuance imperceptible » (26 août 1830) ; les royalistes affectent de le confondre avec les révolutionnaires. On avait rêvé d'une république chrétienne dont le Pape serait non le dominateur, mais le modérateur et l'arbitre. Cela effarouche à la fois le gouvernement jaloux, les libéraux irréligieux et les gallicans, ennemis du Pape. Les évêques, presque tous nommés sous la Restauration, généralement royalistes et de tendance gallicane, plus préparés à monter l'escalier des rois qu'à descendre sur la place publique, acceptent difficilement ce programme. Le nom de Lamennais, d'ailleurs, n'est pas fait pour atténuer leurs défiances. Aucun sentiment n'a paru jusqu'alors plus étranger à ce prêtre que le respect de l'autorité épiscopale. Il l'a maltraitée publiquement et il la ménage encore moins dans sa conversation et sa correspondance. Faute grave non seulement contre la loi chrétienne, mais contre l'humaine prudence. Sans les évêques, en effet, il ne pouvait se faire rien de sérieux, de normal, de durable, et c'est leur concours qui, de 1841 à 1850, fera le succès de la campagne pour la liberté d'enseignement.

Grégoire XVI était d'autant moins bien disposé que ses sujets se révoltaient contre son autorité de souverain. La cour romaine, du reste, était peu portée en 1830 vers les nouveautés libérales et démocratiques. Le Pape se sentait menacé par la Révolution, à laquelle on prétendait lui faire tendre la main, et se soutenait avec l'appui des gouvernements qu'on lui ordonnait de maudire. Est-il étonnant qu'après avoir souffert de la violence des flots, il ait hésité à lancer la barque de Pierre au milieu des tempêtes ?

Bientôt les rédacteurs ne rencontrent plus, sauf de rares exceptions, que de l'hostilité, parfois de la haine. Au 15 octobre 1831, on perd cent abonnés : « A chaque trimestre, de nouveaux abonnés nous quittent en pleurant pour ne pas être obligés de quitter qui son professorat, qui sa cure, c'est-à-dire son dernier morceau de pain... Nos doctrines croissent et nos abonnés diminuent. Jusqu'au bout nous aurons fait ce qu'humainement il était possible de faire. Le reste appartient à Dieu. » Lamennais écrit ceci à M. de Coriolis le 9 novembre, et le 15 le journal était suspendu. Il le fallait pour éviter une mort forcée.

Malgré une pureté d'intention que nul ne peut mettre en doute, les rédacteurs, jeunes et ardents, cédant en cela à l'exaltation révolutionnaire qu'on retrouve partout à cette

époque, ne purent se défendre de compromettantes exagéra-
tions. Il eût appartenu à l'âge et à l'expérience de Lamennais
de retenir ses collaborateurs. Mais il était le premier à les
exciter. « Comment en effet attendre, écrit Thureau-Dangin,
une influence modératrice de cet esprit absolu qui poussait
tout à l'extrême et ressentait comme *un dégoût* de la modé-
ration ; de ce cœur malade qui apportait d'autant plus
d'âpreté dans la guerre faite aux autres qu'il n'avait jamais
pu trouver pour lui-même la paix intérieure ; de cette âme
d'orgueil et de colère qui avait toujours employé, au service de ses convictions aussi impérieuses que changeantes
le mépris, l'outrage et la malédiction ? »

Aussi sur presque toutes les questions apparaît cette
exagération qui fausse les idées les plus justes, compromet
les entreprises les plus utiles. Sans doute il convenait de
dégager la religion de la solidarité qui la confondait presque avec le parti royaliste, mais l'habileté comme la justice
conseillaient d'accomplir cette séparation d'une main légère
et bienveillante, avec force ménagements pour des hommes
respectables dont le concours était précieux et qu'il s'agissait de convertir, non d'excommunier. Bien au contraire,
Lamennais appelle la Restauration « le régime absurde et
bâtard qu'avait organisé la charte en 1814 » et qui « sacrifie
Dieu à son roi ». — « Dans l'enfer légal qu'on nous avait
fait, dit-il, nous ressemblions à ces malheureux que Dante
a peints se traînant et haletant sous des chapes de plomb,
et, comme eux, nous n'apercevions devant nous que cette
éternité » (1). L'*Avenir* manque à la générosité quand, avec
les feuilles libérales, il impute le sac des églises aux provo-
cations des carlistes ; il dépasse toute mesure quand il
appelle les ministres « des lâches qui se baignent le front
dans la boue ».

L'*Avenir* aime ardemment la liberté, il apporte dans
cette revendication une sincérité passionnée, mais la

(1) *Avenir*, 16 octobre, 9 novembre 1830, 27 janvier, 12 février
et 28 juin 1831.

liberté, pour les rédacteurs, a bien l'air d'être la licence.
Ils appellent tyrannie le régime de 1830, régime dont on
sera bientôt obligé de restreindre le libéralisme. Même
excès en ce qui concerne les autres libertés. La décentralisation au point où la pousse ce journal serait l'anarchie.
La liberté de conscience, au lieu de s'en tenir aux nécessités incontestables de son temps et de son pays, il la
réclame comme un droit absolu.

Les trois principaux rédacteurs, Lamennais, Lacordaire,
Montalembert, se voyant blâmés presque universellement,
prirent le parti d'aller consulter le Pape à Rome : « Si nous
nous retirons un moment, ce n'est point par lassitude,
encore moins par découragement, c'est pour aller, comme
autrefois les soldats d'Israël, consulter le Seigneur en
Silo. » Acte de foi digne du temps de saint Louis, mais en
réalité rien de plus imprudent que cet appel qui oblige
l'autorité à se prononcer.

Lamennais nous a laissé le récit de ce voyage dans les
Affaires de Rome. On y voit quelle fut la surprise de ces
trois nobles esprits quand ils se trouvèrent perdus avec
leur foi vive et leurs généreux entraînements au milieu
d'une cour réservée et silencieuse, sans pouvoir obtenir un
mot sur leur doctrine et sur leur conduite. La plupart des
cardinaux les reçoivent mal ou refusent leur visite. Au
fond, Grégoire XVI est mécontent de cette sommation.
Malgré les sollicitations des adversaires de *l'Avenir*, il ne
veut point infliger un blâme à des esprits dévoués à l'Eglise.
Avec cette patience romaine qui connaît la force du temps,
il comptait sur la discussion et l'expérience pour tempérer
ce qu'il y avait d'excessif et corriger ce qu'il y avait de faux
dans leur œuvre (1).

(1) Que faut-il penser de cette parole qu'aurait prononcée Grégoire XVI après avoir vu Lamennais : « Ce petit homme maigre, m'a
paru le péché en personne. » Elle a tout l'air de ressembler à celle
que l'on prêtait à Léon XII en 1824. Il faut se défier de ces jugements
sommaires que les ennemis avaient tant d'intérêt à répandre.

Il reçoit les pèlerins avec bonté, mais sans prononcer une parole qui ait trait au but de leur voyage, tâchant de leur faire comprendre qu'on « laisserait, dit Lacordaire, le temps couvrir de ses plis leurs personnes et leurs actes ».

Un tel accueil suffit à Lacordaire, il partit essayant vainement d'entraîner ses deux amis. Lamennais s'opiniâtra encore une fois. « Il n'y a qu'une voix sur la catholicité de nos doctrines. » — « On ne peut pas nous condamner », répétait-il dans ses lettres. Peut-être son orgueil trouvait-il plus humiliant d'accepter que de subir une défaite. Bientôt dans ses lettres éclate l'injure ; Rome ne lui apparaît plus que comme un « grand tombeau où l'on ne trouve plus que des vers et des ossements... Le Pape ignore l'état de l'Eglise et de la société. Dieu l'a remis entre les mains d'hommes au-dessous desquels il n'y a rien, ambitieux, avares, corrompus. » (10 février 1832.)

Lassé d'attendre en vain la réponse du Pape, Lamennais quitta Rome au mois de juillet 1832, avec Montalembert, et se dirigea vers la Bavière. Par une coïncidence étrange, Lacordaire qui avait quitté Paris pour n'avoir pas à les y rencontrer, se trouva avec eux à Munich quand ils reçurent l'encyclique *Mirari vos*, datée du 15 août 1832. Le Pape, après avoir assuré les rédacteurs de sa bienveillance, loué « leur vertu et leur religion éprouvée, leur prudence singulière et leur vigilance assidue (1) », condamne les doctrines de *l'Avenir*. La liberté de conscience est appelée une maxime absurde et erronée, une sorte de délire (2). La liberté de la presse est une chose funeste dont on ne peut avoir assez d'horreur (3). Mais il n'est fait aucune mention des rédacteurs et la condamnation des doctrines de *l'Avenir* vient après la censure d'autres erreurs sur l'indifférence en religion et le célibat ecclésiastique.

(1) Encyclique *Mirari vos*.
(2) Absurda illa ac erronea sententia seu potius deliramentum.
(3) Deterrima illa ac nunquam satis execranda ac detestabilis libertas artis librariae.

De plus, il faut bien le remarquer, tout en proclamant ainsi la thèse avec le caractère absolu qui s'attache à ses décisions, autrement dit, tout en affirmant que ces libertés, admises comme principes, sont dangereuses et mauvaises, la cour romaine admet les tempéraments nécessaires que les circonstances imposent souvent dans l'application pratique, distinction importante que les rédacteurs n'avaient pas faite.

Lamennais qui était sorti un instant pour recevoir communication de la lettre, annonce en ces termes à Lacordaire leur condamnation : « Je viens de recevoir une encyclique du Pape contre nous ; nous ne pouvons hésiter à nous soumettre. » On n'en dit point davantage pour le moment. Longtemps, il marcha de long en large dans sa chambre, l'air sombre et agité, parlant avec véhémence ; le jour même, il rédigea une lettre d'adhésion. *L'Avenir*, jusque-là provisoirement suspendu, fut supprimé, l'*Agence* dissoute.

Ce soir-là, avant de se coucher, Lamennais pria, dit-on, plus longtemps que de coutume. Il paraissait donc se soumettre. Pourquoi faut-il que des dispositions toutes différentes aient bientôt alarmé ses amis et scandalisé le public? Que se passa-t-il dans cette âme violente, incapable d'une demi-mesure et qui n'avait jamais reculé? L'hypothèse d'une première hypocrisie dévoilée plus tard ne peut pas être soutenue. Lamennais était incapable de feindre. Ses premières lettres, en effet, expriment une adhésion sincère, et le 20 octobre 1832, il écrit à M. de Coux : « Je suis loin de m'en faire un mérite (de l'adhésion). Nous avons agi en catholiques, voilà tout. Je ne désire qu'une chose, être oublié dans mon obscure retraite. »

Comment ce dévouement si sincère, si complet, à la plus sainte des causes, s'est-il transformé en une opiniâtreté coupable? Quelles sont les causes d'une défection qui débanda l'armée de 1830, et recula jusqu'à nos jours l'effort en masse des catholiques pour se mettre à la tête de la démocratie, la pénétrer comme un ferment et la discipliner? Il faut bien le dire, la cause véritable, la seule que l'on puisse constater, c'est l'orgueil. Il ne crut pas ou ne voulut pas croire qu'il s'était trompé, que ce qu'il y avait de bon dans ses idées était prématuré, et que le chef de l'Eglise n'a pas seulement un pouvoir dogmatique pour définir la vérité, mais aussi une autorité disciplinaire pour ralentir ou avancer la marche de ses troupes. L'entrée dans la mêlée avait été violente, à la manière d'une invasion, il fallait régler la lutte. Lamennais ne voulut point accepter la direction qu'on lui indiquait. Il avait cru que l'Eglise devait se mettre à la tête de l'évolution qui se continue de nos jours; rien de plus vrai. Tous les catholiques le croient avec lui. Mais en 1830 le moment n'était pas encore venu. Aux actions les plus généreuses répondent souvent les plus tristes réalités. De la Révolution, l'Eglise n'avait encore senti que les excès. Grégoire XVI savait toutes les déceptions que lui avaient coûtées ses efforts prématurés vers le mieux, aussi il remplaça le désir des choses nouvelles par la crainte des risques qu'on y court, assuré que la véritable pitié pour les hommes consiste à conserver à la société le repos. Lamennais ne voulut rien entendre et s'adressa au peuple directement. Les événements ont bien montré qu'il n'y avait là qu'une question de prudence et de temps, puisque nous voyons de nos jours le pape Léon XIII imprimer à l'Eglise la direction demandée par Lamennais. La doctrine du pape de 1890 ne diffère pas de celle du pape de 1830, mais en soixante ans les circonstances ont changé, et aujourd'hui la sociologie chrétienne a trouvé sa formule dans l'encyclique *Rerum novarum.*

L'Avenir ne connaissait aucune borne, nous avons fait remarquer l'exagération qu'il portait en tout; quelques points aussi, comme la séparation de l'Eglise et de l'Etat, la suppression du budget des cultes, qui en est la conséquence, ne pouvaient être admis. Lamennais eut le tort de se croire tout à fait désapprouvé; il pouvait continuer la lutte en la modérant, renfermer ses exigences dans les limites d'une exacte orthodoxie, et tout eût été pour le mieux. Mais cela n'était point de son caractère. Les autres rédacteurs privés de leur chef furent forcés de se disperser. Lacordaire se rendit bien compte de ce qu'il y avait eu d'excessif dans leur conduite, et résuma ainsi la situation dans son testament : « Ce mouvement n'avait pas une base assez étendue, il avait été trop subit et trop ardent pour se soutenir pendant une longue durée. Nous apparaissions au clergé, au gouvernement, aux partis, comme une troupe d'enfants perdus, sans aïeux et sans postérité. C'était la tempête venant du désert, ce n'était pas la pluie féconde qui rafraîchit l'air et bénit les champs. »

Au lieu d'attendre le moment marqué par la Providence, Lamennais cessa de croire à la mission providentielle de l'Eglise, puis en arriva jusqu'à la négation de l'ordre surnaturel tout entier. C'est la seule explication possible de cette douloureuse défection. Toute autre hypothèse, en effet, doit être écartée, les suppositions que l'on a émises sont dénuées de fondement. Sa vie fut toujours pure, tout ce que l'on a inventé sur ce point est une calomnie (1). On a dit aussi que Lamennais ne célébrait la messe que rarement, qu'il s'était fait dispenser du bréviaire en raison de ses occupations. Il paraît prouvé qu'il ne célébra point la messe tous les jours à toutes les époques de sa vie, mais il la célébrait souvent et ne s'en abstenait que pour raison de santé et pour des occupations pressantes.

Il est certain que Lamartine lui avait obtenu la dispense du bréviaire. On avait donné pour raison qu'il voyait difficilement. « La dispense est nulle, avait répondu Lamen-

---

(1) On se rappelle ce que dit Sainte-Beuve au sujet de sa jeunesse. L'accusation d'immoralité fut inventée à la fin du règne de Louis-Philippe. Le groupe de républicains dont Lamennais faisait partie, se rassemblait en conciliabules secrets, chez l'éditeur Pagnerre. Le gouvernement en eut vent, et le policier Bouton fut chargé de tout faire pour arriver à se débarrasser de ces gêneurs. Ce fut alors que l'on imagina contre Lamennais l'accusation d'immoralité. Cf. R. P. Roussel, II, 351.

nais, j'ai la vue bonne. » (1) Il n'en usa jamais. En 1831, il demande même à M. de Senfft de lui envoyer une bonne édition du bréviaire romain publié à Vienne, parce que les éditions de France sont défectueuses.

Peut-on maintenant essayer de pénétrer dans son âme pour étudier le travail intérieur qui s'y est opéré ? Y eût-il un revirement soudain après une première soumission, une de ces tempêtes qui bouleversent les plus robustes tempéraments et font qu'on s'éveille différent de ce qu'on était le soir ; une autre nuit de Jouffroy où l'on rompt sou- dainement toutes les attaches à une vie antérieure ; une conversion de saint Paul à rebours, dans laquelle on suc- combe pour ne plus se relever ? Y eut-il pour lui un mo- ment où le vase se brisa, où la divinité de ce qu'il avait cru s'évanouit comme dans un songe? Qui le dira? Il n'a point expliqué ce mystère de son cœur. Une bourrasque subite, effrayante, est possible avec sa nature si forte, son tempérament de feu; mais il est plus probable que le pauvre prêtre cessa de puiser dans l'Eucharistie et la prière la force qui vient au secours de notre faiblesse. Il célébra moins souvent, puis s'abstint tout à fait. Une grande éner- gie lui était nécessaire pour se condamner d'abord et accepter la persécution, elle lui manqua, peu à peu il céda. S'aperçut-il lui-même de la route parcourue, en vit-il les phases successives ? On ne peut le décider sans témérité. Il y eut sans doute déclin et descente insensible jusqu'au bout, comme pour ces villages qui glissent peu à peu du rocher, sans secousse avec leur fond de terrain tout entier et se réveillent un matin dans la plaine. On va insensible- ment jusqu'au bord du précipice ; la dernière secousse, il doit toujours y en avoir une, trouve l'âme assoupie, endor-

______

(1) Une lettre du 25 août 1819 est moins formelle cependant. « Je ne sais, dit-il, si je pourrai en user (de la dispense). Ma vue cepen- dant est très affaiblie, je m'en aperçois surtout quand je lis ou écris à la chandelle. » En tout cas, ce qui résulte de ces lettres, c'est que s'il s'abstint de dire quelquefois le bréviaire, ce fut pour raison de santé.

mie, et l'on s'en aperçoit à peine. Lamennais du reste était une âme blessée; sa nature, son éducation, son esprit mathématique, son amour de la lutte pour la lutte et sourtout son entrée sans vocation dans le sacerdoce étaient de mauvaises dispositions pour une soumission si rude. Toutes ses blessures semblaient fermées au contact d'amitiés saintes, par l'influence d'une piété vive, d'un dévouement absolu à la vérité; peut-être n'étaient-elles que cicatrisées: un accueil un peu froid, qui était pourtant ce qu'il pouvait désirer de mieux, s'il avait voulu comprendre une condamnation, les attaques, les haines firent sauter l'appareil. Du moins la tentation finale, celle qui acheva la défection, ne pouvait être que noble dans une âme si fière; sans doute le pauvre prêtre céda à cette folie qu'il appelle dans ses réflexions sur *l'Imitation* : « une des plus dangereuses : l'orgueil dans le bien ».

Ses amis, du reste, n'avaient pas toujours été rassurés sur son sort. En 1822, Berryer venait de causer toute une nuit avec Lamennais. L'entretien était tombé sur les évocations du magnétisme et les phénomènes de seconde vue. Le philosophe s'anime de plus en plus, il s'élance dans ces régions mystérieuses avec une telle fougue d'imagination, une telle hardiesse de pensée que Berryer en est tout bouleversé: « Vous me dominez, mais ce qui m'épouvante, c'est que vous, rien ne vons domine. Vous n'avez plus aucune autorité qui vous arrête, Vous serez chef de secte. » — « Moi, chef de secte moi, renier l'Église? Jamais, plutôt mourir ! » Lamennais disait évidemment le fond de sa pensée, Berryer ne se trompait pas cependant.

En 1829, quand les gallicans demandaient au Pape de censurer le livre des *Progrès de la Révolution*, Lamennais ajoutait, après avoir exprimé la certitude où il était de n'être pas condamné: « Il y a des choses qui ne peuvent avoir lieu, sans quoi *les promesses manqueraient.* » Donc, s'il y a contradiction entre ses doctrines et l'infaillibilité, c'est *l'infaillibilité qui doit succomber.* Voilà tout l'homme.

Quand, après la suspension de l'*Avenir*, on se décide à
se rendre à Rome : « Mais si nous étions condamnés,
demande un jour Montalembert, que ferions-nous ? —
Nous ne pouvons être condamnés, » se contente de répondre Lamennais.

Sans doute, il ne faut point attacher trop d'importance
à un mot dit peut-être sans réflexion. Toutefois, s'il repoussait alors toute idée de révolte, ce n'était pas qu'il fût
prêt à se soumettre, c'est qu'il ne croyait pas à la possibi-
lité d'une censure. Il faut croire qu'on n'était pas sans
inquiétude en le voyant insister pour obtenir une réponse
du Pape. Car nous lisons, dans une lettre, écrite de Rome
le 12 avril 1832, à Mme de Senfft : « Si vous me conjuriez
sérieusement de ne pas poignarder mon frère, que voulez-
vous que je dise à cela ? » Cette pieuse dame l'avait sup-
plié sans doute d'obéir, mais alors une révolte paraissait
aussi éloignée de sa pensée que l'intention de tuer son
frère. En tout cas, ses amis tremblaient un peu, et ils disent
à quelque temps de l'encyclique : « Il est soumis, mais
à mille lieues d'être convaincu. » On pourrait aussi discu-
ter sur le sens qu'il donnait au mot soumission quand il
disait : « Nous ne pouvons hésiter à nous soumettre. »
Peut-être voulait-il dire simplement par là qu'il était
décidé à ne plus agir, refusant de croire ce qu'on exigeait
vraiment de lui. Il tint quelque temps parole, puis le démon intérieur domina sa résolution, et les attaques réveil-
lèrent sa passion du combat. On est autorisé à porter ce
jugement à cause d'une parole qui lui échappa au moment
de son retour en France. Ses deux compagnons de voyage
montaient avec lui la côte de Strasbourg, lorsque Lamennais se retournant brusquement : « Comment pourrions-
nous faire, s'écria-t-il, pour échapper à l'encyclique ? » Ses
conpagnons étonnés lui répondirent qu'il n'y avait point
à s'y soustraire, mais qu'il fallait s'y soumettre, et Lamennais ne remit pas la conversation sur ce sujet.

Quoi qu'il en soit, les trois pèlerins partirent pour la

France le 2 septembre. Lamennais ne fit que la traverser et s'enfuit à la Chenaie avec Lacordaire. Montalembert resté à Paris voit la jeunesse se presser autour de lui, une vie nouvelle se lève pleine d'espérance. Mais en Bretagne, le ciel est de plus en plus triste, nul ami ne vient consoler leur solitude, les distraire dans leur isolement. Après la persécution du silence, la plus dure de toutes à porter, selon Pascal, commencent les persécutions ouvertes. Il a maintenant tout le monde contre lui, gallicans, royalistes, ultramontains ; on met en doute sa soumission, les attaques injustes l'exaspèrent, bientôt il se livre à des plaintes amères, à des jugements excessifs sur le Pape, les évêques, les événements. « Je suis allé à Rome, et j'ai vu là le plus infâme cloaque qui ait jamais souillé des regards humains. L'égout gigantesque de Tarquin serait trop étroit pour donner passage à tant d'immondices. Là, nul autre dieu que l'intérêt. On y vendrait les peuples ; on y vendrait les les trois personnes de la sainte Trinité, l'une après l'autre ou toutes ensemble, pour un coin de terre ou pour quelques piastres. J'ai vu cela et je me suis dit : Le mal est au-dessus de la puissance de l'homme ; et j'ai détourné les yeux avec dégoût et avec effroi. »

Cette lettre est du 1ᵉʳ novembre. Le 13 novembre, les symptômes de révolte sont plus accentués : « Mᵐᵉ de Coriolis a jugé admirablement cette *circulaire ;* elle ressemble assez, du reste, au son des cloches qui disent tout ce qu'on veut et, quoiqu'il soit assez triste que ce son-là nous arrive de la métropole du monde chrétien, quoique le bourdon de Saint-Pierre semblât destiné à toute autre chose qu'à convoquer les peuples à l'office solennel du despotisme gallican, protestant et grec, nous devons croire néanmoins qu'en cela Dieu a ses desseins, et pour moi je pense qu'il ne manque sur l'affiche que ce mot : *Clôture.* Au surplus, *l'auteur de la circulaire* nous a fait dire officiellement qu'il était satisfait de notre soumission, et ainsi personne n'a le droit d'exiger de nous rien de plus. »

Ces paroles sont d'une rudesse extrême. Lacordaire effrayé de l'état d'excitation qu'elles révèlent et désespérant de l'adoucir, s'enfuit de la Chenaie le 11 décembre et adresse à Lamenais une lettre pour lui exprimer les raisons de sa conduite. Le maître bien loin de se laisser toucher la trouve « cérémonieuse, guindée, sèche et froide comme l'hiver quand la bise a passé ». Il juge très sévèrement Lacordaire : « L'extrême mobilité de son esprit, l'impuissance où il est de saisir nettement et fortement aucune idée... me paraissent une excuse réelle à ses inconséquences. Je le plains beaucoup et c'est le seul sentiment que ses procédés m'inspirent (1) ». Lacordaire riposte en essayant d'arracher Montalembert à son influence : M. de Lamennais, écrit-il, a blasphémé Rome malheureuse, c'est le crime de Cham, le crime qui a été puni sur la terre, de la manière la plus visible et la plus durable après le déicide. » Lamennais s'écarte de plus en plus. Voici ce qu'il écrit à Montalembert dans les lettres du 23 janvier et du 12 février 1833 : « La hiérarchie veut obstinément tout ce que les peuples ne veulent pas et repousse obstinément tout ce que les peuples veulent... Par conséquent *laissons aller le pape et les évêques, et mêlons-nous de ce qui nous regarde et de ce qui ne les regarde pas.* Evitons de traiter aucune question sous le point de vue théologique... Plaçons-nous sur le terrain politique et social ; parlons désormais comme Français et amis de l'humanité. » Il invoque donc la distinction fameuse du spirituel et du temporel. Elle lui convenait moins qu'à tout autre, puisqu'il l'avait toujours rejetée formellement. Ailleurs il reconnaît que les doctrines condamnées par l'encyclique méritent censure, mais ce n'est point sa doctrine. Les Solitaires de Port-Royal et les Jansénistes faisaient-ils autre chose quand ils refusaient de voir dans l'*Augustinus* les cinq fameuses propositions ?

Il était coupable, mais on ne ménagea pas non plus le

(1) *Lettre à Mme de Vaux* (23 juin 1834)

pauvre vaincu. Le pape pouvait se montrer exigeant, douter même de la sincérité de sa soumission. Les lettres dont, paraît-il, des commentaires circulaient dans le public, n'étaient pas de nature à le satisfaire. Il refuse cependant de condamner cinquante-six popositions extraites de l'*Avenir* par Mgr d'Astros, mais il écrit dans un bref du 8 mai 1833 : « Ce qu'on répand dans le public nous jette de nouveau dans la douleur. » Lamennais s'en trouve offensé, aussi les lettres de juillet 1833 débordent de colère. A ces justes exigences se joignent des tracasseries inutiles. On s'en prend même à l'abbé Jean, le plus pieux et le plus orthodoxe des prêtres. L'évêque de Rennes menace de fermer ses maisons. Des prêtres conseillent aux parents de n'envoyer plus leurs enfants à ses écoles. Ces vexations odieuses eurent pour effet de briser toute relation entre les deux frères. L'abbé Jean ayant dû plusieurs fois, dans l'intérêt de ses œuvres, se prononcer ouvertement contre les erreurs de son frère, celui-ci ne lui pardonna jamais. Lamennais échappa ainsi à l'influence la plus puissante et qui aurait pu être d'une bienfaisance si précieuse.

Aussi, dans une lettre datée du 4 août, il écrit au Pape par l'entremise de Mgr de Quélen, que ne trouvant pas d'autre moyen de sauver des écoles où 30.000 enfants reçoivent une éducation chrétienne, il se soumet « dans le fond du cœur et sans aucune réserve », mais refuse de s'occuper des affaires de l'Eglise, et se déclare indépendant « dans les choses exclusivement relatives à l'ordre purement temporel. » Grégoire XVI exige une adhésion pure et simple. Le bref daté du 5 octobre arrive par l'intermédiaire de Mgr de Lesquen, évêque de Rennes, qui, interprétant mal le brusque départ de l'écrivain pour Paris, l'interdit sans lui donner l'occasion de se prononcer définitivement. Quand paraissent les *Paroles d'un Croyant*, on oblige son frère à signer qu'il n'est pour rien dans la publication de ce volume. L'abbé Jean exige que sa déclaration reste secrète, et bientôt elle est insérée dans les

journaux. « Ils obligent mon pauvre frère à apostasier »,
disait l'abbé Jean à ce sujet.

L'évêque de Séez accuse d'avance les rédacteurs de
l'Avenir. Le 15 octobre, *l'Ami de la religion* publie une
note de *l'Invariable de Fribourg* tournant en ridicule
l'éducation donnée à Malestroit. Lamennais, n'y tenant
plus, déclare enfin le 11 décembre qu'il suit la doctrine de
l'encyclique, mais, en même temps, il écrit qu'il a signé
pour avoir la paix. « J'aurais signé que le pape était Dieu.»
Il a reconnu que le pape se trompait, qu'il confondait la
puissance temporelle et spirituelle, par conséquent il
renonce à la politique pratique et à tout ce qui a rempli sa
vie antérieure. Voici ce qu'il écrit le 9 novembre à M. de Vitrolles : « Il s'agit de savoir si le chrétien, dans l'ordre politique, peut avoir une action qui ne soit pas de droit indépendante du clergé et contrôlée par lui. » Puis le 29, à
M. Marion : « Il s'agit de savoir si les catholiques doivent
reconnaître dans le pape l'unique souverain de l'univers,
au spirituel et au temporel. » Le 24 décembre, il ajoute :
« Après tant de rudes combats, je me retire, bien résolu
à commencer une vie toute nouvelle. » Il ne veut pas aller
à la Chenaie. Un moment il songe à quitter Paris pour se
retirer à Beyrouth, au pied du Liban, où l'appelle Lamartine. Diverses circonstances, peut-être aussi le manque de
ressources, l'en empêchent. A partir de 1830, en effet, les
lettres font souvent allusion à des difficultés de ce genre.
Sous la Restauration, il avait compromis son patrimoine
dans des spéculations de librairie qui n'avaient point réussi.
En 1831, il se trouvait engagé dans un procès avec
M. de la Bouillerie, intendant général de la liste civile
sous Charles X, dont il avait reçu quelques services, et ce
procès ne pouvait se terminer que par une cession de biens.
Lamennais perdit dans cette affaire huit à neuf cent mille
francs. Son désintéressement fut si complet qu'on le voit
réduit à prier ses amis intimes d'affranchir leurs lettres
pour lui éviter un surcroît de dépenses, et il ajoute: « Quand

on jettera dans la terre ma vieille carcasse, ce qui ne tardera guère, elle y tombera nue, à moins que quelqu'un ne me fasse l'aumône d'un linceul. »

Tout contribue donc à le rendre malheureux. Il est moins bien portant qu'à l'ordinaire. « Ma santé n'est pas bonne, écrit-il, je ne dors pas, j'ai toutes les nuits une petite fièvre qui me prend au moment de me mettre au lit et me quitte vers le matin. »

Bientôt nous voyons son opiniâtreté se changer en un orgueil en quelque sorte monstrueux : « Rome a posé de terribles questions..... Il s'agit en réalité des fondements mêmes du catholicisme ébranlés par le pape, et je n'imagine pour moi aucun moyen de les raffermir. » Ainsi s'exprime-t-il le 4 janvier 1834, et le 12, il se félicite d'avoir rejeté les avances du pape : « J'ai reçu un bref du pape, très bénin, très louangeur, et dont le but est visiblement de m'attirer dans un piège. Le pape y insinue que je ferais une chose qui lui serait fort agréable, si j'employais *mon talent et ma science* à défendre l'encyclique. Tout cela est par trop dégoûtant. Je ne répondrai point, quoique l'archevêque m'en presse. » Et encore : « On a noué à Rome des intrigues pour m'y attirer et m'y clore la bouche avec je ne sais quoi. » Ce « *je ne sais quoi* », c'est le chapeau de cardinal que Rome avait songé à lui donner comme gage de paix. L'archevêque dont il parle est Mgr de Quélen, compatriote et ami des deux frères, qui fut toujours très bon et très délicat pour Féli.

Désormais, chacune des démarches de Lamennais sera une douleur pour ses fidèles, qui vont être remplacés par d'autres aux allures moins franches.

En avril 1834 paraissent *les Paroles d'un Croyant*. Lamennais avait écrit ce livre, dit-on, en une semaine, à travers les bois et le long des haies de la Chenaie. Livre étrange, tout pétri de douceur et d'amertume, d'amour et de haine. Pages débordantes de la plus riche poésie, mais dont le ton étonna, effraya ses amis. Lui fut-il inspiré par le désir de fixer nettement sa situation à l'égard de Rome, et de couper le câble qui l'attachait encore à la rive? Peut-être, mais aussi par la sanglante répression des troubles de Paris et de Lyon, par les souffrances récemment dévoilées des prisonniers de Venise et du Spielberg, ainsi que par les massacres commis en Pologne sous un pouvoir impitoyable. Il verse à flots le mépris sur les rois et les gouvernements, et compare les lois à des meules qui tournent sans cesse pour broyer les peuples.

La forme de cet ouvrage lui fut inspirée par un ouvrage écrit en Pologne. En avril 1833, Montalembert avait traduit le *Livre des pèlerins polonais*, d'Adam Mickiewicz. Ce livre, lu à Lamennais par le jeune traducteur, fit une impression profonde sur son esprit. Le mélange d'inspiration biblique et de violence révolutionnaire, de mysticisme et de démocratie, s'y trouve avec la division par versets (1).

La partie la plus intéressante et qui reste vraie, c'est celle qui réclame justice en faveur du faible : « Ayez pitié du pauvre prolétaire. » Le socialisme chrétien de nos jours n'a qu'à puiser dans ce livre pour y trouver des pages débordantes du plus ardent amour pour le pauvre. Si donc quelques passages ne peuvent être comparés pour l'horreur qu'à certaines scènes de Dante, pour d'autres, c'est à se demander s'ils ne sont pas tirés textuellement des chapitres les plus touchants et les plus suaves de l'*Imitation* et ils apparaissent comme des îles fortunées semées dans un océan de colère. L'écrivain a pris au christianisme sa douceur extrême, et l'ardeur violente de sa foi.

Les prières de ses amis, en particulier de Montalembert,

(1) Voici le début de ce livre : « Au commencement était la foi en un seul Dieu et la liberté était dans le monde. Et il n'y avait point de lois, il y avait seulement la volonté de Dieu, il n'y avait ni maîtres, ni esclaves, il n'y avait que les patriarches et leurs enfants....

« Alors les rois, ayant renié le Christ, firent des dieux nouveaux, des idoles, et les exposèrent à la vue des nations, et ordonnèrent de les adorer et de combattre pour elles. »

qui le suppliait de ne point publier ce livre, retinrent Lamennais pendant un an. C'est Sainte-Beuve qu'il chargea de trouver un éditeur.

Le critique, qui n'avait point senti d'abord toute la chaleur communicative de cet écrit, raconte qu'il en fut averti d'une singulière façon. L'imprimeur lui dit un jour « Vous êtes chargé de l'impression d'un ouvrage qui va faire bien du bruit, mes ouvriers eux-mêmes ne peuvent le composer sans être comme soulevés et transportés ; l'imprimerie est tout en l'air. »

L'effet fut immense, en effet, particulièrement sur le peuple et sur les jeunes gens.

Amis et ennemis furent diversement impressionnés, mais tous très vivement. On eût dit un éclair illuminant à la fois tous les horizons. « Mais à quoi donc songe ce prêtre ? s'écrie Chateaubriand, il ouvre un club sous un clocher. » — « Bon ! dit Michaud, voilà 93 qui fait ses Pâques. » — Lamennais prévoyait bien lui-même les interprétations contradictoires dont son livre serait l'objet, et il écrit à M. de Coriolis, 27 avril 1834 : « Peut-être, avant peu, entendrez-vous parler de quelque chose qui fera crier. N'importe, j'ai fait ou cru faire mon devoir ; le reste ne vaut pas qu'on s'en occupe. » A Mme de Senfft : « Il va. paraître un petit livre qui vous déplaira fortement ; vous en entendrez parler ; je vous supplie de ne pas le lire ; quelques-uns ne doivent pas l'entendre, d'autres ne le pourront pas ; ce n'est pas un livre du présent, c'est un livre d'instinct, de pressentiment et de conscience. L'auteur a vu les larmes qui coulent des yeux des peuples, il a entendu leurs cris de souffrances et il a senti en lui-même un grand désir de les consoler. »

Cette publication rompit toute incertitude sur les pensées de Lamennais et fixa aux yeux de tous et aux siens propres sa situation, c'était sans doute ce qu'il voulait. Aussi, tout espoir est désormais perdu. Chaque pas du nouveau Tertullien augmentera l'angoisse de ses anciens compagnons d'armes, le scandale des fidèles, la joie des ennemis. Le jour de Pâques de l'année précédente, 7 avril 1833, il avait donné la communion à ses disciples une dernière fois rassemblés. Depuis, il célébrait plus rarement et le 1ᵉʳ janvier 1834, il annonçait sa résolution de cesser toute fonction sacerdotale. Ses lettres deviennent injurieuses, méprisantes pour le pape : « La parole qui autrefois remua le monde ne remuerait pas aujourd'hui une école de petits garçons. » — « Je gémis qu'un pouvoir que j'ai tant aimé, tant vénéré, que je respecte toujours, soit descendu à un pareil excès d'ignominie. » (20 juillet 1834.) Un ancien rédacteur lui ayant écrit : « Le catholicisme ne me semble plus qu'une forme morte ou mourante. » Il avait répondu : « Je suis entièrement de votre avis. »

Montalembert avait cru de son devoir de rédiger un acte formel d'adhésion à l'encyclique, ce qu'il fit le 8 décembre 1834 : « J'ai perdu bien de l'amour répandu çà et là, répond Lamennais, non pas goutte à goutte, mais à pleine source, et cette source n'est pas épuisée, et avec quelque abondance qu'elle coule, jamais elle ne tarira. Dieu ne regrette pas l'eau qui tombe des nues sur les sables arides. » (Janvier 1835.)

Son cœur, en effet, reste toujours tendrement attaché à ses amis, il souffre de ces séparations auxquelles il les condamne et attache un plus grand prix aux amitiés qui sont restées actives. Mᵐᵉ de Vaux avec qui il était entré en relation à l'occasion de l'*Essai sur l'indifférence*, s'invita plusieurs fois à lui rendre visite à la Chenaie. Lamennais, pour une raison ou pour une autre, l'éconduisit toujours, mais il a pour elle ce mot charmant : « Toute affection vraie est d'un grand prix, mais celles qui demeurent constantes, dévouées, lorsque tant d'autres se retirent, ressemblent à ces fleurs en petit nombre qu'on retrouve après l'orage et dont le parfum est plus doux. » (1836.)

D'autres amitiés plus naïves témoignent une totale admiration. C'est ainsi que Jean Dessoliaire, tailleur à Neuvy-

Saint-Sépulcre (Indre), adore notre Lamennais. Il écrit à son « bon et vénérable père », à son « bien-aimé », des épîtres enthousiastes d'une très curieuse phraséologie. Il *lamennise* de tout son pouvoir, c'est son mot, et ne négligeant pas le matériel, il envoie à l'auteur des *Paroles d'un Croyant* une douzaine de bouteilles de bon vin blanc de son pays.

Qu'il y eut à cette heure de sa vie des déchirements cruels pour cet homme qui ne pouvait pardonner « les crimes du cœur » et qui, après une déception en amitié, laissait échapper cette plainte : « En vérité, je crois que si l'on m'assurait que la lune est tombée sur le boulevard Montmartre, je prendrais ma canne et mon chapeau pour l'aller voir ! »

Dès lors Lamennais écarte des visites qui pourraient amener une discussion dont il ne veut point entendre parler. Mgr Bruté, un de ses amis d'autrefois, vient le voir à la Chenaie. Lamennais le reçoit affectueusement, mais ne lui permet aucune question sur ses idées, si bien que l'évêque conclut, assez sottement d'ailleurs, que Lamennais ne croit plus à la divinité de Jésus-Christ. C'est l'occasion d'une séparation complète. En novembre 1834, l'évêque de Saint-Brieuc, Mgr Mathias, lui écrit qu'il désire le voir, Lamennais refuse : « Je crois d'ailleurs comprendre que votre désir serait de me parler de certaines choses sur lesquelles j'ai résolu de ne point m'expliquer. » En 1835, Mgr de la Rouragère, évêque de Saint-Brieuc, veut lui rendre visite à la Chenaie, Lamennais se fait excuser sur sa santé. Un soir d'hiver, par un temps affreux, une voiture s'arrête à la porte du château, c'était une nouvelle démarche du prélat : « Encore ! reprit le malheureux prêtre avec un geste qu'il n'essaya pas de cacher, je le regrette, mais vous allez lui dire qu'il m'est impossible de le recevoir. » Son opiniâtreté était donc devenue invincible, il refusait la vérité qui frappait à la porte pour entrer, et se fermait les yeux pour ne point voir. Il ne supportait de contradiction de personne, sauf de ses anciennes amies des Feuillantines. On est étonné de la hardiesse de l'une d'elles : « Vos *Paroles d'un Croyant*, écrit Mlle de Lucinière, sont venues fondre sur nous comme un orage imprévu !... Vos ennemis tressaillent d'allégresse et vos amis s'affligent. Les premiers, par l'organe du *Constitutionnel*, vous appellent « un mauvais prêtre », (ce sont ses expressions), un ambitieux dévoré de la soif de vous faire chef de parti et qui, au nom de la charité, prêchez la révolte contre les puissances que saint Paul nous commande d'honorer, « lors même qu'elles seraient fâcheuses »...

« Ce qui me chagrine, c'est que vous avez jeté sans fruit cette pomme de discorde au milieu de nous. A quoi bon ? *Le Constitutionnel* dit que « le serpent vous a soufflé à « l'oreille. » A-t-il grand tort ? Ah ! qu'il est malheureux que tant de génie se perde ainsi en vaines pensées et en vains systèmes !... Que je suis désolée de vous voir suivre une telle route, vous qui sembliez destiné à fournir une si belle et si utile carrière ! Il est certain que vous vous trompez sur la mission que le Seigneur vous avait donné à remplir. » Lamennais répondit de façon à faire comprendre qu'il n'était nullement blessé de tant de franchise (31 mai 1834). « Vous faites bien et très bien, mon excellente amie, de me dire franchement ce que vous pensez, et je vous en remercie avec toue la sincérité de mon cœur. Si sur plusieurs points nous ne sommes pas d'accord, si nous ne pouvons ni l'un ni l'autre parvenir à nous convaincre mutuellement, que voulez-vous ? c'est l'histoire du monde depuis le commencement. Chacun a ses pensées, ses opinions, qui dépendent de mille et mille choses, la plupart fortuites, et qu'on ignore soi-même bien souvent. » La lettre se termine ainsi par une fin de non recevoir. Nous l'avons citée parce qu'elle rend assez bien l'état d'âme de son auteur. Lamennais esquive la difficulté sans y répondre, on dirait parfois qu'il ne croit plus à rien.

Montalembert, de son côté, lui adressait des lettres d'une

éloquence admirable afin d'arracher son ancien maître à l'abîme. Il lui met sous les yeux des paroles de soumission entière à l'Eglise, au Saint-Siège, que Lamennais a écrites autrefois. Vains efforts. Lamennais ne s'irrite point, parce que ces paroles lui sont adressées par celui qu'il appelle son très cher enfant, et qu'il rend justice à la sincérité de son affection, mais de discussion, il n'en accepte aucune.

Au milieu de tant d'angoisses, il se dit calme. Mlle de Lucinière lui parlait un jour du trouble qui devait agiter sa conscience : « Je n'en éprouve pas l'ombre, et mon projet est bien de recommencer à dire la sainte messe dès que j'aurai quelque assurance de n'être pas chassé du seul asile que j'aie en ce monde, par une interdiction publique » (2 août 1834). Comment concilier des choses si contradictoires ? Nous ne pouvons pas le croire dans le calme, et il déclare en jouir ; il cesse de dire la messe, s'opiniâtre dans les mêmes erreurs, et semble vouloir faire encore acte de prêtre. Oui, vraiment, il dépassait la taille de l'humaine nature.

Lui-même a pu dire avec une fière détresse : « Si j'avais à prendre un emblème de la vie, ce ne serait pas le roseau qui plie au vent, mais le chêne brisé par l'orage. Je romps et ne plie pas. »

A cette époque troublée appartient la composition de son livre, les *Affaires de Rome*. Le désaccord du but du voyage avec le ton de la relation est frappant. La cour de Rome, les cardinaux, les jésuites, ont changé pour lui, c'est-à-dire qu'il ne voit plus par les mêmes yeux. Il n'a de ménagements que pour l'archevêque de Paris, qui se montra prévenant à son égard : « Il m'est doux, écrit-il, de dire combien j'eus à me louer de ses procédés, de sa bienveillance et du zèle plein de sagesse avec lequel il s'employa. » Nous sommes obligés de constater que Lamennais refusa de répondre à ces avances, et ne vit que pure politique dans ses témoignages de bonté. Mais, dans ce livre, les préoccupations personnelles ne l'empêchent pas d'écrire

des pages ravissantes qui révèlent le poète amoureux de
la nature et des monuments. Dans les lettres de 1824,
on trouvait une impression différente : « Le plus grand
agrément des voyages, écrivait-il jadis à Mlle de Lucinière,
à mon avis, c'est qu'on est toujours à peu près sûr de quitter
promptement l'endroit où l'on est... J'ai surtout une espèce
d'horreur pour la ville d'où j'écris (Genève)... Quant aux
curiosités naturelles..., ce sont des choses bientôt vues et
qui ne séduisent pas autrement. Je vous demande un peu
la belle merveille qu'un rocher pointu avec de la neige
dessus! J'aime mieux mes tisons. » Au contraire, dans les
Affaires de Rome, après tant d'illustres voyageurs qui ont
décrit le même pèlerinage, il sait rajeunir l'immortelle peinture par des pensées fines, des narrations pleines de grandeur et quelquefois de gaieté. Il n'y a qu'à lire l'aventure
si bien contée du bon Pasquale, le cocher, au moment du
départ de la Ville. Cependant l'éclat de la description est
terni par une teinte chagrine et morose, par un esprit de
dénigrement qui a laissé son cachet sur le style même.

Ce livre met en quelque sorte le sceau à sa défection,
complète depuis longtemps. Lui-même s'en rend compte
et dit en débutant : « Je désire qu'on regarde ce court
écrit comme destiné à clore la série de ceux que j'ai publiés
depuis vingt-cinq ans. J'ai désormais des devoirs plus
simples et plus clairs. » Avec le *Livre du Peuple*, en effet,
commence pour lui une troisième phase intellectuelle.

Dans cette période si agitée qui s'étend de 1830 à 1836,
les idées de Lamennais se sont profondément modifiées.
Au début, il a cessé d'être royaliste pour devenir républicain, mais il reste encore fortement attaché à la cour de
Rome, malgré les abus qu'il constate. Il lutte dans l'*Avenir* contre les gallicans ; mais peu à peu il se détache de
ces pensées qui ont fait la conduite de toute sa vie. Après
avoir soutenu les droits même contestables du pape, il lui
dénie le pouvoir d'exiger obéissance. Quand il a soutenu
toute sa vie l'autorité du genre humain, il s'opiniâtre dans

son propre sens jusqu'à vouloir être dans le vrai, en dépit de tout le monde. Il y a là contradiction, apparente du moins. Berryer cependant lui disait un jour non sans vérité :

« Vous détestiez l'empire, oui, parce qu'il vous opprimait, mais vous n'avez applaudi au retour de la monarchie que parce que vous espériez qu'elle donnerait la domination au prêtre. Elle n'a pas adopté vos idées, vous vous êtes tourné vers le Pape, vous lui avez dit : « Mettez les pieds sur la tête de tous ces rois. » Vous avez été à Rome. On n'a pas accueilli vos conseils et maintenant vous cherchez à gagner les peuples. Vous leur demandez à leur tour de mettre les pieds sur la tête de tous ces rois qui ne vous ont pas suivi. Tout cela est conséquent. Non, vous n'avez pas changé. » Est-ce là vraiment le fil conducteur des idées du grand écrivain? On ne sait. Ces réflexions paraissent assez vraisemblables cependant, et jettent une certaine clarté sur le fond même de ses pensées.

En dehors des questions que nous avons étudiées, il ne dit rien ou presque rien qu'il n'ait déjà dit avant 1830. L'état de la société lui paraît de plus en plus désespéré, les invectives sont de plus en plus violentes dans ses lettres et ailleurs.

« Quelle littérature pourrait germer sur une terre si aride, troublée de continuelles tempêtes : « Un homme, « en se réveillant, demandait à son domestique : Quel « temps fait-il? — Monsieur «, répond celui-ci après avoir ouvert la fenêtre et regardé dehors, « il n'en fait point. » Je puis vous en dire autant de notre littérature, il n'y en a point, car ce n'est point de la littérature que ces pièces de théâtre et ces romans plus monstrueux les uns que les autres qu'on publie aujourd'hui et qu'on oublie demain. (1) »

Aucune des grandes calamités qui désolent l'Europe,

_____

(1) *Lettre à la comtesse Senfft*, 23 janvier 1833.

aucune des grandes causes qui l'agitent ne le laissent indifférent. Il parle des souffrances du choléra. « Fussent-elles encore plus grandes, ajoute-t-il, je voudrais qu'elles m'eussent atteint et que la Pologne vécût. » La Pologne et l'Irlande surtout sont l'objet de ses plus anxieuses préoccupations. Il compose un hymne célèbre en l'honneur de la Pologne et ce nom revient souvent dans ses lettres. Ainsi, à la comtesse de Senfft (23 mars 1834) : « Je vois comme une voûte de fer s'abaisser sur les peuples. Bientôt l'on n'entendra plus que les plaintes étouffées de l'humanité palpitante, torturée par les bourreaux dans son cachot ; mais cela ne durera pas. La Pologne marche la première dans ce cortége funèbre des nations martyres. »

Dans le milieu où fréquentait Montalembert, on parlait d'une feuille périodique destinée à défendre les intérêts de la Pologne et d'un collège pour l'éducation des jeunes Polonais habitant la France. Lamennais applaudit à cette idée. « S'il ne fallait qu'un peu de mon vieux sang pour fonder leurs établissements d'éducation, je le donnerais de grand cœur. Malheureusement, je n'ai que cela et cela ne suffit pas. »

En même temps le dégoût de la vie augmente avec les années : « La vie me paraît comme un rêve, je trouve le rêve pénible et j'aspire au ciel » (2 mai 1834). Et le 8 mars 1835 : « Étrange chose que notre existence ! J'envierais celle du petit oiseau, et plus encore celle de l'éphémère, qui le matin sort des eaux et, avant que le soleil se couche a accompli sa destinée. » Enfin, le 11 mars 1837 : « Oh ! combien la vie paraît triste à mesure qu'on la connaît mieux ! Elle ressemble à un sentier qui, après avoir traversé des bosquets fleuris, puis un coin de forêt âpre et dure, aboutit à des bruyères désertes. » Ainsi s'achève cette période si triste et si agitée de sa vie.

Lamennais après sa chute.

IV

LAMENNAIS APRÈS SA CHUTE

LES *Affaires de Rome*, nous l'avons vu, marquent
pour Lamennais le commencement d'une vie nouvelle. Il a passé du christianisme autoritaire et
ultramontain de l'*Essai sur l'indifférence*, au catholicisme
libéral de l'*Avenir*, puis au christianisme révolutionnaire
des *Paroles d'un Croyant*, pour aboutir à la religion progressive des *Affaires de Rome* et du *Livre du Peuple*. Ce
qui frappe dans cette évolution, c'est qu'il s'est déterminé
beaucoup moins par les motifs de crédibilité tirés de la
théologie proprement dite ou même de la philosophie
pure, que par des considérations relatives aux destinées
du genre humain et à l'organisation des sociétés humaines.

Il se demande, dans les *Affaires de Rome*, ce que la Papauté va faire, maintenant qu'elle a rompu si radicalement
avec la société moderne. Continuera-t-elle à combattre
les aspirations des peuples ? Mais le mouvement qui les
emporte est si irrésistible et si général, que les résistances
de Rome ne sauraient l'arrêter et qu'elle y perdrait le peu de
popularité qui lui reste. Renoncera-t-elle aux maximes
qu'après un mûr examen elle a cru devoir embrasser ?
Mais ce serait s'infliger à elle-même le plus éclatant dé-
menti et donner à toutes les nations le signal du mépris
de son autorité. Elle ne peut, en effet, être considérée
comme infaillible qu'à la condition de se montrer immuable. Lamennais croit donc que l'Église est dans une impasse d'où il lui sera impossible de sortir si le christianisme ne subit pas quelque grande transformation.

La Papauté en est sortie cependant. Infaillible, l'Église est immuable quand au fond de la doctrine, mais cette immutabilité est loin d'empêcher le développement naturel du dogme selon la direction imprimée par Jésus-Christ lui-même.

C'est Lamennais au contraire qui se trouve engagé dans une impasse, et qui n'en sort que par la malheureuse issue de la révolte et de l'apostasie. Il en est diminué, amoindri dans son influence, peut-être même, comme on l'a dit, dans son génie ; sa vie est brisée, ses dernières années seront aussi tristes et stériles que les premières avaient été glorieuses et fécondes.

Pour que la rupture soit plus complète et la séparation plus irrémédiable, il quitte la Chenaie, où son âme eût encore pu trouver le calme, et vient habiter Paris qu'il déteste, et dont il ne pourra plus se séparer. C'est en mai 1836 qu'il revoit pour la dernière fois cette demeure aimée qu'il regretta toujours. Les dernières heures qu'il y passe sont attristées encore par une difficulté avec son frère. Avant de partir pour la capitale, Féli voulut vendre sa bibliothèque. Les caisses étaient faites et les ouvrages inscrits sur le catalogue, lorsque l'abbé Jean, qui était bibliophile, arrive et reconnaît avec peine un grand nombre d'ouvrages auxquels il tient beaucoup. Lamennais s'enferme pour ne pas le voir, et part le soir même pour Saint-Pierre-de-Plesguen.

C'est en vain qu'il s'éloigne, il conserve toujours le souvenir triste et mélancolique de ces lieux ensoleillés pour lui de foi, d'amitié, de religieuse poésie. Il refuse toutes les invitations que lui adresse M. Marion, un de ses amis de Bretagne, mais quel regret témoignent ses lettres : « Là-bas, le cœur et la pensée retomberaient trop souvent et trop pesamment sur eux-mêmes » (30 avril 1838), et quelques années plus tard, en 1844 : « Quoique je ne doive jamais, selon toute apparence, revoir la Chenaie, j'y tiens toujours par mes souvenirs. J'erre, en imagination, sous

ces arbres dans la sève desquels coule ma vieille vie. »
Les lieux qui ont charmé son enfance, il souffre de les
voir transformés. En 1839, on veut construire un bassin à
flot dans le port de Saint-Malo : « Il me semble à moi,
dit-il, que l'on me gâte mon vieux Saint-Malo, ce n'est
plus celui de mon enfance, celui où tout me rappelait quelqu'un de ces souvenirs qui ne s'effacent jamais... Tout cela
c'est ma vie, la vie de ma jeunesse, alors que l'horizon
indéfini où plonge le regard est encore si pur et si beau. »

Loin de ce passé tranquille la vie est froide et triste, nue
comme les arbres en hiver : « Le temps m'a peu à peu
dépouillé de tout ce que je me figurais devoir être le
charme et l'appui de mon vieil âge ; et maintenant me
voici seul, comptant les heures qui passent, sans qu'aucune m'apporte un songe de joie. » (15 août 1838.) Tout
lui est à charge, parce qu'il ne peut se supporter lui même :
« La France me devient de plus en plus pesante chaque
jour, mais peut-être que je prends pour le poids de la
France le poids de la vie. » (27 janvier 1839.) « Tout
s'en va, cela console d'être vieux, » ajoute-t-il en 1842. Ce
qu'il fuit, plus encore que les évocations du passé et les
personnes qui le connaissent, mais dont la rencontre le
gênerait, c'est son frère, qui pourtant l'aimait toujours si
tendrement. On voudrait pouvoir effacer de sa correspon·
dance ces paroles amères du 26 janvier 1836 : « En quit-
tant la Chenaie il y a huit mois, je la quittai bien résolu à
ne la revoir jamais. Aucun lieu du monde ne me serait
plus pénible à habiter même momentanément. Je n'y
regrette qu'une chose, la fosse que je m'y étais choisie.
Maintenant, je ne sais où reposeront mes os. Peu m'importe, pourvu que sous la terre qui les recouvrira, ils soient
du moins à l'abri de celui qui m'a constamment été fatal. »

M. Marion s'étant efforcé d'amener un rapprochement,
Lamennais s'y refusa. La réponse est du 15 février 1840.
« Je ne trouve en moi aucun sentiment qui me paraisse
contraire au devoir chrétien de la charité ; mais en même

temps, je crois que ni l'estime, ni l'affection sur lesquelles seules peuvent se fonder des relations étroites et durables puissent renaître jamais. On ne renoue pas ce qui a été brisé si violemment; et à quoi servirait une apparence de rapprochement purement extérieur? Les circonstances qui ont amené la rupture finale n'ont été que la goutte d'eau qui fait déborder le vase. Depuis longtemps je connaissais le caractère de celui avec qui vous me pressez de rétablir mes anciennes liaisons, et ce n'était pas sans douleur que je sentais l'influence funeste qu'il avait exercée sur ma vie entière. Qu'il s'en aille dans sa voie, je marcherai dans la mienne, c'est le moyen de voyager en paix. » Certes il était bien injuste à l'égard de cet excellent frère, le meilleur des hommes, qui aurait voulu acheter le bonheur de Féli au prix de sa propre vie. Ainsi, pour que Lamennais puisse jouir pleinement de la propriété de la Chenaie, restée indivise entre eux deux, il veut, en 1842, faire l'abandon de sa part sans toucher un sou. Ses paroles témoignent la plus grande compassion et l'amitié la plus vive : « Qu'il en dispose (de la Chenaie) comme il voudra et comme si je n'étais plus de ce monde... Pauvre Féli, que je serais heureux de le savoir près de moi, dussé-je être condamné à ne jamais lui dire, *os ad os*, combien je l'ai aimé et combien je l'aime ! » (8 juillet 1842.) Féli refuse obstinément tout arrangement. Cependant lorsque, en 1847, l'abbé Jean eut une première attaque de paralysie, son frère lui écrivit pour l'assurer « de sa vieille, sincère et bien tendre amitié. Soigne ta santé, écrit-il, et ne va pas retomber par ta faute, quoique le mieux soit de sortir le plus vite de la vie, pourvu toutefois qu'on puisse se dire que le devoir ne nous y retient plus. » Les choses en restèrent là, et les deux frères ne se revirent jamais. Un moment il avait conçu le projet de revoir sa chère Bretagne : « Je voudrais aller finir dans mon pays, à la campagne. » Mais il n'en fit rien, toutes les invitations qu'il reçut après 1841 restèrent sans effet.

Il continue donc sa vie loin de tout ce qu'il a aimé. Ses lettres nous donnent l'idée de l'existence la plus malheureuse qui fut jamais. Perdu au milieu de cet immense Paris où sa santé s'affaiblit de plus en plus, il n'en peut sortir faute de ressources. Il est seul, et peut s'appliquer à lui-même ces belles paroles :

« Il a été dit : *Væ soli!* et cela est vrai en plus d'un sens. La solitude devient pesante, surtout à mesure qu'on vieillit. Jeune, on porte en soi tout un monde; mais ce monde s'évanouit bientôt. L'âme alors s'en va errant sur des ruines qui, peu à peu, s'effacent elles-mêmes, vaine poussière que disperse le souffle du temps. Plus d'illusions, de douces chimères, d'espérances lointaines; plus même de désirs. La vie est une terre sans horizon. On s'assied là sur la roche aride, au pied du vieil arbre creux et dépouillé, en regardant le nuage qui passe; on voudrait passer avec lui, être emporté comme lui dans les régions où le pousse la tempête ; on voudrait se perdre dans les abîmes inconnus des mers avec l'eau du torrent qui gronde et gémit au fond de la vallée stérile. »

Comme il souffre de cet isolement et s'en plaint amèrement! (22 décembre 1839.)

« Voir s'en aller ceux qu'on a connus, qu'on a aimés, ce sont comme les feuilles de notre vie, qui tombent en automne l'une après l'autre. »

Et en 1840 :

« Moi, je n'ai personne, je suis seul ; aussi vois-je s'écouler ma vie comme le voyageur assis au bord d'un torrent, sur une roche nue, attend qu'il devienne guéable pour arriver au gîte le soir. »

Puis, c'est la gêne, presque la pauvreté. Il n'a pour vivre que le produit de ses livres, en particulier de son *Imitation*, mais cela suffit à peine. D'ailleurs, ses libraires le trompent; l'un d'eux lui fait perdre 20.000 francs dans une faillite. Un autre, qui a des dettes, fait ses dépenses aux frais de Lamennais. Dix-neuf cents exemplaires de la

Journée du Chrétien sont brûlés dans un incendie. Il cherche à vendre la propriété de ses ouvrages et ne réussit pas. Après bien des hésitations, il se résigne à se séparer de ses livres : « Une bibliothèque est désormais un trop lourd bagage pour moi, et je dois achever ma route à travers ce triste monde avec un appareil plus léger. » Mais le guignon, comme il dit, le poursuit partout. La vente ne rapporte que 14.000 francs. « Je suis accoutumé à ce genre de réussite, autant aurait valu les donner. »

Le loyer coûte cher ; par mesure d'économie, souvent mal entendue, car les déménagements le ruinent, il est obligé de changer souvent de domicile. Nous le voyons successivement rue de Rivoli, puis rue de Vaugirard, de nouveau rue de Rivoli. En 1839, il est rue Fontaine-Saint-Georges ; après son séjour à Sainte-Pélagie, il habite rue Tronchet, pour mourir enfin dans le quartier du Marais, rue du Vieux-Chantier, n° 12.

Mais ces déplacements sont ennuyeux, cela dérange le vieillard dans ses habitudes ; il lui faut une exposition agréable ; c'est la chaleur ou le froid qui l'incommodent, un voisinage qui le dérange. Une femme qui loge au-dessus de lui fait du bruit jusque fort avant dans la nuit et l'empêche de dormir. Alors Lamennais se lève à son tour et remue ses meubles avec fracas pour lui rendre la pareille. Plusieurs fois, il cherche à acheter une maison pour habiter la campagne, mais le prix est toujours au-dessus de ses ressources ; d'ailleurs, sa santé est si faible qu'il pourrait à peine supporter le voyage qui lui serait utile pour le corps et pour l'âme.

Souvent il n'a qu'un domestique peu entendu pour tenir sa maison ; à certaines époques, son dénuement est tel qu'il en est réduit à vivre seul et à sortir de chez lui à chaque repas pour descendre au restaurant.

M. Houët, qui avait été de ses disciples, trouve son ancien maître dans une chambre plus que modeste, au quatrième ou au cinquième étage. Malgré le froid, le foyer est sans feu. « Eh bien oui ! dit Lamennais avec un sourire, à son ami étonné, il n'y a point de feu ; c'est une économie que m'impose ma situation financière. Cela ne m'empêche nullement de commencer ma journée de grand matin ; je m'enveloppe alors dans cette houppelande que vous me voyez, et je me défends du froid le mieux possible. Le rayon de soleil qui vient me visiter est toujours le bienvenu. L'important, c'est de faire son devoir, tout est là. » Les visites devaient être bien rares, souvent il cachait son adresse, même à ses amis, pour éviter ce qu'il appelait des importunités. Par mesure d'économie quelquefois, ou parce qu'il veut rester isolé, il n'ouvre que les lettres dont il reconnaît l'écriture.

Sa bonté est la même, malgré la modicité de ses ressources ; toujours il est prêt à rendre service ; plusieurs fois, pour obliger des personnes dans l'embarras, il prête de l'argent qui ne lui est point rendu.

Ses propres infortunes ne l'empêchent pas d'être attentif aux souffrances des autres ; il avait pour les pauvres une réelle affection, nous avons vu comment il savait les soulager à la Chênaie. En 1835, il écrit à O'Connell pour lui recommander les condamnés évadés de Sainte-Pélagie. L'école du malheur semble avoir augmenté sa compassion : « Le pauvre peuple, dit-il, souffre beaucoup, sans bois, sans couvertures, souvent sans pain et sans vêtements, dans les greniers d'où on le jette dans la rue lorsqu'il ne peut acquitter le terme. Cette misère, vue de près, torture l'âme. » (10 décembre 1839.)

« Je ne sais vraiment pas comment il vit (le peuple). Pour vous donner une idée du prix des choses, figurez-vous que le beurre frais ou soi-disant tel se vend quarante-huit sous la livre, un mauvais petit chou huit sous, un œuf quatre sous, cinq sous même s'il est un peu gros et le reste proportionnellement. » (3 mars 1840.)

En 1846, il soigne avec un entier dévouement un étranger qu'il ne connaissait point avant sa maladie : « Voilà huit jours que je ne le quitte point et c'est de sa chambre que j'écris. »

Aucune des questions qui intéressent la France ne le trouve indifférent; il s'occupe de la question d'Orient; l'alliance avec l'Angleterre lui semble un système également honteux et désastreux de prostration devant elle.

En France tout lui apparaît sous les couleurs les plus noires : « La France pourrit sur un fumier, tout s'use à vue d'œil, on meurt à vue d'œil. Nul cependant ne peut dire combien de temps durera la dégoûtante agonie de ce demi-cadavre étendu dans la boue. » (3 avril 1838.)

Le gouvernement de Louis-Philippe lui semble « un système de lâcheté au dehors, de tromperie au dedans et de corruption universelle » (7 mai 1840).

On croirait en lisant ces fréquentes invectives entendre les déclamations d'un journaliste mécontent d'être mis à l'écart. « La Chambre est et demeure stérile, vendue, re-vendue et encore à revendre; l'hiver s'est réfugié dans la politique où rien ne fleurit, où tout se flétrit et tout se pourrit. » Il trouve qu'un gouvernement si incapable ne peut durer, le pouvoir « est assis non sur le sol, mais sur des baïonnettes qui finiront par l'empaler » (13 septembre 1843).

La monotonie de cette vie toute de tristesse et de colère n'est interrompue que par la publication de ses derniers ouvrages et par les persécutions qu'un gouvernement soupçonneux dirige contre lui.

En 1837, il passa quelque temps au château de Fresne, près de Sésanne, en Champagne, c'est là que fut composé le *Livre du peuple*, traité de morale individuelle, civique et sociale, destiné aux ouvriers des villes comme aux tra-vailleurs des champs, pour les faire vivre de la vie qui convient à un peuple libre.

Beaucoup des conseils qu'il donne ont encore aujourd'hui une très grande actualité, à condition de les dégager d'une exagération un peu pédantesque, et de retrancher les déclamations haineuses trop fréquentes. Sans doute Lamennais tient avant tout à revendiquer les droits du peuple, comme il l'a déjà fait en 1835, en prenant la défense des accusés d'Avril; mais il tient encore plus à lui enseigner les devoirs qui découlent de ces droits mêmes, et contribue, par ses vues élevées à spiritualiser la politique de la démocratie.

Oui, il y a de belles pages dans ce livre, toutefois l'imitation du style biblique sent l'affectation, l'inspiration est parfois remplacée par la manière; le goût littéraire est choqué du contraste du fond avec la forme et de cette malédiction perpétuelle enveloppée dans une langue artificielle.

L'ouvrage n'obtint pas le succès des *Paroles d'un croyant*. C'est même à dater de cette publication que l'on commença de dire que Lamennais, en perdant la foi catholique, avait perdu tout son talent d'écrivain. Comme ces grands fleuves dont parle Bossuet, qui gardent dans la plaine une partie de la force et de la vitesse acquise dans la montagne, mais la perdent peu à peu, à mesure qu'ils s'éloignent de la source, Lamennais, puissant écrivain encore dans les *Paroles d'un croyant* et dans quelques pages des *Affaires de Rome*, perd peu à peu la vigueur qu'il tenait de son christianisme, et son influence diminue de jour en jour.

Selon plusieurs écrivains, que la foi n'inspire pas, l'apostasie de ce prêtre a causé le suicide intellectuel le plus éclatant peut-être qu'on rencontre dans l'histoire. Il garda cependant jusqu'au bout des lueurs de génie. Même au milieu des déclamations haineuses des Amschaspands et Darvands, on trouve des pages d'une douceur ravissante et d'une éloquence merveilleuse. Puis, il avait des vertus naturelles qui voilent sa faute et excitent une douloureuse compassion pour l'homme tombé de si haut !

Pendant quelques mois, du 10 février au 4 juin 1837, il est attaché à la rédaction du *Monde*, et il y fait la connaissance de Béranger, Liszt et George Sand.

Les articles composés pour ce journal ont été recueillis

dans un ouvrage, *Politique à l'égard du peuple*. Ils ne sont
point indignes de sa plume éloquente, seulement les sujets,
empruntés à la polémique courante, ont perdu de leur
intérêt, et tel est le sort des travaux dévorés par le Mino-
taure de la presse quotidienne. Mais sitôt que les sujets
donnent lieu à des considérations générales, on voit repa-
raître l'écrivain aux méditations profondes, à l'inspiration
large et puissante. Sa sève garde quelque chose de son
énergie féconde, tels ces grands chênes qu'une cognée
imprévoyante a bien pu couper en une heure de folie, mais
dont le pied continue, durant de longues années, à pousser
de verts surgeons.

Cette rédaction le condamne à un travail excessif. « Je
vais mener une vie de galère, s'écrie-t-il, adieu voyages,
adieu promenades même, ou à peu près, adieu loisirs, et
pourtant, après quarante ans de travail, un peu de repos
eût été bien venu : Mais n'avez-vous pas, disait à Nicole
le rude Arnauld, n'avez-vous pas l'éternité entière pour vous
reposer ? » Ainsi son langage reste chrétien, et il accepte
le travail comme une tâche imposée par la Providence. Il
détaille à M. Marion les diverses occupations de sa journée,
et le 8 mars 1837 il écrit : « En me levant, je lis quatre
journaux, puis je travaille jusqu'à midi ; à midi je prends
quelque chose, et je reçois jusqu'à une heure les personnes
qui ont à me parler. Ensuite, je me rends à nos bureaux...
J'écarte les dîners en ville... Mes soirées sont donc solitaires et partant assez ennuyeuses ; je me couche entre
huit et neuf heures... Toutes mes journées se ressemblent
et je ne m'en plains pas, car il y a aussi quelque douceur
dans l'habitude. » Et quelques jours plus tard : « Le journal n'attend pas un jour. Au reste, une occupation excessive et qui me commande, ne me déplaît pas en soi. Le
temps ne nous est donné que pour l'employer. Il ne faut
pas oublier le devoir laborieux et dur auquel chacun de
nous est assujetti dans les desseins de la Providence. »

A cette époque remontent ses relations avec Béranger.

On retrouve le témoignage de leur intimité dans ce jugement qu'il porte de son ami et que nous tirons de l'*Esquisse d'une philosophie*. « Un poète s'est trouvé, dans le
génie duquel ce peuple oublié si longtemps a reconnu son
propre génie, et dont les chants transmis de bouche en
bouche, comme ceux des poètes antiques, passeront des
pères aux fils pour charmer leurs fatigues, consoler leurs
douleurs, et nourrir en eux l'espérance que Dieu y a mise
avec l'immortel sentiment de sa justice et de son amour. »

Quelle différence! Quel changement! Il ne faut pas
cependant reprocher à Béranger de l'avoir encouragé dans
son apostasie. « Restez prêtre, lui répétait-il sans cesse,
c'est une partie de votre honneur. Quitter l'Église, pour
vous, ce n'est pas abdiquer, c'est déserter. » Et plus tard,
quand Lamennais expose et défend sa nouvelle doctrine :

« Taisez-vous donc, mon cher, on vous jettera sans cesse
le passé à la face. Gardez vos nouvelles idées pour vous. »
Mais rien n'y fit, et Béranger devait dire un jour à M. de
Mirecourt : « C'était un cerveau de bronze, un vrai mulet !
Breton dans toute la force du terme. »

S'il est une chose capable de surprendre beaucoup, c'est
l'espèce de royauté de Béranger sur les écrivains de ce
temps ; il fut le conseiller de beaucoup d'entre eux.
Manuel, Benjamin Constant, Laffitte, Thiers, ne faisaient
rien sans le consulter. Trois des plus grands esprits du
xixe siècle, Chateaubriand, Lamartine, Lamennais recherchent son amitié et le prennent pour confident dans les
circonstances les plus délicates de leur vie. Il est inouï
que ce voluptueux vieillard, dont l'œuvre est à bon droit
si démodée, ait eu une pareille influence et fait la popularité de ses contemporains. Comment l'âme assombrie d'un
ancien prêtre et le chantre de l'épicuréisme mélancolique
pouvaient-ils s'intéresser à la parole banale de ce rusé
rimeur qui se consolait de la jeunesse perdue par des
plaisirs indignes de son âge?

En même temps, l'auteur des *Paroles d'un Croyant* inspire les écrivains de son temps. Dans un roman projeté, philosophique, et qui avait pour titre : *Daphné*, Alfred de Vigny introduisait Lamennais, sous le nom de Lamuel (1). Dans les *Lettres à Marie* s'accuse nettement l'impression que l'esprit ardent du prêtre fit sur George Sand. De plus, dans le *Spiridion*, du même auteur, Hébronius, qui abandonne le catholicisme, puis apprend toutes les sciences, et finalement trouve la paix dans la méditation de l'Évangile éternel de Joachim de Flore, ne manque certainement point de rapports avec Lamennais.

Désormais ses œuvres tournent de plus en plus au libelle; c'est la forme qu'affecte un opuscule de 1839 : *l'Esclavage moderne*. Les esclaves d'aujourd'hui, ceux qui ont succédé aux esclaves des sociétés antiques, ce sont les prolétaires, les travailleurs, le peuple. Et le voici qui décrit les misères de leur condition avec une éloquence faite d'amertume et de pitié. La liberté dont ils jouissent n'est que fictive : « Le corps n'est point esclave, mais la volonté l'est. » L'esclave moderne n'est pas assuré, comme l'esclave antique, d'avoir la nourriture et le vêtement. Le pamphlétaire s'élève fortement contre la prison préventive, qui prive une famille pauvre de son gagne-pain pour une faute supposée, et qui condamne l'interdiction de la mendicité. Il voudrait abaisser les droits de justice, qui sont énormes, les droits de succession qui absorbent l'héritage dans les familles pauvres, et conclut par ces paroles : « Ainsi la faim place le prolétaire dans la dépendance absolue du capitaliste. Pour lui nulle garantie de liberté individuelle, nulle défense possible de ses intérêts contre l'injustice et l'oppression ; nul moyen de transmettre à sa femme et à ses enfants souvent même un faible débris du modique pécule acquis à la sueur de son front; et, lorsque les infirmités, la vieillesse, ont usé ses forces, pas un pauvre petit

---

(1) Cf. MORISON. *Alfred de Vigny, poète philosophe*, p. 98 et 99.

coin de terre au soleil où on le laisse expirer en paix. Implore-t-il de la charité du passant un peu de pain : la prison ; épuisé de besoin, s'assied-il le soir près de la borne : la prison. »

Mais il est plus occupé de ruiner dans ses fondements l'organisation actuelle, que de préparer les matériaux d'une reconstruction future : « Peuple, peuple, s'écrie-t-il, réveille-toi enfin ! Esclaves, levez-vous, rompez vos fers... Voudriez-vous qu'un jour, meurtris par les fers que vous leur aurez légués, vos enfants disent : « Nos pères ont été « plus lâches que les esclaves romains ; parmi eux, il ne « s'est pas rencontré un Spartacus ! »

C'est à chaque page que l'on trouve ces exclamations incendiaires dans une brochure de 1840, *le Pays et le Gouvernement*. L'auteur critique vivement la politique extérieure, signale les abus avec sévérité ; on tyrannise le peuple, les soldats ; nos citoyens libres sont plus malheureux que les esclaves de l'antiquité : « Donc, ô peuple, dismoi, qu'es-tu ? Ce que tu es ! Si j'ouvre la charte, j'y lis une solennelle déclaration de ta souveraineté. Cela fut écrit après ta victoire. Si je regarde les faits, je vois qu'il n'est point, qu'il ne fut jamais de servitude égale à la tienne : car l'esclavage ancien ne privait l'homme que de sa liberté, le tien te prive de la vie même. Paria dans l'ordre politique, tu n'es, en dehors de cet ordre, qu'une machine à travail. Aux champs, tes maîtres te disent : « Laboure et mois- « sonne pour nous. »

Il conclut qu' « il faut combattre jusqu'à ce que l'on ait vaincu le système dont l'effet, si ce n'est le but, est de livrer la France à ses implacables ennemis. »

L'auteur avait beau se défendre de vouloir la violence et s'interrompre par moments pour prêcher la justice à ceux dont il venait d'irriter longuement les convoitises et les ressentiments ; naturellement, ses excitations enflammées étaient mieux entendues que ses conseils de sagesse. « J'ai vu des ouvriers, écrivait Proudhon, qui, après la lecture du dernier ouvrage de Lamennais, demandaient des fusils et voulaient marcher à l'instant. »

Ces invectives répétées finirent par irriter le gouvernement. Déjà en 1838 une perquisition avait été faite à son domicile. La dernière brochure valut à son auteur un an de prison et deux mille francs d'amende. Le procès fit grand bruit, l'opinion publique excitée par les journaux s'étonna que l'on osât citer devant la cour d'assises un homme « dans la personne duquel ses adversaires eux-mêmes révéraient la double puissance du génie et de la vertu » (1). Lamennais subit vaillamment son incarcération : « On est bien partout où le devoir conduit, écrit-il de Sainte-Pélagie, et ma condamnation sera beaucoup plus utile à la cause sainte que j'ai défendue et que je continuerai de défendre tant qu'il me restera un souffle de vie que ne l'eût été mon acquittement. » Malgré ses souffrances de toutes sortes, provenant du défaut de mouvement, du manque d'air, de la chaleur, il est plus affecté des douleurs des autres que des siennes propres : « Que de tristes nouvelles dans une seule lettre, cher ami. Il semble que les hommes n'aient guère en ce monde autre chose à faire que de se consoler mutuellement et de se tendre la main pour s'aider à achever les quelques pas qui les séparent de la dernière et commune demeure, où quelques-uns arrivent si prématurément. Ce ne sont pas les plus à plaindre *et qui addit annos, addit et laborem* (2). »

Sa volonté est loin d'être brisée. Il se promet, aussitôt libre, de recommencer la guerre : « Et certes elle sera bonne ou les forces me manqueront. » « Je rentrerai dans la lutte qui n'est pas moins rude que la prison et qui m'y ramènera peut-être. »

On peut dire qu'il ne l'interrompit point un seul instant, car, dans sa cellule, il composa les *Voix de prison*. Les pa-

---

(1) *Le National*, 26 décembre 1840.
(2) Sainte-Pélagie. *Lettre à M. Marion*, 1841.

ges sont tristes sans doute comme les murs qui les ont vues naître, mais quelle poésie, quelle perfection sobre et touchante ! Qu'on se rappelle la mort de la jeune fille restée sur la grève. Ne dirait-on pas le plus pur diamant taillé par le premier lapidaire du monde ? Comme l'auteur savait s'élever au-dessus de lui-même et prouver une fois de plus qu'une âme forte est maîtresse du corps qu'elle anime!

Il date aussi de Sainte-Pélagie plusieurs opuscules : *le Passé et l'avenir du peuple. — Discussions critiques.*

Son dessein, dans le premier de ces écrits, est de dire au peuple ce qu'il fut, ce qu'il est appelé à devenir, afin qu'il marche constamment vers le but que lui assignent les lois divines de la Création et ses propres lois. Il fait donc l'histoire du peuple dans la société primitive, chez les Romains, chez les Grecs, depuis le christianisme qui abolit l'esclavage, adoucit les mœurs, donna à tous une plus grande liberté; mais actuellement : « Nous sommes à une époque décisive, à l'un de ces moments solennels où se résout pour l'humanité le problème de l'avenir. Le peuple le sent : un instinct divin l'avertit que le monde, ayant accompli une période de son développement, va se transformer, et que, dans le nouvel âge qui s'ouvre, sa place, à lui peuple, doit être tout autre que celle qui fut la sienne dans les âges précédents..... L'histoire, en effet, nous montre l'humanité se développant à mesure que le dogme se développe, ou à mesure qu'elle avance dans la conception de Dieu, et de l'univers distinct de lui et uni à lui ; de manière qu'à chacune des phases de ce développement dogmatique correspond une notion du droit et du devoir sur laquelle se modèle la société, qui n'en est que l'expression, la réalisation extérieure. » Or, Owénistes, Saint-Simoniens, Fouriéristes, tous les systèmes imaginés jusqu'ici sont impuissants, car « au lieu d'établir sur des fondements fermes le droit et le devoir, ils les renversent. Point de base dogmatique par laquelle se rattachant à Dieu, ils revêtent le haut caractère d'une loi éternelle et absolue. »

Il condamne hautement le communisme, le socialisme et proclame le droit et la nécessité d'une propriété individuelle. Si donc il a connu les déclamations haineuses des socialistes, il s'en sépare par sa doctrine, qu'il veut rattacher au christianisme, et aussi par son désintéressement, que n'ont connu ni Proudhon, ni Cabet, ni Louis Blanc, ni les autres. A part une conception particulière de la religion, les idées de cet ouvrage, assez ennuyeux à lire, sont à peu près justes.

On n'en peut dire autant des *Discussions critiques et Pensées diverses*. C'est le livre le plus impie de Lamennais, il renferme des sentences, des considérations qui paraissent avoir été composées à diverses époques. La plupart sont fausses, haineuses, fastidieuses, on les jugera par celles que nous citons. Nous les choisissons parmi les plus courtes et les plus caractéristiques.

« Le christianisme théologique a des doctrines sombres, sinistres, pleines, je ne dis pas de mystères, le mystère est partout, mais d'absolues contradictions. »

« L'histoire, qu'est-ce ? Le long procès-verbal du supplice de l'humanité. Le pouvoir tient la hache, et le prêtre exhorte le patient. »

« Ils font au peuple un reproche terrible, un reproche dont, à vrai dire, il est difficile de le laver : le peuple veut manger, le peuple a faim. »

« On dit qu'il y a eu des anthropophages. Je ne sais, mais cela n'a pas dû être long ; ils ont dû mourir empoisonnés. »

« Qu'est-ce qu'on appelle le lustre des anciennes familles ? La trace luisante que les limaces laissent derrière elles en rampant. »

« On demandait à quelqu'un combien il y avait en France de ministres, de directeurs généraux, d'agents ? Il répondit : « Quand je rencontre sur mon chemin un « cadavre, je ne m'amuse pas à compter les vers qui « remuent dedans. »

Et toujours sur le même ton :

« Les catholiques, en se rencontrant sur les sentiers déserts du vieux monde, où ils errent seuls, séparés de tout ce qui a franchi le seuil de l'avenir, n'ont plus, dans leur solitude silencieuse et profonde, rien à se dire que ce mot des trappistes : « Frères, il faut mourir... »

« Soyez infidèle, déiste, athée, on ne s'en alarmera guère ; on ne s'en fâchera même pas. Mais prenez garde de heurter les opinions des théologiens ou les intérêts de la hiérarchie. Ceci ne se pardonne point. »

Parfois cependant, l'esprit est réjoui d'une pensée noble, gracieuse, comme les suivantes, dans lesquelles il épanche la douleur de son âme :

« Si, dans la jeunesse, un ami s'en va, on s'en fait aisément un autre. Les vies alors s'attirent et s'unissent comme les flammes de deux torches. Il n'en est pas ainsi plus tard. Rien ne se greffe sur un vieux tronc. »

« J'ai semé mon amour et ma pensée sur toutes les routes. Les uns les ont foulés aux pieds, les autres en ont cueilli le fruit ; et à moi, pauvre voyageur, que reste-t-il ? Pas une poignée de sarments pour reposer dessus. »

Un pamphlet daté de 1843, *Amschaspands, Szeds, Daroudjs et Darvands*, est plus violent encore. Ces pages, composées en grande partie à Sainte-Pélagie, sont si extraordinaires, qu'elles ont fait douter de l'équilibre de sa raison quand il les écrivait. C'est une satire des hommes et des choses de son temps, sous le voile d'une lutte des bons génies, Amschaspands, contre les mauvais, Darvands. Livre bizarre, obscur, d'une lecture fastidieuse, qui ne pouvait que troubler les esprits sans servir sa cause, où se trouvent perdues cependant deux belles pages d'une rare éloquence, sur la création et la mission sociale de la femme.

Il y eut un vrai cri d'indignation contre certains portraits, celui de Guizot par exemple. Il est difficile de pousser plus loin les traits de la haine la plus noire. L'énergie de ces peintures, d'une horrible et grimaçante laideur, n'en fait ressortir que davantage l'injustice. Le mal lui paraît l'emporter sur le bien. Il voudrait réduire tout le monde en poudre pour en créer un nouveau. A travers la tristesse que lui inspire le présent, brille cependant la foi dans l'avenir de l'humanité. La marche de la société est comparée au vol du passereau qui s'abaisse et s'élève alternativement. Il y a certaines phrases d'une brûlante sympathie pour les faibles. S'il rugit comme un lion, il pleure parfois comme une mère. *Misereor super turbam.*

La *Traduction des Evangiles*, de 1845, entreprise dans l'espoir, comme le dit Lamennais, que ces pages se changeraient en pain, est accompagnée de commentaires dans lesquels l'auteur essaie d'extraire de ce livre divin une doctrine sociale. « L'*Imitation*, dit-il, comme le Christianisme du moyen âge dont elle est la plus parfaite expression, ne s'occupe que de l'individu, point de la société ; elle tend à séparer les hommes des hommes par une sorte d'égoïsme spirituel, qui fait que chacun, dans la solitude et dans la quiétude, ne s'occupe que de soi, de ce qu'il appelle son salut, s'éloignant le plus possible de toute vie active. L'Evangile, au contraire, pousse à l'action, à tout ce qui rapproche les hommes et les dispose à concourir à une œuvre commune qui n'est autre que la transformation de la société ou, selon le langage évangélique, l'établissement du royaume de Dieu (1). » Cette théorie n'est pas dépourvue de vérité, et l'idée de trouver dans l'Evangile la base ou la confirmation de doctrines sociales devait faire son chemin à notre époque ; depuis quelque temps c'est une recherche qui se poursuit avec activité, en Allemagne. Mais, d'après Lamennais, Notre-Seigneur n'a lié la loi qu'il a prêchée à aucune conception dogmatique. L'Eglise n'est que la collection des âmes, les dogmes ne sont rien ou ne sont que de purs symboles ; il faut seu-

(1) *Lettre à M. Marion*, 11 février 1846.

lement retenir les préceptes moraux et les espérances en un avenir meilleur.

On comprend sans peine le nouveau scandale produit par ce livre et l'appréciation de l'abbé Jean : « Concevez-vous qu'un homme qui ne se croit pas fou vienne, au bout de 1800 ans, donner à la divine parole une interprétation à laquelle oncques ne songea *un seul* chrétien depuis l'origine du christianisme? En vérité, ce pauvre Féli extravague; il n'y a pas d'autre mot. O mon Dieu, quelle pitié! » (6 février 1846.)

L'abbé Jean parlait ainsi dans sa douleur extrême et justifiée ; la raison qu'il donnait n'est point concluante cependant. Dieu, en effet, peut fort bien avoir caché dans son Evangile un sens qu'il ne veut découvrir que dans un avenir fort éloigné, lorsque l'heure propice et bienfaisante aura sonné.

Les dernières années du règne de Louis-Philippe se passent dans le travail et la solitude. Il ne sort que rarement, pour voir quelques amis comme M. de Vitrolles, Chateaubriand, dont il s'est rapproché, Béranger. Sa santé est de plus en plus mauvaise, et sa bourse le réduit à une réelle parcimonie. Puis, en vieillissant, il devient misanthrope à l'égard des individus, sans que son amour de l'humanité défaille jamais. Il travaille à l'*Esquisse d'une philosophie* dont la plus grande partie fut publiée avant son incarcération, et qu'il poursuivra après la révolution de 1848. Commencée vraisemblablement au milieu de la Restauration, l'*Esquisse* présente assez souvent, ce qui est regrettable, la trace des variations qu'à subies la pensée de son auteur.

Il conçoit la philosophie à la manière de tous les grands métaphysiciens, comme une théorie de l'ensemble des choses. Elle comprend selon lui toutes les sciences, avec les relations qui les unissent entre elles et leur imprime le sceau de l'unité. Il étudie successivement Dieu et son acte créateur, puis les êtres intelligents, organiques, inorganiques.

Il y a Dieu et le monde, et, dans le monde, la manifestation de la Trinité. Le Père est le principe de force, de là l'auteur étudiera l'industrie humaine, etc.; le Fils est le principe d'intelligence, de là l'auteur étudiera sculpture, musique, éloquence, etc. ; le Saint-Esprit est le principe d'amour, de là l'auteur étudiera l'attraction physique, la combinaison chimique, la sympathie sociale... La plus brillante partie est celle que l'on a extraite du troisième volume sous le titre *de l'Art et du Beau*, vrai chef-d'œuvre de la prose au XIXe siècle.

Le Beau, pour lui, c'est la vérité, unie à la forme et manifestée par elle. Mais où est la formule de la forme parfaite? Chaque artiste la trouve dans son génie. « Imiter l'art ancien, dit-il, est un précepte absurde, parce qu'il exigerait que l'artiste fût pénétré de la conception antique, qu'il y crût. » Faut-il donc imiter la nature? Mais l'art ne copie pas, il crée. Donc l'on doit envelopper dans la même condamnation le système classique et le système réaliste.

Cet ouvrage fit moins de bruit que l'Essai : c'est qu'il avait un caractère plus désintéressé, qu'il est écrit avec un ton moins passionné et moins déclamatoire. Du reste, le livre parut à l'époque où l'éclectisme de Cousin gouvernait le monde philosophique. Cet impérieux dominateur des intelligences n'admettait guère qu'une tentative de cet ordre se produisît en dehors de lui et de son influence. Aussi ses disciples crurent de bon ton de laisser échapper quelques épigrammes. On trouva que la composition était heurtée... et le reste. Par la grandeur du sujet cependant, par la hauteur des vues et la noblesse du style, l'Esquisse méritait un meilleur accueil des hommes voués aux travaux de la pensée. Janet, Ferraz lui rendent plus de justice. Quoi qu'il en soit, cet ouvrage exerça peu d'influence.

Lamennais pendant la Révolution de Février.

V

LAMENNAIS PENDANT LA RÉVOLUTION DE FÉVRIER

LA révolution de 1848 le trouva occupé à ce grand travail. On l'avait invité au banquet de Dijon en novembre 1847, là où Ledru-Rollin et Louis Blanc annoncèrent la révolution prochaine. Il s'excusa pour des raison de santé. Cette excuse était légitime, car Lamennais n'était plus qu'un vieillard, puis il ne croyait pas à l'efficacité de la propagande réformiste, comme on peut le voir dans une lettre à M. de Vitrolles : « La réforme dîne par toute la France et harangue au dessert. Je ne vois par clairement ce qui pourra sortir de cette éloquence d'automne, semée autour de tables bourgeoises et arrosées de vin du cru. Pour ma part je n'ai de foi qu'en la grande joie du peuple qu'on éloigne soigneusement de ces banquets. »

Tout à coup cependant la Révolution est triomphante. La première pensée de Lamennais et de ceux qui l'approchaient fut de fonder un journal qui s'appela le *Peuple constituant* et parut le 27 février. Le titre dit assez quelle était sa pensée. Ange Blaise, Barbet, Villiaumé, Pascal Duprat, Henri Martin, l'auteur de l'histoire de France, Ferrari, l'exilé italien, etc., collaborèrent à la rédaction ; c'étaient des éléments bien hétérogènes et le journal ne brilla ni par la cohésion ni par la fixité des doctrines.

On conseillait à Lamennais de ne point accepter de mandat législatif, il se fit élire cependant, entra dans l'Assemblée le 4 mai 1848, comme député de la Seine, et prit place à l'extrême-gauche. On a conservé le souvenir de quelques incidents qui se seraient produits pendant son passage à la Chambre.

Lamennais était assis depuis quelque temps sur les bancs de la Montagne et semblait absorbé dans une lecture, lorsqu'un mouvement se produisit dans l'Assemblée; c'était Lacordaire, député de Marseille, qui entrait avec sa robe blanche de dominicain : « Regardez donc, dit à Lamennais son voisin, c'est Lacordaire ! » Lamennais ne bouge et s'enfonce de plus en plus dans son livre. Mais le voisin insiste, il tire Lamennais par la manche : « Il est là, dit-il, il est venu s'asseoir derrière vous.— De grâce, répond enfin Lamennais, laissez-moi, ne sentez-vous pas que cet homme pèse sur ma tête comme un monde ? »

Une autre fois, Lamennais, en lisant un discours, aurait prononcé ces paroles : « Quand j'étais prêtre. » Sur quoi, Lacordaire aurait répondu : « Monsieur, prêtre, on l'est toujours. »

Dans son discours sur les desservants en 1850, Berryer entraîné par son éloquence, venait de flétrir l'apostasie, lorsqu'il aperçut un de ses collègues qui se levait brusquement et se glissait le long des bancs pour quitter la salle : « Je regardai, dit-il, c'était Lamennais. Mon cœur se serra et j'éprouvai une vive douleur, car, en parlant, je n'avais nullement songé à lui. »

Lamennais n'eut qu'un rôle effacé dans la Chambre. La faiblesse de sa parole l'empêchait de se faire écouter, et dans les commissions, il ne fut pas beaucoup plus influent. Son projet de constitution ayant été accueilli avec tiédeur, il le retira. Ce projet du reste était des plus disparates. Lamennais se figurait que la République n'avait été proclamée que pour appliquer ses idées sur la liberté d'enseignement et d'association, la séparation de l'Eglise et de l'Etat, etc.

Il ne comprit rien aux journées de juin; au lieu de voir que ces soulèvements, s'ils réussissaient, perdraient la République loin de la sauver, il embrassa la cause de l'insurrection, et se brouilla même avec son neveu qui avait combattu les insurgés. C'est pour cela qu'il refusa de le voir à ses derniers moments. Le cautionnement ayant été rétabli pour les journaux, le *Peuple constituant* fut condamné à disparaître. Le dernier numéro est du 11 juillet 1848. Il parut encadré de noir comme une sorte de document funèbre ; le dernier article est resté célèbre dans les annales de la presse française :

« Le *Peuple constituant* a commencé avec la République, il finit avec la République ; car ce que nous voyons, ce n'est certes pas la République, ce n'est même rien qui ait un nom... mais autour de sa tombe sanglante, les saturnales de la réaction... Les hommes qui se sont faits ses ministres... iront rejoindre les traîtres de tous les siècles dans le charnier où pourrissent les âmes cadavéreuses, les consciences mortes. Quand à nous... soldats de la presse, dévoués à la défense des libertés de la patrie, on nous traite comme le peuple, on nous désarme. Depuis quelque temps, notre feuille enlevée des mains des porteurs était déchirée sur la voie publique. On voulait à tout prix nous réduire au silence. On y a réussi par le cautionnement. Il faut de l'or, beaucoup d'or pour jouir du droit de parler ; nous ne sommes pas assez riches. Silence au pauvre ! »

Quatre cent mille exemplaires de ce pathétique adieu furent vendus. Les nécessités de la vie matérielle le contraignirent à entrer à la *Réforme* dont il fut quelque temps rédacteur en chef, mais sans y jeter aucun éclat. C'était fini pour lui, et dès ce temps-là, il disait : « J'ai trop vécu. » Aussi longtemps que dura la république, il siégea dans l'Assemblée, assistant régulièrement aux séances, votant silencieusement avec son parti, peu communicatif avec ses collègues, se survivant à lui-même. Le coup d'Etat du 2 décembre s'accomplit sans le surprendre et sans l'atteindre. Il y avait longtemps pour lui que la République était morte.

Il se remet au travail, continue l'*Esquisse* qu'il ne peut achever, traduit le Nouveau Testament dont il n'a donné jusqu'ici que les Evangiles, *la Divine Comédie* de Dante qui ne parut qu'après sa mort.

Sa vie était finie : retiré dans une vieille maison du Marais, sortant à peine et ne recevant que cinq ou six personnes dont les visites se faisaient de plus en plus rares, pauvre, presque réduit aux expédients pour vivre, toujours plein de rêves et d'illusions, il acheva dans une solitude pleine d'une sombre et mystérieuse mélancolie une existence qui s'était écoulée dans le fracas des discussions et des polémiques.

Mort de Lamennais.

VI

MORT DE LAMENNAIS

C E n'est pas sans une vive émotion que nous abordons le récit de ses derniers moments. Lamennais avait perdu la foi, par conséquent la charité surnaturelle, mais les vertus naturelles d'affection, de dévoûment, d'amour du travail, il les avait gardées vivantes. Il avait perdu la croyance de sa jeunesse, cependant il avait gardé plus de catholicisme qu'il ne pensait. C'est le sentiment de Rohrbacher et de ses amis. Des pratiques même lui étaient restées, au moins jusqu'à une certaine époque. « On va régulièrement à la messe, écrit Mlle de Lucinière à l'abbé Jean en 1836, on garde l'abstinence, on a donc de la foi, encore un reste de foi, tout n'est pas perdu. » Il remplit ainsi le programme qu'il s'était tracé quand il écrivait à l'abbé Combalot en 1833 : « Simple fidèle en religion, je marche les yeux fermés dans la voie commune à la suite du pauvre charbonnier. » Souvent, dans ses lettres, sa pensée s'élève vers Dieu. En 1838, il écrit : « *Quasi aquæ dilabimur in terram*. Je ne suis pas de ceux qui seraient disposés à s'en plaindre, tout au contraire, j'aspire bien souvent à ce repos mystérieux que Dieu a placé là devant nous, dans l'ombre, pour nous aider par cette espérance à supporter, pauvres voyageurs, les fatigues de la route. » Dans son introduction à la traduction de Dante, il parle « du progrès continu, éternel, qui consiste à s'approcher toujours plus de Dieu, de l'Etre infini, infiniment un, sans jamais cesser d'être à une distance infinie de Lui. » Ces pages sont les dernières qu'il écrivit.

On l'entendit défendre les prêtres et les religieux catholiques contre les attaques d'un protestant. De son côté, M. de Noirlieu, curé de Saint-Jacques du Haut-Pas, assure qu'on l'avait vu entrer dans une église, prendre de l'eau bénite et s'agenouiller pieusement pour faire sa prière. Il faudrait rapporter ces détails aux années comprises entre 1841 et 1848. Enfin, toujours il fut respectueux de la foi d'autrui. « Il est de bonne foi dans son erreur, je puis vous l'assurer, écrit une dame en 1844.... Si vous saviez combien il est plein d'égards pour ma foi, combien souvent il me dit : « Puisqu'elle vous console et vous rend heureuse, « je me garderai bien de chercher à l'ébranler. » Si vous saviez combien il met de délicatesse à parler devant mes enfants dans le sens où il sait que je les élève. »

Quant à une discussion sur ses erreurs, il n'en voulut jamais entendre, et il rejeta toujours les avances les plus sympathiques qui lui furent faites.

Le Père Ventura lui écrivait après l'avènement de Pie IX : « Pie IX m'a chargé de vous dire qu'il vous bénit, et vous attend pour vous embrasser. » Et le religieux joignait à la lettre un portrait du nouveau Pape. Lamennais se contenta de répondre : « Unis par le cœur, nous avons cessé complètement de l'être par les convictions de l'esprit. Je prie de tout mon cœur Celui qui dispose souverainement des choses humaines de bénir les desseins qu'il inspire lui-même au Pontife vénérable dont les peuples, en ce moment, encouragent les efforts par leurs acclamations unanimes. La mission que la Providence a confiée à son zèle est immense. Il ne marchera point en arrière; il marchera jusqu'au bout avec fermeté dans la route glorieuse ouverte devant lui. Veuillez mettre à ses pieds mes vœux et mes respects. Je garderai le portrait comme un souvenir précieux de l'ami tendre à qui je suis heureux de redire avec quelle sincère et vive affection je lui serai toujours dévoué. »

Le P. Ventura comprit sans doute que toute démarche du genre de celle qu'il avait tentée serait inutile.

Au mois de novembre 1853, une première indisposition avait alarmé parents et amis. Il avait su cette inquiétude et s'en était trouvé froissé : « Cette prétendue maladie grave, dit-il, a été imaginée par des gens qui épient ma fin pour s'emparer, s'ils le pouvaient, de ces derniers moments qu'ils se persuadent leur appartenir de droit. Pour moi, qui me suis toujours appartenu, j'espère bien m'appartenir jusqu'au bout. »

Quoiqu'il se fût rétabli, ses forces avaient beaucoup diminué, et, à la fin de décembre, il fut repris de nouveau, cette fois pour ne plus se relever. A la première nouvelle du danger ses parents et ses amis s'empressent autour de lui avec une sollicitude digne des plus grands éloges et une prudence qui méritait plus de succès. C'est M. de Vitrolles, avec qui il est lié depuis 1825, Mlle Cornulier et Mme de Grandville, nièces de Mlle de Lucinière, Benoît d'Azy, Berryer, et plusieurs autres. Mais tous sont éconduits par des hommes se disant ses amis, qui se relèvent pour le garder et assurent à ceux qui se présentent que le médecin défend de laisser entrer personne. C'est Barbet, homme peu considéré, Jallot et Rostant, médecins, Benoît-Champy, Carnot, père de l'ancien président, Henri Martin, et *tutti quanti*. Cet entourage paraît si funeste que Mme de Grandville ne peut s'empêcher de dire à Ange Blaise : « Votre malade me paraît entouré comme l'était Voltaire dans ses derniers instants. »

Pendant ce temps, on le recommandait aux prières de la plus grande partie des communautés de Paris, et l'abbé Jean, souffrant lui-même, allait se mettre en route, lorsqu'un moment de répit dans la maladie de son frère le décida à retarder son départ.

Mais c'est en vain qu'on cherche à pénétrer auprès du malade, il se fait le complice des désirs de son entourage : « Mon retour en arrière serait une apostasie, avait-il dit quelques mois auparavant. » M. de Noirlieu et le P. Ventura s'étant fait annoncer, il répond : « La simultanéité de cette visite m'en fait voir trop clairement le but », et il refuse sa porte.

Du moins sa nièce préférée, Augustine Blaize, la veuve d'Elie de Kertanguy, peut le voir et passer une nuit dans sa chambre, mais interdiction est faite de lui parler. Quelques jours plus tard, elle se hasarde, et voici dans quels termes, le 17 février, elle rend compte à l'abbé Jean de sa conversation :

« J'ai voulu dire un petit mot de Dieu, et voilà comme je m'y suis prise : Féli, mes enfants veulent que tu saches qu'ils sont bien occupés de toi, qu'ils prient pour toi, ils ont communié et fait dire des messes à ton intention. » Il a paru touché et m'a répondu : « Je n'en doutais pas ; ce que tu me dis ne me surprend pas de leur part. » Puis le 20 février, elle écrit de nouveau. Elle a revu son oncle qui lui a dit : « Je sens que c'est fini, il faut se résigner à la volonté de Dieu, je serai bien quand je serai près de lui. » Mais il écarte tout ce qui peut le porter à la sensibilité. Elle lui dit le désir qu'avait eu Jean de venir : « C'est heureux qu'il ne soit point venu. » Sur l'observation d'Augustine que Jean aurait bien souffert de le voir aussi malade. « Oui, écris-lui que j'ai été encore bien plus malade que je ne le suis aujourd'hui. » — « Tu as bien fait de lui écrire, écris-lui de nouveau. » La nièce ajoute alors : « Permets-moi de lui dire un mot de toi ». Après un moment d'hésitation, le malade répond : « Dis-le lui. »

Mais les visites deviennent encore plus difficiles, sa nièce elle-même ne peut entrer que sur un billet. Elle ne peut lui offrir le crucifix de sa mère comme elle en avait l'intention. Le 25, M. Rostant lui ayant dit : « Votre oncle est tellement malade que je ne puis vous empêcher d'entrer, » quelqu'un rapporte ces paroles au malade, et il fait déclarer à sa nièce qu'il ne peut la recevoir.

Enfin, le soir du 26, Mme de Kertanguy, à bout d'expédients, lui dit à demi-voix en entrant dans sa chambre :

« Féli, veux-tu un prêtre? Tu veux un prêtre, n'est-ce pas? »
Lamennais répondit : « Non. » La nièce reprit : « Je t'en
supplie. » Mais il dit d'une voix plus forte : « Non, non,
non, qu'on me laisse en paix. » Cela attira l'attention des
personnes présentes et l'on fit observer à Augustine qu'elle
ne devait pas gêner son oncle. C'est cet incident défiguré
qui fut communiqué aux journaux. On accusa les parents
et les catholiques de vouloir violenter le malade, de troubler ses derniers moments. Il n'en était rien cependant.
Mme de Kertanguy, découragée, quitta le lit du malade,
après avoir pu glisser toutefois une médaille de la sainte
Vierge sous son chevet, et, très souffrante elle-même,
s'étendit sur un canapé. Mme de Grandville se mit à genoux de façon à être en vue du malade. Ses amis de la
dernière manière, un moment éloignés, s'installèrent
alors autour de lui comme pour dire : Vous n'approcherez
plus, nous gardons la place! La nuit se passa ainsi dans
cette chambre dépourvue, remarque sa nièce, de tout signe
religieux.

Un moment Lamennais dit : « Mettez mes papiers en
sûreté, car aussitôt après ma mort, la police mettra les scel-
lés. » Puis : « Ce sont maintenant les bonnes heures. »
Que voulait-il dire par là? On l'entendit plusieurs fois prononcer cette parole pendant sa maladie. Augustine, de
plus en plus souffrante, quitta la chambre vers sept heures
du matin pour aller à la messe à l'Abbaye-aux-Bois; son
oncle lui paraissait encore assez fort, mais quelques instants
après, pendant qu'elle priait pour lui, Lamennais expirait
le dimanche 27 février, à 9 heures et demie du matin. Quand
elle revint dans la chambre, Barbet lui dit : « Maintenant,
Madame, vous êtes chez vous. » M. de Vitrolles était présent à la minute suprême : « Ce fut en vain que je posai
deux fois ma main sur sa poitrine, dit-il, la respiration
était prompte et fatiguée, et au bout de vingt-cinq ou trente
minutes, nous pûmes constater que nous avions assisté à
son dernier soupir. »

Il n'y eut donc aucun retour, du moins extérieur. Jusques au bout, Lamennais donna des marques de sa puissante obstination. Serait-il permis de mettre un sens de repentir religieux dans cette dernière larme, qui, d'après une pieuse légende, tomba des yeux du prêtre agonisant (1)?

Cependant tous ceux qui ont suivi cette scène douloureuse ont toujours espéré contre toute espérance : « Il ne faut point perdre tout espoir, dit Augustine. » Mme de Vaux, qui avait été éconduite comme tant d'autres, était convaincue que Dieu lui avait fait miséricorde. M. Guérin lui avait recommandé pendant sa maladie de prier, Lamennais avait répondu : « La prière est une grâce, cette grâce, je ne l'ai point. » Mais penser à Dieu est une grâce aussi, et il y pensa souvent pendant sa maladie.

L'abbé Jean, qui s'était mis en marche malgré son état de faiblesse et d'épuisement, reçut la fatale nouvelle à Rennes. On crut un moment qu'il n'y survivrait pas. Il traîna six ans encore une mourante vie qu'il considérait désormais comme inutile.

Vers le mois de juin 1854, une voiture s'arrêta le soir à la porte de la petite chapelle de la Chênaie. Un vieux prêtre, cassé par la douleur plus encore que par l'âge, en sortit et s'agenouillant sur les dalles, inclinant devant un autel dénudé sa tête blanchie, pleurant à chaudes larmes, pria longtemps, longtemps, et sortit.

« A peine avait-il fait quelques pas que, jetant les yeux sur une des fenêtres du sanctuaire et levant ses bras vers une image que lui seul pouvait apercevoir, il s'écria : « Féli ! Féli ! mon frère, où es-tu ? »

C'était l'abbé Jean de Lamennais.

L'émotion fut vive dans Paris, surtout quand on connut les circonstances pathétiques de ce trépas si jalousement surveillé. « Seigneur, grâce et miséricorde ! » s'était écrié

____

(1) Voir comment Gibson interprète avec une poétique délicatesse la suprême visite du baron de Vitrolles. (*The abbé de Lamennais*, p. 344 et 345.)

l'abbé Gerbet en recevant la nouvelle. La veille des obsèques, une note officieuse fut communiquée aux journaux du soir, annonçant que des mesures étaient prises pour qu'une manifestation antireligieuse préparée, dit-on, fût empêchée. Nulle manifestation n'était préparée. Mais le despotisme impérial prenait ses précautions contre une démonstration républicaine.

Lamennais avait laissé ces instructions suivantes à ses exécuteurs testamentaires : « Je veux être enterré au milieu des pauvres et comme le sont les pauvres. On ne mettra rien sur ma tombe, pas même une simple pierre. Mon corps sera porté directement au cimetière, sans être présenté à aucune église. On n'enverra point de lettres de faire part. » Ainsi fut fait.

L'heure du départ ayant été avancée, un petit groupe d'amis, six ou huit au plus, accompagnaient le corps au sortir de la maison. Mais bientôt le cortège se grossit, et, à l'arrivée au Père-Lachaise, il avait pris les proportions d'une manifestation grandiose. L'entrée du cimetière ne fut permise qu'aux personnes qui avaient formé le convoi.

Le cercueil fut descendu dans une de ces longues et hideuses tranchées où l'on enterre le peuple. Lorsqu'il fut recouvert de terre, le fossoyeur demanda : « Faut-il une croix ? » M. Barbet répondit : « Non. » Pas un mot ne fut prononcé sur la tombe. « Quelle mort ! écrivait Lacordaire ; aucune, dans l'histoire ecclésiastique, ne m'a fait une aussi douloureuse impression... Cet abandon, ce cercueil des pauvres, cette fosse commune sans aucun signe laissé à aucun ami, ce silence universel sur une tombe qui devait être si illustre, tout cela me fait un spectre qui me poursuit !... Soyez toujours bien doux et bien humble, mon cher enfant ; tout se répare avec ces deux vertus, rien ne répare leur absence (1). »

Sa dépouille mortelle fut donc déposée loin de l'endroit

(1) *Lettre de Lacordaire à l'abbé Peyreyve*, 6 mars 1854.

qu'il avait choisi lui-même, et qu'il décrivait à Montalembert avec tant de complaisance en 1833 :

« Hier, en me promenant sur le bord de notre étang, je remarquai sur un rocher qui forme une espèce de voûte, et d'où sort un chêne isolé, une place que je destinai en moi-même pour mon tombeau. Les frais n'en seront pas considérables : une croix gravée en creux dans le roc et quelques mottes de gazon sur le pauvre mort, voilà tout. Cette sépulture champêtre dans un coin à l'écart plaît à mon imagination. Je n'aime de ce monde que la nature, et c'est en son sein que je veux me reposer. Tout ce qui rappelle les hommes me fait mal. »

Ceux qui l'avaient entouré à ses derniers moments, rédigèrent un procès-verbal constatant que Lamennais avait refusé tout secours religieux.

Il n'est, hélas! que trop vrai. Mme de Kertanguy le disait : sa volonté n'est que trop évidente. Si l'on examine les faits tels qu'ils se sont passés, il ne reste aucune lueur d'espérance. Mais la grâce de Dieu est si puissante : « Un seul mouvement vers Dieu, le dernier soupir exhalé vers Lui, suffit à la miséricorde, et ce qui est imperceptible aux hommes, il le voit et s'en contente. » Dieu n'aura-t-il pas réalisé pour lui ces paroles qu'il adressait à une dame pour la consoler de la mort peu rassurante de son premier mari ? Ce fut l'espérance de tous ceux qui l'avaient aimé : « La miséricorde de Dieu est infinie, nul ne peut en sonder les mystères. » On écrivit ces paroles sur le seul exemplaire d'une photographie tirée de sa figure après sa mort. Et, en effet, tant de prières faites pour lui auront-elles été inutiles ? Tant de bien accompli avec sincérité n'aura-t-il pas plaidé en sa faveur ? « Malgré toutes les apparences, disait le P. Gratry le dimanche suivant à ses jeunes gens, malgré le refus, persistant jusqu'à la fin, de recevoir les secours de la religion, j'espère... Pour que ce grand exemple servît d'enseignement, Dieu a permis que cette fin fût dépourvue de toute espérance ; mais cette âme avait

contribué à relever le sentiment religieux dans notre pays ;
à raison du bien qu'elle avait fait avant sa chute, ne pou-
vons-nous penser qu'il y aura eu un retour caché à nos
regards avant de paraître devant Dieu, et qu'elle aura
obtenu miséricorde ? » — « Il a fait beaucoup de bien et il
n'a point fait de mal ; il fut impuissant pour combattre la
religion qu'il avait défendue. » C'est par ces paroles de
Mgr de Quélen que nous sommes heureux de conclure ;
elles renferment le plus puissant motif d'espérance. Que
de bien, en effet, est sorti du mouvement qu'il a suscité :
retour aux idées romaines, liberté d'enseignement, réta-
blissement des ordres religieux, conciles provinciaux,
réconciliation de l'Eglise de France avec ce qu'il y a de
généreux et sincère parmi ses ennemis. Dieu aura-t-il refusé
de lui accorder pour lui-même le privilège des faveurs
obtenues pour les autres ?

Conclusion.

CONCLUSION

Telle est cette vie que nous avons essayé de retracer avec autant de fidélité que possible, une des plus grandes et des plus agitées de l'époque orageuse que nous traversons. Lamennais était un caractère fortement trempé plutôt qu'un tempérament, car il manquait de cet ensemble de qualités se modérant, se complétant les unes les autres. Il fut l'homme des extrêmes ; en amitié, comme en politique et en religion, il fut absolu. De tels hommes ne sont pas véritablement sociables, parce qu'ils sont trop personnels, plus personnels encore qu'ils ne sont originaux. Lamennais aurait dû ne point sortir du domaine des idées pures ; il aurait pu devenir un grand philosophe comme il a été un artiste supérieur. Mais son influence s'est surtout exercée aux confins de la pensée et de l'action, dans cette région où l'abstrait et le concret se mêlent ; dans ce domaine mal délimité où les idées, descendues des hauteurs, se transforment en moyens d'action. Ce fut un grave tort pour lui de vouloir conduire les hommes, car, s'il connaissait la nature humaine en général, il ne connaissait pas les hommes en particulier. Il n'a, en effet, rien du moraliste ; aussi y a-t-il peu de psychologie dans les ouvrages de ce penseur. C'est le privilège du moraliste de traiter la même question sans se répéter, parce que l'observation lui révèle de nouveaux aspects à décrire. Lamennais était trop orgueilleux pour avoir de ces retours qui nous permettent de lire dans la contemplation de notre propre misère un peu du secret de l'humanité.

Absolu dans ses idées, il est, de plus, entêté. Jamais il ne consentit à reconnaître qu'il avait eu tort ; jamais il ne recula d'une semelle. Même lorsque l'évidence est contre lui, qu'elle éclate à tous les yeux, que tout le monde l'abandonne, qu'il est par conséquent seul de son idée, il ne se rend pas. Son esprit était plus difficile à entamer que le granit de sa Bretagne. Ce n'est pas qu'il manquât de largeur de vues, son esprit fut ouvert à toutes les questions qui s'agitèrent de son temps; il en fut le héraut, le prédicateur éloquent, mais malheur à l'objection qui le contrariait; il la choquait avec dédain et n'avait bientôt que du mépris, de la haine pour celui qui voulait l'arrêter sur une voie qu'il croyait être la vraie. Il ne voyait plus que sa pensée, la sienne, sans entrer nullement dans celle des autres; c'est un des exemples les plus mémorables d'un esprit buté à une idée. Il changea d'idée fixe, comme dit Berryer, mais il en eut toujours une. On l'a souvent appelé, après sa chute, un nouveau Tertullien; ce rapprochement est plus complet qu'il ne semble au premier abord. Tous les deux, doués d'une âme ardente, se sont fait du christianisme une idée qui n'était pas exacte. Ils veulent un christianisme selon la mesure de leur pensée, un peu raide, un peu étroit, très intolérant, comme ils étaient eux-mêmes. Quand ils sont amenés à se préciser davantage, on leur montre qu'ils se trompent, qu'ils exagèrent, qu'ils vont trop loin, tous les deux sont incapables de se démentir, de revenir sur ce qu'ils ont dit.

Si, du moins, Lamennais se fût entêté pour lui tout seul, mais non, c'est un lutteur, il faut qu'il combatte; les attaques dont il est l'objet l'exaspèrent; il en souffre cruellement, mais n'importe, il faut qu'il agisse, qu'il se remue; il a comme un besoin d'occuper le monde. Ainsi fait-il après l'*Essai sur l'indifférence,* ainsi après la condamnation de l'*Avenir.* Quand il est en prison à Sainte-Pélagie, il aiguise de nouvelles armes contre le gouvernement, et lorsqu'en 1848 on le détourne d'entrer à la Chambre, il faut qu'il y soit, parce que c'est pour lui un moyen de continuer la lutte.

L'école romantique, dont il est le grand prosateur avec Chateaubriand et Rousseau, le servait à merveille parce qu'elle lui permettait de sortir de cette espèce de juste milieu qu'affectait l'école classique, spécialement à la fin du xviiie siècle. Il en a la liberté, les constrastes hardis, les métaphores brillantes. Il sait les préparer, les soutenir, les graduer, par les plus savants artifices. Il n'est point difficile de trouver dans son œuvre tous les caractères qui distinguent la nouvelle école. Comme Rousseau, il aime la nature, et il en décrit les charmes avec une finesse, une harmonie inimitable; il y a tel début des *Paroles d'un Croyant* ou telle description des *Affaires de Rome* qui forment tout un tableau d'un éclat, d'un coloris admirable. Lamennais s'y révèle un peintre de premier ordre malgré sa sobriété. « Du côté où s'ouvrait le vallon, entre quelques arbres jetés çà et là, on voyait les rayons obliques du soleil, déjà descendu sous l'horizon, se jouer dans les nuages du couchant et les teindre de couleurs innombrables qui peu à peu allaient s'effaçant (1). »

Comme Chateaubriand, il voit dans la religion non pas avant tout un dogme qu'il faut croire, mais une institution qu'il faut respecter. Chateaubriand insiste sur le côté poétique, Lamennais est frappé de l'influence sociale, mais tous deux cherchent avant tout à montrer les avantages pratiques du Christianisme.

Peut-on aussi trouver une œuvre plus personnelle ? Y a-t-il un écrivain qui s'y montre lui-même plus complètement? Ses ouvrages représentent l'état de son âme aux diverses époques de sa vie.

Son intelligence était plus profonde que large, il ne voyait pas beaucoup de choses à la fois, il ne voyait même les choses que d'un côté, le sien. Cette simplicité de vue contribuait à donner à son style cette limpidité qu'une pensée plus complexe n'atteint qu'avec peine. Sa sensibi-

______

(1) *Paroles d'un Croyant*, xxxiii.

lité, très grande dans les affaires de la vie, ne passait point
dans ses écrits. Il charme souvent, il élève, il étonne quelquefois, rarement il émeut. Souvent aussi, sauf dans les
Affaires de Rome et l'*Esquisse d'une philosophie*, il est
tendu, déclamatoire. La faculté maîtresse de l'écrivain
était l'imagination, qu'il avait sombre, funèbre, apocalyptique. Avant Victor Hugo, avec une profondeur de pensée,
une flamme de passion que le poète n'atteignit point, il a
été un étonnant visionnaire, un puissant créateur de symboles, de formes tantôt pathétiques et tantôt fantastiques,
qui donnent une incroyable pénétration aux idées qu'elles
représentent : « Des siècles et des siècles avaient passé,
c'était sur le soir d'un de ces longs jours qui sont les jours
de Dieu... Sur une colline escarpée, j'aperçus un immense
édifice étincelant de mille feux; mes yeux découvrirent des
hommes dont le front hâve était ceint de diadèmes (1). »
Cette imagination ne reculait pas devant les comparaisons
les plus injurieuses, surtout quand il s'agissait de stigma-
tiser ses contradicteurs. « Les Bourbons reviennent, dit-
il, ils reparaissent au milieu d'un peuple nouveau, entourés de solennelles antiquailles de l'ancien régime, de prélats
anticoncordataires pleins des idées serviles d'autrefois,
ennemis de tout ce que n'avait pas vu leur jeunesse, fiers
de n'avoir rien appris depuis quarante ans; de vieux abbés
dont l'ambition moisie dans l'exil infectait les antichambres
du château, de valets aux genoux d'autres valets; tout cela
se remuait et fourmillait à la cour des fils de Louis XIV,
comme des vers dans un cadavre. »

Malgré cette véhémence dans les peintures qui faisait
dire à M. de Vitrolles que son génie était fils de la tempête, peu d'écrivains ont une phrase plus parfaitement
cadencée. Il se berçait lui-même au nombre de ses périodes. Même dans ses lettres, la proportion rythmique est
toujours bien gardée. Son imagination était essentiellement

(1) *Affaires de Rome*, épilogue.

poétique. Les vers ne sont pas rares dans sa prose. Il aimait la répétition des mêmes mots qui reviennent comme un refrain à la fin de chaque strophe. « L'exilé partout est seul. » Justesse et clarté, force et précision, ampleur de la phrase, mouvement et véhémence, le style de Lamennais a toutes les qualités d'un style de premier ordre, avec les défauts qui proviennent de sa nature.

« Le tour absolu de ses opinions, qui nous a valu, dit Renan, tant de pauvres raisonnements, tant de jugements défectueux, nous a valu aussi les cinquante pages de grand style les plus belles de notre siècle. »

C'est par cet ensemble de qualités éminentes et, malgré ses défauts, ou, peut-être, à cause même de ses défauts, qu'il reste un des plus curieux sujets d'étude offerts au psychologue et que son influence a été si grande sur son temps et sur le nôtre.

En effet, peu d'hommes ont exercé sur leurs contemporains une action comparable à la sienne. Sa vie est un drame dans lequel se concentre tout un siècle. Si les questions religieuses ont tenu presque constamment la première place dans la politique comme dans la pensée inquiète des hommes de bonne foi, c'est à lui que nous le devons. L'impulsion donnée par le *Génie du christianisme* avait cessé, c'est Lamennais qui ramène la pensée sur les questions religieuses dont il ne sépare point les questions politiques ; il provoque dans le clergé ce mouvement d'études qui finira par obtenir la liberté de l'enseignement secondaire et supérieur et aboutira à la création des universités catholiques.

Il a été le fondateur ou le précurseur, comme on voudra, des trois partis ou des trois doctrines qui remplissent toute l'histoire religieuse du xixe siècle : le catholicisme ultramontain ; le catholicisme libéral et le socialisme chrétien. Ainsi, il est au fond de toutes les manifestations religieuses de notre temps.

Cette influence dure encore ; elle s'étendra même, dit Spuller, au delà de notre temps jusqu'à ce vingtième siècle où les questions religieuses intimément liées aux questions sociales prendront le pas sur les autres. Il fut donc le promoteur de l'avenir en même temps que le représentant de son époque. Il a eu des coups d'œil d'une trop longue portée pour ne pas faire impression sur cet avenir au-dessus duquel il plane comme un aigle de génie.

Depuis cinquante ans, deux courants d'idées ont traversé l'Eglise, le courant infaillibiliste qui est venu aboutir au concile du Vatican. A la façon de ces lignes d'eaux qui protègent les places fortes, il a étreint l'Eglise, en a resserré la cohésion.

L'autre courant est le courant social. A la façon d'une rivière au large parcours qui aurait l'univers entier pour vallée, il a commencé de charrier en tous lieux l'influence de l'église. Lamennais a contribué pour une bonne part à imprimer une direction à ces deux courants, à activer leur marche. Malheureusement, une fois qu'il eut rouvert les sources et creusé le lit des deux fleuves, il sembla prendre à tâche de les détourner; son influence dans le bien n'en est pas moins très réelle, c'est lui seul qui a été la victime, et par sa faute. Le génie fait payer cher quelquefois ses redoutables faveurs, n'exigeant pas moins que le bonheur d'une vie comme rançon du prestige qu'il confère à ses élus. Venu trop tôt, lorsque le moment de trancher les questions qu'il souleva ne semblait pas mûr encore, il ne sut point attendre que la porte s'ouvrît et voulut l'enfoncer, croyant que tout était perdu si l'on ne se hâtait.

Ne voit-on point dans l'histoire de ces soldats imprudents qui, malgré la défense de leur chef, ont entrepris avant l'heure l'attaque du point assiégé ? Ils donnent les premiers coups d'épée et meurent victimes de leur imprudence, ou châtiés justement par leurs chefs. Mais les cris des victimes, l'effort de la lutte ont excité les assiégeants engourdis, et la place est prise plus vite, peut-être, qu'elle ne l'aurait été autrement.

Lamennais a été ce soldat impétueux qui a voulu continuer la lutte malgré l'ordre de son chef : il fut victime de sa désobéissance ; mais la nation, l'Eglise ont profité de ce qu'il y avait de bon dans ses idées.

Que l'on ne s'étonne pas de nous voir attribuer sans réserve tant d'influence à Lamennais. D'abord, les documents qui se publient peu à peu nous le font mieux connaître, et surtout les événements lui donnent souvent raison. Sa doctrine a continué de vivre et de se développer ; à mesure qu'elle a grandi elle a porté de nouveaux fruits. A la lueur des effets, on a mieux compris la nature de la cause. Sa puissante action consista à provoquer l'enfantement d'un monde nouveau ; jamais, il est vrai, enfantement ne provoqua des douleurs si violentes, des déchirements si profonds (1).

(1) La rédaction de cette *Étude sur Lamennais* est de la plume de M. A. Mollien, licencié ès lettres.

PAGES CHOISIES

I

Religion, Morale et Philosophie.

PAGES CHOISIES

L'INDIFFÉRENCE EN MATIÈRE DE RELIGION
EST LA MORT DES PEUPLES

L E siècle le plus malade n'est pas celui qui se pas-
sionne pour l'erreur, mais le siècle qui néglige, qui
dédaigne la vérité. Il y a encore de la force et par
conséquent de l'espoir, là où l'on aperçoit de violents
transports : mais lorsque tout mouvement est éteint, lorsque le pouls a cessé de battre, que le froid a gagné le cœur,
qu'attendre alors, qu'une prochaine et inévitable dissolution ?

En vain l'on essaierait de se le dissimuler, la société en
Europe s'avance rapidement vers ce terme fatal. Les bruits
qui grondent dans son sein, les secousses qui l'ébranlent,
ne sont pas le plus effrayant symptôme qu'elle offre à l'observateur ; mais cette indifférence léthargique où nous la
voyons tomber, ce profond assoupissement, qui l'en tirera ?
Qui soufflera sur ces ossements arides pour les ranimer ?
Le bien, le mal, l'arbre qui donne la vie, et celui qui produit la mort nourris par le même sol, croissent au milieu
des peuples, qui, sans lever la tête, passent, étendent la
main et saisissent leurs fruits au hasard. Religion, morale,
honneur, devoir, les principes les plus sacrés comme les
plus nobles sentiments ne sont plus qu'une espèce de rêve,
de brillants et légers fantômes qui se jouent un moment
dans le lointain de la pensée, pour disparaître bientôt sans
retour. Non, jamais rien de semblable ne s'était vu, n'au-

rait pu même s'imaginer. Il a fallu de longs et persévérants efforts, une lutte infatigable de l'homme contre sa conscience et sa raison, pour parvenir enfin à cette brutale insouciance. Arrêtez un moment vos regards sur ce roi de la Création : quel avilissement incompréhensible ! Son esprit affaissé n'est à l'aise que dans les ténèbres. Ignorer est sa joie, sa paix, sa félicité ; il a perdu jusqu'au désir de connaître ce qui l'intéresse le plus. Contemplant avec un égal dégoût la vérité et l'erreur, il affecte de croire qu'on ne les saurait discerner, afin de les confondre dans un commun mépris ; dernier excès de dépravation intellectuelle où il lui soit donné d'arriver : *Cum in profundum venerit, contemnit.*

Or, quand on vient à considérer ce prodigieux égarement, on éprouve je ne sais quelle indicible pitié pour la nature humaine. Car se peut-il concevoir de condition plus misérable que celle d'un être également ignorant de ses devoirs et de ses destinées ? et un plus étrange renversement de la raison, que de mettre son bonheur et son orgueil dans cette ignorance même, qui devrait être bien plutôt le sujet d'un inconsolable gémissement ?

(Essai sur l'Indifférence, Introduction.)

LA VERTU CHRÉTIENNE

On parle de plaisirs : en est-il de comparables à ceux qu'accompagne l'innocence ? N'est-ce rien que d'être toujours content de soi et des autres ? N'est-ce rien que d'être exempt de repentir et de remords, ou de trouver contre le remords un asile assuré dans le repentir ? Car les larmes mêmes de la pénitence ont plus de douceur que n'en eurent les fautes qui les font couler. Le cœur du vrai chrétien est une fête continuelle. Il jouit plus de ce qu'il se refuse, que l'incrédule ne jouit de ce qu'il se permet. Heureux dans la prospérité, plus heureux dans les souffrances, parce qu'elles lui offrent un moyen d'accroître le bonheur qu'il attend, il s'avance d'un pas tranquille, à travers les plaines de la vie, vers la montagne que couronne la cité permanente, séjour céleste de la paix, des délices éternelles et de tous les biens.

Le seul avant-goût de cette paix remplit l'âme d'une intarissable volupté. Quiconque ne la connaît pas n'a rien senti ; il peut savoir ce que c'est que les plaisirs ; mais il ignore le bonheur. Oui, je le soutiens, l'humble fidèle, priant dans la simplicité de son cœur, au pied d'un autel solitaire, éprouve un sentiment mille fois plus délicieux que les plus vives jouissances des passions. Le philosophe même n'oublie pas plutôt l'orgueil de ses vains systèmes, pour se livrer docilement à l'attrait de la foi, qu'il reçoit sur-le-champ la récompense promise à ceux qui croiront. Jean-Jacques, un jour, et l'auteur des Etudes de la nature, se trouvant, à la suite d'une promenade champêtre, au mont Valérien, entrèrent dans la chapelle des ermites. On récitait en ce moment les litanies de la Providence. Jean-Jacques et son compagnon, touchés du calme de ces lieux, et saisis d'une religieuse émotion, se prosternent et mêlent leurs prières à celles des assistants. L'office terminé, Rousseau se relève, et, tout attendri, dit à son ami: «Maintenant j'éprouve ce qui est dit dans l'Evangile: Quand plusieurs d'entre vous seront rassemblés en mon nom, je me trouverai au milieu d'eux. Il y a ici un sentiment de paix et de bonheur qui pénètre l'âme (1). » Fondés sur une expérience qui ne se dément jamais, ne craignons donc point de le répéter avec Montesquieu : « Chose admirable ! la religion chrétienne, qui ne semble avoir d'objet que la félicité de l'autre vie, fait encore notre bonheur dans celle-ci (2). » Ainsi se vérifient tous les jours sous nos yeux les paroles du Grand Maître : « Celui qui aura tout quitté à cause de

(1) Voyez les *Etudes de la nature*.
(2) *Esprit des lois*, liv. XXIV, ch. III.

moi, en sera, même ici-bas, dédommagé au centuple et possédera la vie éternelle (1). »

(*Essai sur l'indifférence*, tom. I, 2ᵉ partie, chapit. ii.)

ORGUEIL ET MISÈRE DE L'HOMME

J'ai été tout, disait l'empereur Sévère, parvenu des derniers rangs de l'armée au trône des Césars, j'ai été tout, et j'ai vu que tout ne sert de rien (2). Voilà le mot qui termine trente années de travaux et d'ambition heureuse. Parcourez les autres champs de la gloire, interrogez les philosophes et les favoris des Muses, depuis Homère et Pline l'ancien, jusqu'à Voltaire et Diderot, vous n'entendrez que des plaintes amères et des cris de douleur. Semblables à ces dieux du paganisme que les vers rongent sur leurs autels, l'ennui, les soucis, le dégoût. rongent en secret ces âmes superbes, dont le vulgaire imbécile envie la félicité.

Ainsi des autres états; car l'orgueil est partout. Peuple, grands, savants, ignorants, tous se fatiguent pour être admirés, pour s'élever dans l'esprit des autres et dans leur propre imagination. Presque toutes les vaines occupations des hommes n'ont pas d'autre but; et c'est uniquement pour agrandir l'idée qu'il a de lui-même, que l'un ravage la terre, et que l'autre passe sa vie à en étudier les productions; que l'un s'enferme dans son cabinet pour écrire un livre, et que l'autre va se faire tuer à mille lieues de chez lui, pour un morceau de ruban, qui, en l'exaltant dans sa propre estime, le distrairait, croit-il, du souvenir importun de son néant et de sa misère. Nos opinions, et jusqu'à nos divertissements les plus frivoles. n'ont guère d'autre mobile. Nous y cherchons avidement un sentiment tel quel de supériorité, qui nous dérobe à celui de notre imperfection réelle ; et notre orgueil est tout ensemble si désordonné

(1) Math., xix, 29, Marc, x, 30.
(2) *Omnia fui, et nihil expedit.*

et si indigent, qu'il n'est rien qui ne puisse lui servir de
pâture : le hasard d'une carte, les chances favorables d'un
dé, et, chose horrible à imaginer, la séparation même de
Dieu, et la perte de toute espérance.

(Essai sur l'Indifférence ; tome I, 2e partie, chapit. ii.)

DE L'ATHÉISME

Mais, disent les athées, on ne comprend pas l'Être infini : puissants génies qui comprennent tout le reste ! Autrement seraient-ils si choqués qu'on leur proposât de
croire, sur des preuves certaines, un dogme incompréhensible ? S'élèveraient-ils si fièrement au-dessus de Dieu ?
Ainsi, des choses qu'ils croient, il n'en est aucune qu'ils
ne comprennent parfaitement. Que croient-ils donc ?

Croient-ils à l'attraction ? Oui sans doute. Ils comprennent donc que les corps agissent à distance l'un sur l'autre
à travers le vide ? Alors qu'ils nous expliquent clairement ce
mode d'action. Croient-ils à la communication du mouvement ? Oui encore. Qu'ils nous disent donc ce que c'est
que la force et comment elle se transmet. Est-ce un être
physique ? Le comprennent-ils ? Si c'est une portion de
matière qui passe d'un corps dans un autre, on sera contraint de chercher une cause de ce passage, ou une nouvelle force qui le détermine, et ainsi à l'infini. Si ce n'est
rien de matériel, comment ce qui n'est pas matériel agit-il
sur la matière et y produit-il des modifications sensibles
telles que le mouvement ? Croient-ils à la matière ? Croient-
ils à la pensée ? Croient-ils à la vie ? Il faut bien qu'ils y
croient : la nature leur impose ces croyances et mille autres
avec un souverain empire ; il faut qu'ils y croient malgré
l'impuissance la plus absolue de concevoir jamais ce que
c'est que la matière, ce que c'est que la pensée, ce que c'est
que la vie. Rien ne leur est plus incompréhensible que leur
être ; ils ne connaissent rien pleinement ; leur science ne
se compose que de lambeaux. Non seulement le tout leur

échappe, mais ses parties les plus voisines d'eux ne se laissent qu'à peine entrevoir. Leur conception n'est proportionnée à rien de ce qui est, elle se perd dans un atome; et ils veulent clairement comprendre Celui qui a créé de rien et cet atome et l'univers! Insensés! qu'ils m'expliquent un grain de sable, et je leur expliquerai Dieu... (Ch. xiv.)

Qu'on nous montre un peuple sans Dieu, sans foi, sans culte. On ne le tentera même pas. Depuis l'origine des sociétés, un pouvoir supérieur, qui n'est que la raison sociale, éclairée par une raison plus haute encore, prosterne le genre humain au pied des autels; et de tous les points de la terre une voix puissante n'a cessé de monter vers les cieux, pour y porter les prières et les adorations des mortels. Qu'importe, dans ce magnifique concert, le silence de quelques hommes? Qu'importent leurs opinions et leurs doutes solitaires? En accusant d'erreur toutes les nations et tous les siècles, ils se convainquent eux-mêmes de folie; car quelle folie plus extrême que d'opposer à la raison générale sa propre raison, incapable dès lors de se prouver à elle-même qu'elle est?

Enfin il se trouvera des intelligences rebelles qui en viendront jusque-là. Elles mettront leur gloire à se séparer de la société où elles puisent la vie, et on les entendra chanter en triomphe leur hymne de mort. Étrange dégradation! Et qui peut donc inspirer à quelques insensés cette monstrueuse répugnance pour leur Auteur? Ils s'en vont cherchant ardemment de nouveaux rapports entre eux et les créatures, entre leurs organes et les substances brutes; même ils en rêveront avec joie entre la matière et leur pensée, entre leurs destinées et le néant; et les voilà qui s'indignent quand on leur parle de leurs rapports avec la Divinité. Cela confond; mais il en est ainsi : Dieu les fatigue, Dieu leur déplaît; ils l'ont pris en dégoût. Ils pourront supporter toutes les lois hors les siennes. Ah! J'en aperçois la raison. Pénétrez au fond de ce cœur, qu'y découvrez-vous? des penchants que la religion réprouve; il faut les vaincre, on ne le veut pas : un orgueil démesuré, qui aspire a une indépendance sans bornes, et refuse d'obéir même à Dieu ; il faut le soumettre, on ne le veut pas. C'est la volonté qui déprave l'entendement. (Ch. xvi.)

(Essai sur l'Indifférence, tom. II, ch. xiv-xvi.)

L'ÉGLISE MILITANTE

Armé d'une croix de bois, on vit le Christianisme tout à coup s'avancer au milieu des joies enivrantes et des religions dissolues d'un monde vieilli dans la corruption. Aux fêtes brillantes du paganisme, aux gracieuses images d'une mythologie enchanteresse, à la commode licence de la morale philosophique, à toutes les séductions des arts et des plaisirs, il oppose les pompes de la douleur, de graves et lugubres cérémonies, les pleurs de la pénitence, des menaces terribles, de redoutables mystères, le faste effrayant de la pauvreté, le sac, la cendre, et tous les symboles d'un dépouillement absolu et d'une consternation profonde ; car c'est là tout ce que l'univers païen aperçut d'abord dans le Christianisme.

Aussitôt les passions s'élancent avec fureur contre l'ennemi qui se présente pour leur disputer l'empire. Les peuples, à grands flots, se précipitent sous leurs bannières ; l'avarice y conduit les prêtres des idoles ; l'orgueil y amène les sages, et la politique, les empereurs. Alors commence une guerre effroyable : ni l'âge ni le sexe ne sont épargnés ; les places publiques, les routes, les champs même, et jusqu'aux lieux les plus déserts, se couvrent d'instruments de torture, de chevalets, de bûchers, d'échafauds. Les jeux se mêlent au carnage ; de toutes parts, on s'empresse pour jouir de l'agonie et de la mort des innocents qu'on égorge ; et ce cri barbare : Les chrétieus aux lions ! fait tressaillir de joie une multitude ivre de sang...

Enfin, les bourreaux fatigués s'arrêtent, la hache échappe

de leurs mains : je ne sais quelle vertu céleste, émanée de la croix, commence à les toucher eux-mêmes ; à l'exemple des nations entières, subjuguées avant eux, ils tombent aux pieds du Christianisme, qui, en échange du repentir, leur promet l'immortalité, et déjà leur prodigue l'espérance. Signe sacré de paix et de salut, son radieux étendard flotte au loin sur les débris du paganisme écroulé. Les Césars jaloux avaient conjuré sa ruine, et le voilà assis sur le trône des Césars.

Comment a-t-il vaincu tant de puissances ? En présentant son sein au glaive, et aux chaînes ses mains désarmées. Comment a-t-il triomphé de tant de rage ? En se livrant sans résistance à ses persécuteurs.

(Essai sur l'indifférence, Introduction.)

AVEUGLEMENT ET RÉPROBATION DES JUIFS (1)

Quand lui-même (Notre-Seigneur Jésus-Christ) il expira, non pour toujours comme la synagogue, mais pour revivre bientôt après, parce qu'il était *la résurrection et la vie* (2), il annonça du haut de la croix, à l'univers sauvé, ce grand et éternel accomplissement de la loi éternelle: *Consummatum est* (3).

Alors, tout fut aussi consommé pour le Juif. Un sceau fut mis sur son cœur, sceau qui ne sera brisé qu'à la fin des siècles. Son existence tout entière n'avait été qu'un long prodige : un nouveau miracle commence, miracle toujours le même, miracle universel, perpétuel, et qui manifestera jusqu'aux derniers jours l'inexorable justice et la sainteté du Dieu que ce peuple osa renier. Sans principe

---

(1) Qu'on se rappelle le mot d'Henri Heine : « Le judaïsme n'est pas une religion, c'est un malheur; » et l'horreur de Schopenhauer pour le *fœtor judaicus*. Enfin, à l'heure où paraît ce livre, Anthonio et le vieux Shylock sont aux prises, et la France souffre.

(2) *Ego sum resurrectio et vita*, Joan., XI, 25.

(3) Joan., XIX, 30.

de vie apparente, il vivra, rien ne pourra le détruire, ni la captivité, ni le glaive, ni le temps même. Isolé au milieu des nations qui le repoussent, nulle part il ne trouve un lieu de repos. Une force invincible le presse, l'agite, et ne lui permet pas de se fixer. Il porte en ses mains un flambeau qui éclaire le monde entier, et lui-même est dans les ténèbres. Il attend ce qui est venu ; il lit ses prophètes et ne les comprend pas ; sa sentence, écrite à chaque page des livres qu'il a l'ordre de garder, fait sa joie. Tel que ces grands coupables dont nous parle l'antiquité, il a perdu l'intelligence ; le crime a troublé sa raison. Partout opprimé, il est partout. Au mépris, à l'outrage, il oppose une stupide insensibilité : rien ne le blesse, rien ne l'étonne ; il se sent fait pour le châtiment ; la souffrance et l'ignominie sont devenues sa nature. Sous l'opprobre qui l'écrase, de temps en temps il soulève sa tête, il se tourne vers l'Orient, verse quelques pleurs, non de repentir, mais d'obstination ; puis il retombe, et courbé, ce semble, par le poids de son âme, il poursuit en silence, sur une terre où il sera toujours étranger, sa course pénible et vagabonde. Tous les peuples l'ont vu passer, tous ont été saisis d'horreur à son aspect : il était marqué d'un signe plus terrible que celui de Caïn ; sur son front, une main de fer avait écrit : *Déicide.*

(Essai sur l'indifférence, tom. III, ch. xxiii.)

LE DOUTE

L'incrédulité fut le caractère du dernier siècle ; le nôtre est le siècle du doute. La raison, épuisée par un long combat contre la foi, n'a pas même la force de nier. Elle se défie également de la vérité et de l'erreur ; et, parmi les hommes qui ne sont pas chrétiens, ce n'est plus la persuasion, mais les convenances et les intérêts qui déterminent les opinions, et celles même qu'on défend avec le plus de chaleur. On vit dans une sorte de scepticisme pratique, comme s'il n'existait rien de vrai ni rien de faux, ou qu'il fût impossible de les dicerner. Après avoir tout soumis au raisonnement, fatigué de ses vaines promesses, on a perdu la confiance qu'on avait en lui. Sur quelque objet que ce soit, la discussion n'est qu'un jeu de l'esprit, ou un calcul de passions. On ne parle plus pour convaincre ; on n'écoute plus pour s'éclairer, mais pour répondre ou passer le temps. Répandez une vive lumière sur un sujet quelconque, on dira : Cela peut se soutenir. Voilà le plus grand triomphe auquel la logique et l'éloquence puissent prétendre aujourd'hui, et elles le partagent avec le sophisme. Les preuves ne prouvent plus, elles étonnent ; les esprits les sentent sans y acquiescer. Une chose dont ils doutaient d'abord, parce qu'elle leur paraissait obscure, ils en doutent ensuite, parce qu'ils présument qu'avec le temps elle leur paraîtra moins claire ; il n'existe pour eux que des apparences.

Cette disposition sceptique, ils la portent principalement dans la religion. Ce ne sont plus ces efforts du raisonnement contre le christianisme, ces argumentations hautaines du dernier siècle. Je ne crois pas, je ne puis croire, voilà maintenant le mot avec lequel on répond à tout, l'unique difficulté, l'unique objection ; et l'on ne trouve partout que le doute à combattre. Il règne au fond des âmes ; il y étouffe l'espérance, le désir même de connaître la vérité ; et combien n'avons-nous pas vu d'infortunés de tout âge et de toute condition l'emporter jusque dans le tombeau !

(Défense de l'Essai sur l'indifférence, Préface.)

LE DEVOIR PRATIQUÉ POUR LUI-MÊME.

Quiconque veut répandre la bonne parole doit, s'oubliant lui-même, ne regarder qu'une seule chose, l'accomplissement du devoir qu'il se croit appelé à remplir ; car s'il se recherche à quelque degré, si, pour persévérer dans son œuvre, il a besoin d'en voir le fruit, il ne tardera pas à se lasser, il succombera bien vite au découragement. Lorsqu'on vient annoncer la vérité aux hommes, les presser d'obéir à la loi de l'amour, qui ordonne de renoncer à soi pour se fondre en autrui, et y retrouver une vie plus puissante et plus abondante, on rencontre d'abord toutes les passions humaines, qui se soulèvent contre cette loi et la repoussent violemment. Vous demandez au faible des efforts, au riche le détachement de la richesse, à l'ambitieux de s'effacer, à l'orgueilleux de se faire petit, au sensuel de vaincre ses convoitises, à tous un long et rude labeur ; comment seriez-vous écouté ? Ce qui étonne, ce n'est pas que la semence du vrai, du bien, soit étouffée dans le monde, ou s'y dessèche presque aussitôt, c'est qu'une partie de cette divine semence y trouve çà et là un peu de bonne terre où elle fructifie. Mais, dans ce peu de bonne terre, elle pousse des racines si profondes, que rien n'en saurait arrêter la croissance ; elle élève sa tige, étend ses rameaux, préparant aux oiseaux du ciel, aux plus frêles créatures, un doux ombrage et un lieu de repos. Et ceci, ce n'est pas l'homme qui le fait ; il ignore même comment s'est opérée cette œuvre merveilleuse. Il a semé, voilà tout, et de jour, de nuit, par un secret travail, inconnu de lui dans ses voies, la semence a germé, s'est développée, est devenue ce qu'elle devait devenir. Semez donc, mais en esprit de foi ; semez, mais en sachant que vous semez pour un temps que vous ne verrez point. La plante céleste croîtra, mais son ombre ne recouvrira que vos cendres. Qui demande plus sème pour soi et non pour son Dieu, et non pour ses frères. La parole de Jésus, fructifiant de siècle en siècle, a changé le monde, et, dans l'universel abandon, sur la croix, son dernier mot fut : « Mon Dieu, mon Dieu, pourquoi m'avez-vous délaissé ? »

(Commentaires de l'Évangile selon saint Marc, ch. iv.)

L'APOTRE DOIT ÊTRE DÉSINTÉRESSÉ

Après l'esprit de dévouement et de foi, d'inébranlable foi, la première condition de l'apostolat est l'indépendance, et la mesure de l'indépendance est celle du détachement de soi et de tout ce qui se rapporte à soi. Quiconque craint ou désire quelque chose de la terre n'est pas libre ; il y a en lui un point où l'on pourra toujours sceller une chaîne. Toute possession lie l'âme, tout ce qu'on recherche au delà du simple besoin présent l'entrave, dans l'ordre de l'apostolat ; et les besoins mêmes doivent être réduits aux strictes nécessités de la nature, sans quoi l'apôtre tombera plus ou moins dans le servage de ceux au-dessus desquels il doit s'élever pour accomplir son œuvre. Celui qui se soumet aux hommes s'est auparavant soumis aux choses, selon la remarque profonde d'un ancien. C'est pourquoi Jésus veut que ses disciples, en allant annoncer la parole qui doit renouveler le monde, s'affranchissent de tout ce qui les rendait, à quelque degré, esclaves du monde. Des sandales, une tunique, un bâton, il leur défend de prendre rien de plus, ni sac, ni pain, ni argent dans leur ceinture. Le reste leur sera donné comme aux oiseaux du ciel, qui trouvent chaque jour la pâture de chaque jour, que leur a préparée le Père céleste. C'est ainsi qu'ils doivent apparaître au milieu des peuples, et c'est à ce signe que les peuples les reconnaîtront. S'ils ne confirmaient pas leur enseignement par leur exemple, s'ils vivaient de la vie de la chair en appelant les hommes à celle de l'esprit, qui les écouterait ? Leur puissance est dans le renoncement à tous ce que les sens convoitent ; car les convoitises, ce sont les maladies qu'ils viennent guérir, les démons qu'ils viennent chasser, et, pour guérir les autres, il faut d'abord s'être guéri soi-même ; pour chasser d'eux l'esprit mauvais, il faut n'être pas soi-même sous son empire. Sachez donc, vous qui vous croyez investis de l'apostolat, à quelles conditions il porte son fruit ; et vous, peuples, sachez comment on discerne les vrais apôtres de ceux qui en usurpent le nom. Partout où vous verrez, au lieu de l'oubli de soi, des pensées personnelles, au lieu du zèle désintéressé et de l'abnégation sévère, l'amour des richesses et des jouissances que procurent les richesses, dites : Dieu n'est pas là ; son envoyé n'est pas venu encore, et priez pour qu'il vienne bientôt.

(Commentaires de l'Evangile selon saint Marc, ch. vi.)

LA FEMME ADULTÈRE

Les scribes et les pharisiens, cherchant un prétexte pour accuser Jésus, croient le trouver dans sa douceur même et sa miséricorde. Ils lui amènent une femme surprise en adultère, et, rappelant que la loi de Moïse ordonnait qu'elle fût lapidée, ils lui demandent ce qu'il dit lui-même. Que répondra Jésus ? Dira-t-il : Qu'on fasse ce qu'ordonne la loi ? Il dément ses maximes, il autorise les rigueurs contraires à l'esprit de son enseignement, à sa conduite si pleine d'indulgence et de compassion tendre, il n'est plus celui qui vient non pour perdre, mais pour sauver, non pour condamner le pécheur, mais pour qu'il se repente et qu'il vive. Dira-t-il : Renvoyez cette femme ? Aux yeux du peuple, il viole la loi, il se déclare, contre Moïse, le protecteur du péché même. Que fera-t-il donc ? Il se tait, et, se baissant, il écrit sur la terre avec le doigt. Il se tait, parce qu'il sait qu'on ne l'interroge qu'avec une intention mauvaise, que pour abuser de sa réponse, quelle qu'elle soit. Il écrit sur la terre, parce qu'il n'y a point là de cœur où il puisse écrire ce qu'il a dans le sien. Cependant, les scribes et les pharisiens, les hypocrites continuent de le presser : Il faut qu'il s'explique. Alors il se redresse, le Fils de l'Homme reparaît dans sa majesté : Que celui de vous qui est sans péché lui jette la première pierre. Et tous s'en vont ; tous, les plus vieux d'abord, fuient devant leur conscience que le Christ vient d'évoquer. La femme reste seule avec lui. « Où sont ceux qui vous accusaient? Quelqu'un vous a-t-il condamnée? — Personne, Seigneur. — Ni moi non plus je ne vous condamnerai. » Voilà le pardon, la loi de grâce, la loi du Christ, humaine et divine au même degré. « Allez et ne péchez plus ». Voilà la réprobation du péché et le repentir qui l'efface. Comprenez maintenant la justice et comprenez la charité. Votre frère a failli, soit: qui ne faillit point, et qui de vous osera lui jeter la première pierre? Ne soyez pas plus endurcis que les pharisiens et les scribes; au souvenir de vos propres fautes, de tout ce qu'il y a d'infirme en vous, sortez du temple et laissez votre frère seul avec Jésus.

(Commentaires de l'Evangile selon S. Jean, ch. viii.)

L'ORGUEIL

En considérant les faiblesses de l'homme, la fragilité de sa vie, les souffrances dont il est assailli de toutes parts, les ténèbres de sa raison, les incertitudes de sa volonté *inclinée au mal dès l'enfance*, on s'étonne qu'un seul mouvement d'orgueil puisse s'élever dans une créature si misérable; et cependant l'orgueil est le fond même de notre nature dégradée. Selon la pensée d'un Père, « il nous sépare de la sagesse, il fait que nous voulons être nous même notre bien, comme Dieu lui-même est son bien; » tant il y de folie dans le crime! C'est alors que l'homme se recherche et s'admire dans tout ce qui le distingue des autres et l'agrandit à ses propres yeux, dans les avantages du corps, de l'esprit, de la naissance, de la fortune, de la grâce même, abusant ainsi à la fois des dons du Créateur et du Rédempteur. Oh! que ce désordre est effrayant et combien nous devons trembler lorsque nous découvrons en nous un sentiment de vaine complaisance ou qu'il nous arrive de nous préférer à l'un de nos frères! Rappelons-nous souvent le pharisien de l'Evangile, sa fausse piété si contente d'elle-même et si coupable devant Dieu, son mépris pour le prochain *qui s'en alla justifié* à cause de l'humble aveu de sa misère, et disons au fond du cœur avec celui-ci : *Mon Dieu, ayez pitié de moi*, pauvre pécheur.

(Réflexions sur l'Imitation (1), L. I, ch. VII.)

LA PAIX

Je vous laisse ma paix, je vous donne ma paix, non comme le monde la donne. Quelle aimable douceur, quel touchant amour dans ces paroles de Jésus-Christ, et en même temps quelle instruction profonde! Tous les hommes souhaitent la paix; mais il y a deux paix, la paix de Jésus-Christ et la paix du monde. Le monde dit à l'ambitieux : Le désir des grandeurs te trouble, t'agite, monte, élève-toi. Il dit à l'avare : L'envie des richesses te dévore, amasse, amasse sans t'arrêter jamais. Il dit au mondain tourmenté de ses convoitises : Enivre-toi de tous les plaisirs. Il dit enfin à chaque passion : Jouis et tu auras la paix. Promesse menteuse! Les soucis, la tristesse, l'inquiétude, le dégoût, les remords, voilà la paix du monde. Jésus dit : Triomphez de vous-même, combattez vos désirs, domptez vos convoi-

---

(1) On sait que l'*Imitation de Jésus-Christ* est divisée en quatre livres ; le premier et peut-être le second viennent des chartreux du XIIe siècle ; le troisième, de quelque moine lettré du siècle suivant ; il n'y aurait point d'invraisemblance à faire descendre le dernier jusqu'au XVe siècle. Telle est l'opinion de M. V. Le clerc. En tout cas, cette œuvre fut comme le manifeste d'une réaction mystique contre la théologie contentieuse de l'université de Paris. A cette remarque de M. Haureau, il faut ajouter que d'autres causes, et de plus profondes, contribuèrent à l'éclosion du célèbre opuscule. Enfin, sur le titre donné à cet ouvrage, on peut consulter une note du savant Huet (Huetiana, XVII, p. 48).

Relire l'éloquent chapitre — faux — que Michelet a consacré à l'*Imitation* (Jeanne d'Arc. Liv. II, ch. I), et la petite étude mondaine qu'a écrite J. Lemaitre dans ses *Contemporains* (6e série, p. 279).

tises, brisez vos passions ; et l'âme docile à ses commandements repose dans un calme ineffable. Les peines de la vie, les souffrances, les injustices, les persécutions, rien n'altère sa paix ; et cette céleste paix, *qui surpasse tout sentiment*, l'accompagne au dernier passage et la suit jusqu'au ciel, où se consommera sa félicité.

(*Réflexions sur l'Imitation*, L. I, ch. ii.)

AMOUR DE LA SOLITUDE ET DU SILENCE

Que cherchez-vous dans le monde ? le bonheur ? Il n'y est pas. Ecoutez ce cri de détresse, cette plainte lamentable qui s'élève de tous les points de la terre et se prolonge de siècle en siècle. C'est la voix du monde. Qu'y cherchez-vous encore ? des lumières, des secours, des consolations, pour accomplir en paix votre pèlerinage ? Le monde est livré à l'esprit de ténèbres, à toutes les convoitises qu'il inspire, à tous les crimes, à tous les maux dont il est le principe, et c'est pourquoi le prophète s'écriait : *Je me suis éloigné, j'ai fui et j'ai demeuré dans la solitude*. Là, dans le silence des créatures, Dieu parle au cœur, et sa parole est si merveilleuse, si douce et si ravissante, que l'âme ne veut plus entendre que lui, jusqu'au jour où tous les voiles étant déchirés, elle le contemplera face à face. Le christianisme a peuplé le désert de ces âmes choisies qui, se dérobant au monde et foulant aux pieds ses plaisirs, ses honneurs, ses trésors, et la chair et le sang, nous offrent dans la pureté de leur vie, une image de la vie des Anges. Cependant, les chrétiens ne sont pas tous appelés à ce sublime état de perfection ; mais au milieu du bruit et du tumulte de la société, tous doivent se créer au fond de leur cœur, une solitude où ils puissent se retirer pour converser avec Jésus-Christ, et se recueillir en sa présence. C'est ainsi que, ramenés des pensées du temps à la pensée des choses éternelles, ils auront à dégoût celles qui passent, seront dans le monde comme n'en étant pas ; heureux état où s'accomplit pour le fidèle ce que dit l'apôtre : *Notre vie est cachée avec Jésus-Christ en Dieu.*

(Réflexions sur l'Imitation, L. I, ch. xx.)

UTILITÉ DE LA SOUFFRANCE

La douleur est le fond de la vie humaine. Souffrances du corps, maladies de l'âme, inquiétudes, afflictions, péchés, tel est l'accablant fardeau qu'il nous faut porter depuis notre naissance jusqu'à la tombe. Et cependant, à force de travail, l'homme parvient à découvrir, au milieu de ses misères, je ne sais quelles joies insensées dont il s'enivre avidement. Fuyons ces folles joies du monde, arrêtons notre pensée sur le châtiment qui les doit suivre, sur nos fautes multipliées ; et demandons à Dieu, avec la componction du cœur, ce repentir plein d'amour, ces heureuses larmes que Jésus a bénies par ces consolantes paroles : *Beaucoup de péchés vous seront remis parce que vous avez beaucoup aimé.*

(Réflexions sur l'Imitation, L. I, ch. xxi.)

MISÈRE DE LA VIE

L'homme né de la femme vit peu de jours et il est rassasié d'angoisses. Voilà notre destinée telle que le péché l'a faite. Ecoutez les gémissements de l'humanité entière dont Job était la figure : « Périsse le jour où je suis né, et la nuit où « il fut dit : Un homme a été conçu ! Pourquoi ne suis-je « pas mort dans le sein de ma mère, ou n'ai-je pas péri en « en sortant ? Pourquoi m'a-t-elle reçu sur ses genoux et « allaité de ses mamelles ? Maintenant je dormirais en « silence, et je reposerais dans mon sommeil. » Mais déjà sur cette grande misère se levait l'aurore d'une grande espérance. « Je sais que mon Rédempteur est vivant, et

« que je serai de nouveau revêtu de ma chair, et dans ma
« chair je verrai mon Dieu ; je le verrai et mes yeux le
« contempleront. » Dès lors tout change : Ces douleurs,
auparavant sans consolation, unies à celles du Rédempteur, ne sont plus qu'une expiation nécessaire, une épreuve
de justice et de miséricorde, une semence d'éternelles joies.
Le Christ, en mourant, a ouvert le ciel à l'homme déchu,
qui, pour unique grâce, demandait à la terre un tombeau.
Et nous nous plaindrions des souffrances auxquelles Dieu
réserve un tel prix ! Et le murmure serait sur nos lèvres,
lorsque, par les tribulations, Jésus-Christ daigne nous
associer aux mérites de son sacrifice ! C'en est fait, Seigneur, je reconnais mon aveuglement, mon ingratitude, et
je ne veux plus désirer ici-bas que d'avoir part à votre
passion, afin de participer un jour à votre gloire.

(Réflexions sur l'Imitation, L. I, ch. xxii.)

LA MORT

Approchez de cette fosse, regardez ces ossements blanchis et disjoints : voilà tout ce qui reste ici-bas d'un
homme que vous avez connu peut-être et qui ne pensait
pas plus à la mort, il y a peu d'années, que vous n'y
pensez aujourd'hui. Ne fallait-il pas, en effet, qu'il songeât
d'abord à sa fortune, à celle des siens, à l'établissement
de sa famille ? Aussi s'en est-il occupé jusqu'au dernier
moment. Eh bien ! maintenant allez, entrez dans cette
maison. Des héritiers indifférents y jouissent des biens
qu'il avait amassés, et travaillent eux-mêmes à en amas-
ser de nouveaux ; du reste nul souvenir du mort. Quelque
chose de lui subsiste cependant, et la tombe ne le renferme
pas tout entier. Il avait une âme, une âme rachetée du
sang de Jésus-Christ ; où est-elle ? à l'instant où elle quitta
le corps, sa demeure fut fixée, ou dans le ciel sans crainte
désormais ou dans l'enfer sans espérance. Terrible, terrible
alternative ! Et à présent, plongez-vous dans les soins de la

terre, différez votre conversion, dites encore, il sera temps demain. Insensé, ce temps dont tu abuses creuse ta fosse et demain ce sera l'éternité.

(Réflexions sur l'Imitation, L. I, ch. XXIII.)

LA JOIE D'UNE BONNE CONSCIENCE (1)

Nul repos pour celui qui ne le trouve pas en soi. Le cœur inquiet, qui cherche au dehors, dans les créatures, la paix dont il est privé intérieurement, se fait une grande illusion; elle n'est pas là. Pourquoi vous tromper vous-même? La mer soulevée par les tempêtes n'est pas plus agitée que le monde; et vous lui dites : Apaise mon trouble! Il n'y a de calme que dans le sein de Dieu; il n'y a de joie que dans la conscience pure. Les plaisirs distraient, les passions enivrent un moment; mais ce moment passé que reste-t-il? Et encore que d'ennui souvent et que d'amertume pendant sa durée! Vous représentez-vous, au contraire, une félicité comparable à celle qui accompagne l'innocence; quelque chose qui, dès ici-bas, ressemble plus au ciel que l'état d'une âme détachée de la terre et tranquille sous la main de Dieu qu'elle possède déjà par l'espérance et par l'amour? Eh bien donc, que cet état devienne le vôtre; venez et goûtez combien le Seigneur est doux; faites un effort, veuillez seulement : Celui qui donne le bon vouloir vous donnera aussi de l'accomplir.

(Réflexions sur l'Imitation, L. II, ch. VI.)

LA TENTATION DE L'ORGUEIL DANS LE BIEN.

Une des plus dangereuses tentations et des plus déliées, est celle de l'orgueil dans le bien. Pour peu qu'elle se re-

---

(1) S'adressant à la bonne conscience, Corneille, dans son Imitation, lui dit ce beau vers :

Oh! Que ton témoignage est un doux entretien !

lâche de sa vigilance, l'âme que la grâce avait élevée au-dessus de sa nature et de sa corruption, glisse imperceptiblement et retombe en elle-même. On s'est garanti de certaines fautes, on a pratiqué certaines vertus ; l'amour-propre s'arrête à cette pensée, et s'y repose avec complaisance. On se regarde, on est content de soi, on se préfère peut-être à tel on tel autre ; et l'on en vient jusqu'à s'attribuer secrètement les dons de Dieu, un des crimes qui offensent le plus ce Dieu *jaloux et vengeur et qui ne donnera sa gloire à nul autre et qui résiste aux superbes.* Que fait-il cependant? Il se retire, il délaisse cet insensé qui comptait sur ses forces, il l'abandonne à son orgueil (1). Alors arrivent ces chutes terribles qui étonnent et consternent, ces chutes inattendues, effrayants exemples des jugements divins. Malheur à qui s'appuie sur sa propre justice! La ruine l'attend. *Je ne sens,* disait l'Apôtre, *rien en moi qui m'accuse, mais je ne suis pas pour cela justifié, car celui qui me juge, c'est le Seigneur.* Et le prophète roi : *Purifiez-moi de mes fautes cachées, oubliez celles que j'ignore et pardonnez-moi celles d'autrui* : prière admirable, qui rappelle à l'homme cette funeste communication du mal, en vertu de laquelle il est, hélas! si peu de péchés purement personnels. Donc, nul refuge, nulle assurance que dans l'humilité, dans l'aveu sincère, dans la conviction et le sentiment toujours présent de notre profonde misère, joints à la confiance en Dieu seul. Prosternés à ses pieds, disons-lui avec le Psalmiste : *Ma honte est sans cesse devant moi,* et la confusion a couvert mon visage : *Seigneur, vous ne mépriserez point un cœur contrit et humilié.*

(Réflexions sur l'Imitation, l.. III, c. xiv.)

---

(1) Corneille, traduisant l'*Imitation*, a dit encore :

Il ne s'abaisse point vers des âmes si hautes.

LES ÉCRIVAINS ASCÉTIQUES.

Ne pourrait-on pas supposer que ces hommes, ou plutôt ces anges sur la terre, éclairés intérieurement de l'éternelle splendeur, rafraîchis et vivifiés par cette rosée de lumière dont parle le prophète, en ont laissé tomber quelques gouttes dans leurs écrits, et que c'est moins encore leur parole qu'ils nous font entendre que la parole de Dieu même? Leur pensée, leur langage, tout chez eux décèle une origine céleste. Non, ce n'est pas ainsi que l'homme parle; il n'a point avec tant de grandeur, tant de simplicité, ni tant de calme avec tant d'amour. Ce mélange divin de naïveté et de sublimité, d'ardeur et de quiétude est encore un caractère distinctif des auteurs ascétiques. Eux-seuls savent toucher, émouvoir profondément l'âme, sans lui rien faire perdre de sa paix. L'éloquence de l'homme, toute passionnée parce qu'elle s'adresse aux passions, échauffe, exalte, remue, bouleverse; sa force est dans sa violence; c'est un torrent qui, dans sa course, froisse, brise et entraîne les cœurs. Mais écoutez un pauvre moine parlant du Sauveur Jésus : son front est calme et serein, ses paroles sont simples et douces; et, toutefois, à peine a t-il dit deux mots que vous vous sentez tout ému, et que vos larmes coulent délicieusement. Avec des moyens en apparence si faibles, comment produit-on de si merveilleux effets? Il faudrait pour expliquer ce miracle spirituel, dévoiler tout le fond de cette âme pieuse et fervente; il faudrait entrer dans le secret de la grâce, montrer par quelles voies cachées, par quels mystérieux canaux elle se communique, et passe d'un cœur dans un autre : toutes choses presque ineffables, et qu'il n'est donné qu'à très peu d'hommes de connaître et de révéler.

(Préface de la traduction du Guide spirituel
de Louis de BLOIS.)

DIALOGUE ENTRE UN CARTÉSIEN ET UN FOU

Ce dialogue est une critique très fine et très ingénieuse de la philosophie cartésienne. Le grand tort de celle-ci est de pousser à l'individualisme absolu, comme le grand tort de la philosophie ménaisienne est d'exagérer l'autorité du consentement universel. — L'auteur du *Discours de la méthode* aurait pu répondre à l'auteur de l'*Essai* qu'il ne nie point les faits, et que les faits, à eux seuls, donnent la certitude que l'admirable fou du dialogue n'est point Descartes.

LE CARTÉSIEN

Ce n'est pas sérieusement que vous prétendez être Descartes ; songez donc que ce grand homme est mort depuis plus de cent cinquante ans.

LE FOU

C'est vous qui plaisantez quand vous dites que Descartes est mort ; car je suis Descartes, et certainement je vis.

LE CARTÉSIEN

Quoi ! vous êtes l'auteur des *Méditations*, des *Principes de philosophie*, de ces magnifiques ouvrages que l'Europe admire depuis près de deux siècles ? Allez, vous êtes un fou.

LE FOU

Une injure n'est pas une raison, et ce n'est point par cette méthode de philosopher que je me suis acquis l'admiration dont vous parliez tout à l'heure. Si j'ai tort, prouvez-le moi ; je vous saurai gré de me détromper.

LE CARTÉSIEN

Eh bien, encore une fois, il y a longtemps que Descartes n'est plus. Vous ne me croyez point ? Allez en Suède, on vous y montrera son tombeau.

LE FOU

Si je me pressais autant que vous de juger les autres sévèrement, je serais à mon tour tenté de croire que vous n'êtes pas sage. Comment pouvez-vous me proposer d'aller en Suède pour me couvaincre que je suis enterré ?

LE CARTÉSIEN

Jamais homme, vous le savez, n'a vécu deux cents ans.

LE FOU

Pardonnez-moi : mais, en tout cas, j'en serais le premier exemple.

LE CARTÉSIEN

Il suffit de vous voir pour être certain que vous ne sauriez avoir cet âge.

LE FOU

Vos sens vous trompent en cette occasion : la preuve en est bien claire, puisque, étant Descartes, il est impossible que je n'aie pas plus de deux cents ans.

LE CARTÉSIEN

Quelle obstination ! Consultez tous les autres hommes, ils vous assureront comme moi que vous n'êtes point Descartes.

LE FOU

Les hommes se trompent sur tant de choses qu'ils pourraient bien encore se tromper sur celle-là. « Au reste, j'avouerais, en ce cas, que vous argumentez très bien de l'autorité ; mais vous devriez vous souvenir que vous parlez à un esprit tellement dégagé des choses corporelles, qu'il ne sait pas même si jamais il y eut des hommes avant lui, et qui, partant, ne s'émeut pas beaucoup de leur autorité. (1) »

LE CARTÉSIEN

Reconnaissez au moins celle de la raison.

LE FOU

C'est à celle-là que je vous rappelle moi-même ; je la prends pour juge entre nous. Dites-moi donc, croyez-vous que vous existez ?

LE CARTÉSIEN

Etrange question ! Sans doute je crois à mon existence : mais quel rapport a mon existence avec votre prétention d'être Descartes ?

LE FOU

Vous verrez tout à l'heure ; répondez seulement : Sur quelle preuve croyez-vous à votre existence? Comment en êtes-vous certain ?

LE CARTÉSIEN

Parce que, quand je dis, je suis, j'existe, j'ai une claire et distincte perception de ce que je dis (2).

LE FOU

Vous convenez donc que tout ce que l'on perçoit clairement et distinctement est vrai ? (3)

LE CARTÉSIEN

C'est le premier principe de ma philosophie.

(1) In quo fateor te recte ab auctoritate argumentari ; sed meminisse debuisses, ô Caro, te hic affari mentem a rebus corporeis sic abductam, ut ne quidem sciat ullos unquam homines ante se extitisse, nec proinde ipsorum auctoritate noveatur. (R. Descartes, *Medit. de prima philosophia; responsiones quintæ*, p. 63, Amstelod. 1663).

(2) Descartes, IIIe *Medit.*

(3) Descartes, *ibidem*.

LE FOU

Et comment êtes-vous sûr que vous avez une perception claire et distincte de votre existence?

LE CARTÉSIEN

Parce qu'il m'est impossible d'en douter.

LE FOU

A merveille! Je vois avec joie que vous avez parfaitement compris ma doctrine. Venez donc, mon cher disciple, et embrassez votre maître. Vous ne pouvez plus le désavouer maintenant; car je vous déclare que j'ai une perception très claire et très distincte que je suis réellement Descartes; et la preuve que cette perception est très distincte et très claire, c'est qu'il m'est impossible d'en douter.

LE CARTÉSIEN

Je l'avais bien dit, il est fou, et, de plus, incurable. Quel dommage! car sa folie même annonce une tête très philosophique.

Nul doute que cet homme n'ait perdu l'esprit; mais le cartésien n'a pas le droit de le déclarer fou; car, en affirmant qu'il est Descartes, il suit rigoureusement les principes de la philosophie cartésienne.

(*Défense de l'Essai sur l'indifférence*, Préface)

OBJET DE LA PHILOSOPHIE (1)

Croire est notre premier besoin, car c'est par la foi que la vie commence, se conserve et se transmet; et la plupart

(1) Lamennais avait l'esprit de synthèse. Déjà, vers 1828, il avait posé un *Sommaire d'un système des connaissances humaines*; et l'Esquisse, quoique inachevée, est le fruit d'une pensée forte et d'un travail puissant. Comme nous l'avons déjà dit, le grand tort de cette philosophie c'est qu'elle repose sur une base mystique. En effet, qu'est-ce qu'un Dieu un et trine pour un auteur qui ne croit plus à l'enseignement de l'Église?

des hommes, détournés de la spéculation par les travaux
du corps, les affaires, les vaines distractions, les plaisirs, ne
sortent guère de la simple croyance.

Plus avides de sentir que soucieux de comprendre, leur
pensée se meut dans un cercle étroit que rarement elle
essaie de franchir. Tel est partout l'état du peuple, et il ne
faut pas trop, à certains égards, le plaindre de cela. Ce
qu'il perd en développement, il le gagne en repos ; et,
après tout, ce qu'on peut savoir est si peu de chose, près
de ce que nous sommes condamnés ici-bas à ignorer toujours, que, sans laisser croupir l'esprit dans une stupide et
lâche indolence, il y aurait quelquefois de la sagesse peut-
être à vouloir moins pénétrer ce qui, sous tant de rapports,
nous est impénétrable, et à attendre en paix encore quelques instants le lever radieux de la science, alors que notre
âme, dégagée des voiles qui l'offusquent et s'élevant à la
source de la vérité, à son principe vivant, infini, éternel,
verra la lumière dans sa lumière même (1).

Cependant le désir de savoir, lorsque l'orgueil ne l'égare
point, est aussi un indice de notre grandeur réelle, et
comme un effort pour atteindre le terme auquel nous
devons sans cesse aspirer, et, certes, il est beau de s'élancer
des ténèbres de la terre jusque dans le sein de Dieu, et
après avoir contemplé, autant que le peut l'œil des mortels, ses perfections sans bornes, son ineffable essence, de
redescendre, en quelque sorte, avec lui dans l'univers,
et suivant de loin sa pensée créatrice à travers les mondes
qu'il a semés comme la poussière dans l'espace, de rechercher les lois de ce grand tout dont nous ne sommes qu'une
parcelle imperceptible.

D'ailleurs, quelle que soit l'indolence des masses, il y a
dans l'homme, considéré en général, une curiosité inquiète,
insatiable, qui appartient à sa nature et qu'on n'étouffera
jamais : il veut connaître, il veut concevoir ou connaître tou-

(1) *In lumine tuo videbimus lumen.* Ps. xxxv, 10.

jours davantage. De là tant de systèmes qui, proposés, reje-
tés, reproduits ensuite sous de nouvelles formes, fatiguent,
depuis soixante siècles peut-être, la raison humaine. Pour
que cette curiosité indestructible ne devienne pas d'un danger extrême, en précipitant les esprits hors des croyances
qui sont le principe de la vie intellectuelle et sociale, il est
donc indispensable de la satisfaire à quelque degré, par un
ordre d'explication en harmonie avec ces croyances, et, dès
lors aussi, plus près de la vérité qu'aucun autre. Tel est,
en deux mots, l'objet de la véritable philosophie. Elle n'est,
comme on le voit, que le travail de la raison humaine pour
concevoir les choses, et le produit de ce travail. Sous ce
rapport, elle embrasse toutes les sciences et les développements de toutes les sciences, ainsi que les relations qui
les unissent entre elles. Elle rassemble et combine les vérités premières, les faits primitifs sur lesquels seuls elle peut
opérer, puisque l'entendement ne renferme rien d'anté-
rieur, les ramène à des causes, à des principes que l'esprit puisse saisir, en déduit les conséquences, et s'efforce
de les enchaîner dans une théorie qui comprenne l'universalité des êtres et de leurs lois.

(*Esquisse d'une philosophie*, 2ᵉ partie, livre Iᵉʳ, chap. ɪɪ.)

DE LA FOLIE MORALE

Envisagée philosophiquement la folie, non dans le sens
métaphorique où quelquefois l'on emploie ce mot, mais la
folie réelle, physique, est beaucoup plus commune qu'on
ne se le figure d'abord. Ceux-là seulement sont réputés
fous qu'une infirmité mentale empêche de vaquer aux
affaires de la vie. Il s'en faut bien cependant que cette incapacité, conséquence ordinaire de la folie, en soit un caractère essentiel. Que par complaisance en soi-même, par
orgueil, ou tout autre sentiment étranger à l'amour du
vrai, un homme, sensé d'ailleurs, s'obstine dans une

pensée fausse ; que, fermant les yeux à la lumière, n'écoutant que soi, se refusant à un examen calme, sérieux, impartial, il s'affermisse dans cette pensée qui lui plaît, parce qu'elle est sienne, il arrivera un temps où sa conviction erronée, dépendante d'un état cérébral invétéré, lui deviendra invincible, où dès lors il sera sur ce point organiquement et fatalement fou : et certes les exemples et les grands exemples de ce genre de folie, on le sait assez, sont loin d'être rares.

Combien en est-il qui, obéissant à un penchant aveugle, à un attrait auquel ils pourraient résister, ne sauraient s'affranchir ensuite d'un attachement indigne, d'une passion qu'ils condamnent, qui les dégrade, les humilie, et dont peu à peu ils se sont, suivant l'expression même universellement usitée, rendus *esclaves ?* Combien d'autres, par un abus analogue du libre arbitre, en voulant ce que l'ordre leur défendait de vouloir, ont perdu l'empire sur leur volonté ? Toute habitude vicieuse devenue insurmontable est une vraie folie, car il y a tout ensemble et désordre et privation de liberté. Celui qui a vieilli dans l'habitude du jeu, de l'ivresse, est-il libre ? A l'aide d'une puissante excitation contraire, du ressort religieux surtout, quelques-uns parviennent à recouvrer leur liberté, mais c'est le petit nombre.

L'esprit aussi a ses habitudes fréquemment invincibles lorsqu'elles ont leur racine dans les premières impressions de l'enfance, dans l'action toute puissante sur l'individu naissant, de la famille et de la société, et qu'en outre elles se lient par la crainte et par l'espérance au pressentiment immortel dans l'homme d'une existence future indéfinie. La superstition, le fanatisme, ne sont pas de simples erreurs qui se dissipent d'elles-mêmes à la lumière de la raison ; ils constituent des maladies mixtes, à la fois spirituelles et organiques, des maladies le plus souvent destructives de la liberté. Aussi ne se guérissent-elles que lentement dans les masses, par une influence exercée sur les générations successives ; et lorsque, les jugeant dépendantes de la volonté, on essaie d'agir sur celle-ci par la violence et la contrainte, on imite ceux qui établiraient des peines légales contre l'aliénation.

(*Esquisse d'une philosophie.* 2ᵐᵉ partie, livre VI, chap. v).

AGONIE DE LA MORALE DANS L'EMPIRE ROMAIN

La décadence morale de l'individu, comme celle des nations, cette lamentable chute de l'homme, tombé de sa sphère propre dans celle des êtres purement organiques, le désordre qu'il y entraîne avec lui, enfantent des douleurs inouïes et une misère inénarrable. Voyez l'empire romain, à partir des premiers Césars. Mais le sentiment même de cet abaissement et de cette misère, empêche que la société en atteigne la limite extrême, et bientôt les lois mêmes violées provoquent une réaction salutaire, sans quoi le genre humain périrait. Ainsi quand, se dépouillant de ses mâles vertus, le peuple roi se coucha sur le monde asservi comme sur un lit de prostituée, le stoïcisme réagit contre les doctrines sensuelles et les mœurs voluptueuses. Toutefois, fataliste dans ses dogmes, il ne possédait pas une vraie puissance de régénération ; car l'homme ne se régénère que par la liberté, par la foi en ses propres forces soutenues de la force infinie de Dieu. Le christianisme unit ces deux vues, ces deux éléments de l'ordre et de la vie, et de là sortit le salut. Il opposa au mal une résistance active et commune, une résistance sociale, tandis que le stoïcisme n'y opposait qu'une résistance individuelle entièrement passive. Envisagés uniquement sous le rapport du secours qu'ils prêtent à chacun contre les maux qu'engendre la corruption publique et privée, de leur efficacité respective pour en alléger le poids, dix-huit siècles d'expérience ont constaté l'immense supériorité du christianisme sur la philosophie du Portique.

Le stoïcisme repose sur une base trop étroite. Il néglige totalement, il détruit même les facultés affectives, et donne à la volonté plus de raideur que de force réelle. Le christianisme apprend à l'homme à plier, mais sans rompre ; le stoïcisme fait plutôt le contraire. Un stoïcien, au milieu du monde, est un vieux chêne isolé, debout, mais mutilé par les orages. Il y a de la grandeur dans ce tronc solitaire, inflexible et cicatricé. Les chrétiens ressemblent aux tiges de blé que la tempête agite dans la plaine. Ils ondoient au souffle des vents, et s'appuyant les uns sur les autres, rien ne les brise, ils se relèvent toujours.

Les souffrances de l'humanité étaient si nombreuses et si déchirantes dans les derniers temps de Rome, que, ne pouvant y échapper, il y eut des hommes qui se mirent à les nier. Ils abandonnèrent aux tyrans, comme quelque chose qui n'était pas d'eux, tout ce que les tyrans pouvaient atteindre, et, retirés en soi, ils travaillèrent à s'y créer une sorte de félicité gigantesque, solitaire, dure, morne, toute de raison, indépendante du sentiment et de la vie, et de la mort, espèce de destin opposé par la volonté nue à celui qui dominait les dieux mêmes.

(*Esquisse d'une philosophie*, 2e partie, liv. VI, chap. IV).

MISÈRE DE NOTRE NATURE

Un profond désordre existe au sein de la nature humaine. L'homme n'est pas ce qu'il devrait être. Triste assemblage de tous les contrastes, il offre sans doute d'imposantes traces de grandeur, mais d'une grandeur obscurcie, caduque, inachevée. Roi de la terre, il en change la surface, il dompte ses forces aveugles par la force supérieure dont le principe réside en lui, et sa débile existence est le jouet de tout ce qui l'environne. Sa pensée va saisir, dans les abîmes les plus reculés de la nature inorganique, les premiers éléments de la forme, et, traversant les cieux qu'elle mesure en passant, s'élève au delà de la création et

au delà des temps, jusqu'à la forme infinie et universelle ;
et puis, tout d'un coup, on voit cette intelligence si puissante se débattre vainement au sein des ténèbres de l'ignorance et de l'erreur, se perdre dans un atome. Son amour
aspire à un bien immense que partout il cherche et qu'il
ne trouve nulle part. Il veut être heureux, il le veut, ne
peut pas ne le point vouloir, et, par un étrange égarement,
il s'enfonce en des voies où il sait que cet invincible besoin
de son être ne saurait être satisfait jamais. Il souffre, il
gémit, il craint ; l'ennui, le dégoût, l'angoisse, sont devenus le fond de sa vie, et la plainte sa voix naturelle.
Effrayant mystère ! et qui l'expliquera ? Le mal est dans le
monde.

(*Esquisse d'une philosophie*, 2ᵉ partie, livre Iᵉʳ, chapitre ii.)

L'ÉTAT, L'ÉGLISE ET L'ANARCHIE

Il n'existe aujourd'hui dans la société que deux forces :
une force de conservation dont le christianisme est le principe, et dont l'Eglise est le centre ; une force de destruction qui pénètre tout pour tout dissoudre, les doctrines,
les institutions, le pouvoir même.

La plupart des gouvernements se sont placés entre ces
deux forces pour les combattre toutes deux. Ils combattent
l'Eglise, parce qu'ils tiennent obstinément à un système
d'indépendance absolue, qui, en abolissant la notion du
droit, ébranle partout la souveraineté dans ses fondements.
Ils se défendent comme ils peuvent, avec la police et des
baïonnettes, contre la force révolutionnaire, qui tourne
contre eux leurs propres maximes.

S'ils ne sortent pas, et bien vite, de cette position, leur
ruine est certaine ; car il est évident qu'aucun pouvoir ne
saurait subsister qu'en s'appuyant sur les forces de la
société. On ne règne pas longtemps lorsqu'on ne veut
régner que par soi ; jamais l'homme ne subit volontaire-
ment le joug de l'homme. Il faut que la puissance descende

de plus haut, de Celui qui a dit : *Per me reges regnant.* On peut donc le prédire avec assurance, si les gouvernements ne s'unissent pas étroitement à l'Eglise, il ne restera pas en Europe un seul trône debout : quand viendra le *souffle des tempêtes* (1) dont parle l'Esprit de Dieu, ils seront emportés « comme la paille sèche et comme la poussière » (2). La révolution annonce ouvertement leur chute, et à cet égard elle ne se trompe point; ses prévoyances sont justes.

Mais en quoi elle se trompe stupidement, c'est de penser qu'elle rétablira d'autres gouvernements en place de ceux qu'elle aura renversés, et qu'avec des doctrines toutes destructives, elle créera quelque chose de stable, un ordre social nouveau. Son unique création sera l'anarchie, et le fruit de ses œuvres des pleurs et du sang.

Que si les gouvernements aveuglés sans retour persistent à se perdre, s'ils ont résolu de mourir, l'Eglise gémira sans doute, mais elle n'hésitera pas sur le parti qu'elle doit prendre : se retirer du mouvement de la société humaine, resserrer les liens de son unité, maintenir dans son sein, par un libre et courageux exercice de son autorité divine, et l'ordre et la vie, ne rien craindre des hommes, n'en rien espérer, attendre en patience et en paix, ce que Dieu décidera du monde.

S'il est dans ses desseins qu'il renaisse, alors voici ce qui arrivera. Après d'affreux désordres, des bouleversements prodigieux, des maux tels que la terre n'en a point connus encore, les peuples, épuisés de souffrances, regarderont le ciel. Ils lui demanderont de les sauver; et avec les débris épars de la vieille société, l'Eglise en formera une nouvelle, semblable à la première en tout ce qui varie selon les temps, et telle qu'elle résultera des éléments qui devront entrer dans sa composition.

(I) *Spiritus procellarum, pars calicis eorum.* (Ps. x, 7.)
(2) *Tanquam pulvis, quem projicit ventus a facie terræ.* (Ps. I, 4.)

Si, au contraire, ceci est la fin, et que le monde soit condamné, au lieu de rassembler ces débris, ces ossements des peuples et de les ranimer, l'Eglise passera dessus et s'élèvera au séjour qui lui est promis, en chantant l'hymne de l'éternité.

> *(De la religion considérée dans ses rapports avec l'ordre politique et civil,* chapitre x, Conclusion.)

THÉORIE CATHOLIQUE DU POUVOIR

Le christianisme enseigne aux hommes qu'aucun autre homme n'a sur eux, par lui-même, d'empire légitime et naturel; qu'à Dieu seul appartient la vraie souveraineté. Mais comme il veut l'ordre, et que nul ordre ne serait possible sans un pouvoir qui le conserve, il a préposé sur chaque nation un chef pour la conduire (1). Ce chef est son ministre pour le bien (2), et il n'a de puissance que celle qu'il lui communique ; car c'est de lui que toute paternité, tout pouvoir, sur la terre et dans le ciel, tire son nom (3), c'est-à-dire son droit, son autorité ; et quand l'antiquité païenne prononçait cette grave sentence : Le roi est l'image vivante de Dieu (4), elle énonçait le même dogme, proclamé en tous lieux par la tradition. Il y a donc pour les chrétiens des souverainetés légitimes, parce qu'elles dérivent de la souveraineté primitive et absolue, exclusivement propre à Dieu ; en obéissant au pouvoir qui vient de lui, c'est à lui seul qu'ils obéissent (5), et ils peuvent et doivent dire ce

---

(1) Eccles., xvii, 14. Cela ne veut pas dire que Dieu désigne immédiatement le souverain, mais qu'il communique son autorité à quiconque possède légitimement le pouvoir. La manière légale d'y arriver, ainsi que sa forme, sont d'institution humaine, et varient selon les temps et les lieux (note de l'auteur).

(2) Rom., xiii, 4.

(3) Ephes., iii, 5.

(4) *Divers. sent. inter Gnomic.*, p. 213.

(5) *Cum bonâ voluntate servientes, sicut Domino, et non hominibus.* (Ephes., vi. 7.)

que disait, au second siècle, l'auteur de l'Apologétique : Je consens à reconnaître César, pourvu qu'il n'exige rien de contraire aux droits de Celui dont il exerce l'autorité : « car du reste je suis libre ; je n'ai d'autre maître que le Dieu tout-puissant, éternel, qui est aussi le maître de César (1). »

(Des Progrès de la révolution et de la guerre contre l'Eglise,
chap. ii.)

LA PERSÉCUTION

Qu'on ne s'imagine donc pas effrayer les catholiques par des menaces. Ce qu'on prépare contre eux, ils ne le craignent pas, ils l'espèrent plutôt, certains que le triomphe de la cause sacrée pour laquelle ils sont prêts à sacrifier tout, et la vie même, sera d'autant plus prochain, d'autant plus complet, que la haine de ses ennemis prendra un caractère plus violent et plus sombre. Des jours viendront sans aucun doute, et ils sont déjà venus, où la ruse hypocrite et le fanatisme atroce s'allieront de nouveau pour tenter d'abolir le nom chrétien. Les catholiques le savent, et n'en sont point troublés. Qu'est-ce qu'un combat de plus ou de moins dans une guerre de dix-huit siècles ? Celui-ci finira comme les autres ont fini. Vous qui avez rêvé la ruine de ce qui a des promesses d'immortalité, disciples sanglants de la tolérance, que ferez-vous ? La vue de nos temples vous importune, vous les renverserez ; mais le Dieu qu'on y adore, le chasserez-vous de nos cœurs ? Vous proscrirez, vous tuerez, qui ? Ceux dont les désirs ne sont pas de la terre, qui ne lui demandent qu'une fosse pour y reposer, en attendant l'heure du réveil éternel. Votre puissance ne nous étonne point, elle a ses bornes que vous ignorez, et que nous connaissons. Les chrétiens en ont fatigué, en on

(1) Tertull., *Apolog.*, cap. xxxvii.

usé de plus grandes. On est fort, croyez-moi, quand pour vaincre il suffit de mourir.

(Des Progrès de la révolution et de la guerre contre l'Eglise, chap. v.)

LA SCIENCE ET LE CLERGÉ.

Ne craignons pas de l'avouer, la théologie, si belle par elle-même, si attachante, si vaste, n'est aujourd'hui, telle qu'on l'enseigne dans la plupart des séminaires, qu'une scolastique mesquine et dégénérée, dont la sécheresse rebute les élèves, et qui ne leur donne aucune idée de l'ensemble de la religion, ni de ses rapports merveilleux avec tout ce qui intéresse l'homme, avec tout ce qui peut être l'objet de sa pensée. Ce n'était pas ainsi que la concevait saint Thomas, lui qui, dans ses ouvrages immortels, en a fait le centre de toutes les connaissances de son temps. Empruntez de lui cette méthode admirable qui coordonne et généralise, et joignez-y ces vues profondes, ces hautes contemplations, cette chaleur, cette vie, qui caractérisent les anciens Pères : alors disparaîtra ce pesant ennui, qui éteint parmi les jeunes gens destinés au sacerdoce, le goût de l'étude et même le talent. Retranchez de vos cours tant de vaines questions qui les fatiguent sans fruit, et leur enlèvent un temps précieux, qu'ils emploieraient bien plus utilement à s'instruire de choses applicables au siècle où ils vivent, et au monde sur lequel ils doivent agir. Tout a changé autour de vous; les idées ont pris et continuent de prendre incessamment des directions nouvelles ; institutions, lois, mœurs, opinions, rien ne ressemble à ce que virent nos pères. A quoi servirait le zèle le plus vif, sans la connaissance de la société au milieu de laquelle il doit s'exercer. Il est nécessaire d'apprendre autrement et d'apprendre davantage : autrement, pour mieux entendre ; davantage, pour ne pas rester en arrière de ceux qu'on est chargé de guider. Ce n'est point par ce qu'ils savent que les ennemis du christianisme sont forts, mais par ce qu'ignorent ses défenseurs naturels. Cette espèce d'infériorité, résultat, comme nous l'avons dit, de circonstances passagères (1), affaiblit singulièrement l'influence du clergé sur les classes instruites, et nuit beaucoup à la religion dans un siècle vain de ses prétendues lumières, et où l'éducation, les journaux, les recueils périodiques de tout genre, les livres, plus multipliés que jamais, mettent certaines notions générales à la portée d'un grand nombre de gens sottement fiers de ce mince avantage.

Mais il ne suffit pas de perfectionner les premières études cléricales, on doit étendre plus loin ses regards et se proposer un but plus élevé. Longtemps l'Eglise tint en sa main le sceptre des sciences, et ce fut une des causes de l'ascendant qu'elle acquit sur les esprits. Ce moyen d'action serait maintenant plus puissant qu'à nulle autre époque, et l'on ferait ainsi tourner à l'avantage des hommes ces connaissances, indifférentes en soi au bien et au mal, mais qui produisent infailliblement plus de mal que de bien quand le principe religieux ne préside pas à leur développement.

D'immenses travaux ont été entrepris depuis trente ans, et sont poursuivis avec ardeur par les savants de tous les pays. Il est temps que la science catholique vienne recueillir la riche moisson qu'on lui a préparée. L'Inde, le Thibet, la Chine, tout l'Orient dévoile ses antiques traditions, qui, par leur conformité merveilleuse avec les traditions chrétiennes, fournissent de nouveaux appuis à la foi, dont l'universalité, la perpétuité, ces deux grands caractères de tout ce qui est divin, deviennent chaque jour plus manifestes. Des recherches heureuses sur les hiéroglyphes égyptiens, en permettant de fixer la date précise des zodiaques

______

(1) L'auteur fait allusion à la tempête révolutionnaire. — La seconde édition de son livre est de 1829.

d'Esné et de Dendera, ont fait disparaître à jamais les objections qu'on en tirait contre la chronologie de Moïse. Déjà l'on entrevoit l'espérance de pénétrer au moins quelques-uns des secrets de la théologie, jusqu'à présent si obscure, de ce peuple ancien, et de pouvoir comparer aux récits des écrivains juifs, l'histoire des Pharaons écrite sur les bords du Nil. L'étude comparée des langues et celle des origines des peuples, ramènent de tous côtés aux faits primitifs racontés dans les Livres saints. Les sciences physiques même, par leurs progrès, et en particulier la géologie et la physiologie, ne cessent de mettre de nouvelles armes entre les mains des défenseurs de la religion, pour combattre les hypothéses anti-mosaïques et le matérialisme. Mais tout cela est peu de chose en comparaison du bien qui résulterait de la régénération des sciences morales. Celle du droit est, pour ainsi dire, presque entièrement encore à créer. Il n'en existe que des théories protestantes et philosophiques, qui n'ont pas peu contribué à produire, et qui contribuent à perpétuer les désordres dont nous sommes témoins. Une fausse métaphysique n'a pas fait moins de ravages en précipitant, par différentes routes, les esprits dans le scepticisme. L'Eglise a donc, même en ce qui tient uniquement à la science, une magnifique carrière à remplir : c'est à elle qu'il appartient de féconder le chaos et de séparer une seconde fois la lumière des ténèbres.

Tels sont, autant que nous le comprenons, les principaux devoirs du clergé. Abandonner à elle-même la société politique, qui se dissout et meurt en repoussant toute influence divine ; ne prendre aucune part à la guerre des souverainetés et du libéralisme, qui combattent, celles-là pour le despotisme, celui-ci pour l'anarchie. *Le Seigneur s'est fatigué à rappeler* les peuples et les rois, et ils ne l'ont point écouté, et ils se sont *détournés de lui : c'est pourquoi il étendra sur eux sa main. Que ceux donc qui doivent aller à la mort, aillent à la mort ; que ceux qui doivent tomber sous le glaive, tombent sous le glaive!* (1) Mais, pendant que s'opère cette effrayante dissolution, la Providence impose une double tâche au sacerdoce : conserver la foi en affranchissant la puissance spirituelle de l'oppression du pouvoir civil, et préparer la renaissance de l'ordre en ramenant, par une libre conviction, les intelligences à la vérité. Le renouvellement des études sur un vaste plan produira ce dernier fruit; on obtiendra l'autre en opposant une indomptable résolution à la violence des persécuteurs.

Prêtres de Jésus-Christ, s'il fut jamais une mission propre à enflammer le zèle, à fortifier l'âme et à l'élever à la hauteur des plus grands sacrifices, c'est sans doute celle qui nous est confiée. De vous, de votre constance, dépend le salut de l'Eglise et des nations *assises à l'ombre de la mort* (2). Le sort du monde est en vos mains; et pour le sauver, que faut-il? Ce qu'il fallut il y a dix-huit siècles : une parole qui parte du pied de la Croix.

(Des Progrès de la révolution et de la guerre
contre l'Eglise, ch. ix).

PARABOLE DE L'HOMME QUI VOYAGE DANS LA MONTAGNE

Un homme voyageait dans la montagne, et il arriva en un lieu où un gros rocher, ayant roulé sur le chemin, le remplissait tout entier, et hors du chemin il n'y avait point d'autre issue, ni à gauche, ni à droite.

Or, cet homme, voyant qu'il ne pouvoit continuer son voyage à cause du rocher, essaya de le mouvoir pour se faire un passage, et il se fatigua beaucoup à ce travail, et tous ses efforts furent vains.

---

(1) Laboravi rogans... Tu reliquisti me, dicit Dominus, retrorsum abiisti ; et extendam manum meam super te... Qui ad mortem ad mortem, et qui ad gladium ad gladium. *Jérém.*, xv.

(2) Luc., i, 79.

Ce que voyant, il s'assit plein de tristesse et dit : Que sera-ce de moi lorsque la nuit viendra et me surprendra dans cette solitude, sans nourriture, sans abri, sans aucune défense, à l'heure où les bêtes féroces sortent pour chercher leur proie?

Et comme il était absorbé dans cette pensée, un autre voyageur survint, et celui-ci, ayant fait ce qu'avait fait le premier et s'étant trouvé aussi impuissant à remuer le rocher, s'assit en silence et baissa la tête.

Et après celui-ci, il en vint plusieurs autres, et aucun ne put mouvoir le rocher, et leur crainte à tous était grande.

Enfin, l'un d'eux dit aux autres : Mes frères, prions notre Père qui est dans les cieux : peut-être qu'il aura pitié de nous dans cette détresse.

Et cette parole fut écoutée, et ils prièrent de cœur le Père qui est dans les cieux.

Et quand ils eurent prié, celui qui avait dit : Prions, dit encore : Mes frères, ce qu'aucun de nous n'a pu faire seul, qui sait si nous ne le ferons pas tous ensemble?

Et ils se levèrent, et tous ensemble ils poussèrent le rocher, et le rocher céda, et ils poursuivirent leur route en paix.

Le voyageur c'est l'homme, le voyage c'est la vie, le rocher ce sont les misères qu'il rencontre à chaque pas sur sa route.

Aucun homme ne saurait soulever seul ce rocher; mais Dieu en a mesuré le poids de manière qu'il n'arrête jamais ceux qui voyagent ensemble.

(Paroles d'un Croyant, vii.)

AIMER, C'EST SERVIR

Vous n'avez qu'un jour à passer sur la terre; faites en sorte de le passer en paix.

La paix est le fruit de l'amour; car, pour vivre en paix, il faut savoir supporter bien des choses.

Nul n'est parfait, tous ont leurs défauts ; chaque homme pèse sur les autres, et l'amour seul rend ce poids léger.

Si vous ne pouvez supporter vos frères, comment vos frères vous supporteront-ils ?

Il est écrit du Fils de Marie : Comme il avait aimé les siens qui étaient dans le monde, il les aima jusqu'à la fin.

Aimez donc vos frères qui sont dans le monde, et aimez-les jusqu'à la fin.

L'amour est infatigable, il ne se lasse jamais. L'amour est inépuisable ; il vit et renaît de lui-même, et plus il s'épanche, plus il surabonde.

Qui s'aime plus que son frère n'est pas digne du Christ, mort pour ses frères. Avez-vous donné vos biens, donnez encore votre vie, et l'amour vous rendra tout.

Je vous le dis en vérité, celui qui aime, son cœur est un paradis sur la terre. Il a Dieu en soi, car Dieu est amour.

L'homme vicieux n'aime point, il convoite : il a faim et soif de tout ; son œil, tel que l'œil du serpent, fascine et attire, mais pour dévorer.

L'amour repose au fond des âmes pures, comme une goutte de rosée dans le calice d'une fleur.

Oh ! si vous saviez ce que c'est qu'aimer !

Vous dites que vous aimez, et beaucoup de vos frères manquent de pain pour soutenir leur vie, de vêtements pour couvrir leurs membres nus, d'un toit pour s'abriter, d'une poignée de paille pour dormir dessus, tandis que vous avez toutes choses en abondance.

Vous dites que vous aimez, et il y a, en grand nombre, des malades qui languissent, privés de secours, sur leur pauvre couche, des malheureux qui pleurent sans que personne pleure avec eux, des petits enfants qui s'en vont, tout transis de froid, de porte en porte, demander aux riches une miette de leur table, et qui ne l'obtiennent pas.

Vous dites que vous aimez vos frères ; et que feriez-vous donc si vous les haïssiez ?

Et moi je vous le dis, quiconque, le pouvant, ne soulage

pas son frère qui souffre, est l'ennemi de son frère ; et quiconque, le pouvant, ne nourrit pas son frère qui a faim, est son meurtrier.

(Paroles d'un Croyant, xv.)

L'HOMME DE FOI

Il se rencontre des hommes qui n'aiment point Dieu, et qui ne le craignent point : fuyez-les, car il sort d'eux une vapeur de malédiction.

Fuyez l'impie, car son haleine tue ; mais ne le haïssez pas, car qui sait si Dieu n'a pas déjà changé son cœur ?

L'homme qui, même de bonne foi, dit : Je ne crois point, se trompe souvent. Il y a bien avant dans l'âme, jusqu'au fond, une racine de foi qui ne sèche point.

La parole qui nie Dieu brûle les lèvres sur lesquelles elle passe, et la bouche qui s'ouvre pour blasphémer est un soupirail de l'enfer.

L'impie est seul dans l'univers. Toutes les créatures louent Dieu, tout ce qui sent le bénit, tout ce qui pense l'adore : l'astre du jour et ceux de la nuit le chantent dans leur langue mystérieuse.

Il a écrit au firmament son nom trois fois saint.

Gloire à Dieu dans les hauteurs des cieux.

Il l'a écrit aussi dans le cœur de l'homme, et l'homme bon l'y conserve avec amour ; mais d'autres tâchent de l'effacer.

Paix sur la terre aux hommes dont la volonté est bonne !

Leur sommeil est doux, et leur mort est encore plus douce, car ils savent qu'ils retournent vers leur père.

Comme le pauvre laboureur, au déclin du jour, quitte les champs, regagne sa chaumière, et, assis devant la porte oublie ses fatigues en regardant le ciel : ainsi, quand le soir se fait, l'homme d'espérance regagne avec joie la maison paternelle, et, assis sur le seuil, oublie les travaux de l'exil dans les visions de l'éternité.

(Paroles d'un Croyant, xvi.)

PARABOLE DES DEUX NIDS.

Deux hommes étaient voisins, et chacun d'eux avait une femme et plusieurs petits enfants, et son seul travail pour les faire vivre.

Et l'un de ces deux hommes s'inquiétait en lui-même, disant : Si je meurs ou que je tombe malade, que deviendront ma femme et mes enfants ?

Et cette pensée ne le quittait point, et elle rongeait son cœur comme un ver ronge le fruit où il est caché.

Or, bien que la même pensée fût venue également à l'autre père, il ne s'y était point arrêté ; car, disait-il, Dieu, qui connaît toutes ses créatures et qui veille sur elles, veillera aussi sur moi, et sur ma femme, et sur mes enfants.

Et celui-ci vivait tranquille, tandis que le premier ne goûtait pas un instant de repos ni de joie intérieurement.

Un jour qu'il travaillait aux champs, triste et abattu à cause de sa crainte, il vit quelques oiseaux entrer dans un buisson, en sortir, et puis bientôt y revenir encore.

Et, s'étant approché, il vit deux nids posés côte à côte, et dans chacun plusieurs petits nouvellement éclos et encore sans plumes.

Et quand il fut retourné à son travail, de temps en temps il levait les yeux, et regardait ces oiseaux qui allaient et venaient portant la nourriture à leurs petits.

Or voilà qu'au moment où l'une des mères rentrait avec sa becquée, un vautour la saisit, l'enlève, et la pauvre mère, se débattant vainement sous sa serre, jetait des cris perçants.

A cette vue l'homme qui travaillait sentit son âme plus troublée qu'auparavant ; car, pensait-il, la mort de la mère c'est la mort des enfants. Les miens n'ont que moi non plus. Que deviendront-ils si je leur manque ?

Et tout le jour il fut sombre et triste, et la nuit il ne dormit point.

Le lendemain, de retour aux champs, il se dit : Je veux voir les petits de cette pauvre mère, plusieurs sans doute ont déjà péri. Et il s'achemina vers le buisson.

Et, regardant, il vit les petits bien portants ; pas un ne semblait avoir pâti.

Et ceci l'ayant étonné, il se cacha pour observer ce qui se passerait.

Et après un peu de temps, il entendit un léger cri, et il aperçut la seconde mère rapportant en hâte la nourriture qu'elle avait recueillie, et elle la distribua à tous les petits indistinctement, et il y en eut pour tous, et les orphelins ne furent point délaissés dans leur misère.

Et le père qui s'était défié de la Providence raconta le soir à l'autre père ce qu'il avait vu.

Et celui-ci lui dit : Pourquoi s'inquiéter ? Jamais Dieu n'abandonne les siens. Son amour a des secrets que nous ne connaissons point. Croyons, espérons, aimons, et poursuivons notre route en paix.

Si je meurs avant vous, vous serez le père de mes enfants ; si vous mourez avant moi, je serai le père des vôtres.

Et si, l'un et l'autre, nous mourons avant qu'ils soient en âge de pourvoir eux-mêmes à leurs nécessités, ils auront pour père le Père qui est dans les cieux.

(Paroles d'un Croyant, xvii.)

LA PRIÈRE

Quand vous avez prié, ne sentez-vous pas votre cœur plus léger et votre âme plus contente ?

La prière rend l'affliction moins douloureuse et la joie plus pure : elle mêle à l'une je ne sais quoi de fortifiant et de doux, et à l'autre un parfum céleste.

Que faites-vous sur la terre, et n'avez-vous rien à demander à Celui qui vous y a mis ?

Vous êtes un voyageur qui cherche la patrie. Ne marchez point la tête baissée : il faut lever les yeux pour reconnaître sa route.

Votre patrie, c'est le ciel ; et quand vous regardez le ciel, est-ce qu'en vous il ne se remue rien ? est-ce que nul désir ne vous presse ? ou ce désir est-il muet ?

Il en est qui disent : A quoi bon prier ? Dieu est trop au-dessus de nous pour écouter de si chétives créatures.

Et qui donc a fait ces créatures chétives, qui leur a donné le sentiment, et la pensée, et la parole, si ce n'est Dieu ?

Et s'il a été si bon envers elles, était-ce pour les délaisser ensuite et les repousser loin de lui ?

En vérité, je vous le dis, quiconque dit dans son cœur que Dieu méprise ses œuvres, blasphème Dieu.

Il en est d'autres qui disent : A quoi bon prier ? Dieu ne sait-il pas mieux que nous ce dont nous avons besoin ?

Dieu sait mieux que vous ce dont vous avez besoin, et c'est pour cela qu'il veut que vous le lui demandiez ; car Dieu est lui-même votre premier besoin, et prier Dieu, c'est commencer à posséder Dieu.

Le père connaît les besoins de son fils ; faut-il à cause de cela que le fils n'ait jamais une parole de demande et d'action de grâces pour son père ?

Quand les animaux souffrent, quand ils craignent ou quand ils ont faim, ils poussent des cris plaintifs. Ces cris sont la prière qu'ils adressent à Dieu, et Dieu l'écoute. L'homme serait-il donc, dans la création, le seul être dont la voix ne dût jamais monter à l'oreille du Créateur ?

Il passe quelquefois sur les campagnes un vent qui dessèche les plantes, et alors on voit les tiges flétries pencher vers la terre ; mais, humectées par la rosée, elles reprennent leur fraîcheur et relèvent leur tête languissante.

Il y a toujours des vents brûlants, qui passent sur l'âme de l'homme et la dessèchent. La prière est la rosée qui la rafraîchit.

(Paroles d'un Croyant, xviii.)

CONFIANCE EN LA PROVIDENCE.

Mon père, le travail est rude aujourd'hui ; le hoyau rebondit sur la terre desséchée ; le soleil darde des rayons de feu ; soulevée par le vent du midi, la poussière tourbillonne dans la plaine.

Mon fils, celui qui envoie les souffles brûlants envoie aussi les nuées humides. A chaque jour sa peine et son espérance, et, après le travail, le repos.

Mon père, voyez ces pauvres plantes, comme elles languissent, comme leurs feuilles jaunies s'abaissent le long de la tige affaissée sur elle-même.

Elles se relèveront, mon fils ; pas un brin d'herbe n'est oublié ; il y a toujours pour lui dans les trésors célestes des pluies fécondes et de fraîches rosées.

Mon père, les oiseaux se taisent dans le feuillage ; la caille, immobile aux creux du sillon, ne rappelle même plus sa compagne ; la génisse cherche l'ombre, et le taureau, les jambes repliées sous son corps pesant, le col tendu, dilate ses larges naseaux pour aspirer l'air qui lui manque.

Dieu, mon fils, rendra aux oiseaux leur voix, aux taureaux et aux génisses leurs forces épuisées par cette chaleur ardente. Déjà glisse sur les mers la brise qui les ranimera.

Mon père, asseyons-nous sur la fougère au bord de l'étang, près de ce vieux chêne dont les branches pendantes effleurent doucement la surface des eaux. Comme elles sont calmes et transparentes ! Comme les poissons s'y jouent gaiement ! Les uns poursuivent leur pâture ailée, pauvres moucherons qui viennent d'éclore ; les autres, levant la tête, semblent de leur bouche entr'ouverte donner à l'air un mol baiser.

Mon fils, Celui qui a tout fait, a répandu partout ses dons inépuisables, et la vie, et la joie de la vie. Le mal n'est qu'apparent, le côté obscur de l'amour, une face du bien, son ombre.

Cependant, mon père, vous souffrez. Que de labeur, que de fatigue, afin de pourvoir à nos besoins ! N'êtes-vous pas pauvre ? Ma mère n'est-elle pas pauvre ? Ce sont vos sœurs qui m'ont nourri ; et fûtes-vous un seul jour assuré du lendemain ?

Qu'importe le lendemain, mon fils ? Demain est à Dieu ; confions-nous en lui. Qui se lève le matin ne sait pas s'il atteindra le soir. Pourquoi donc se troubler, s'inquiéter d'un temps qui ne viendra point peut-être ? Nous passons ici-bas comme l'hirondelle, cherchant chaque jour la vie de chaque jour, et comme elle, quand l'hiver approche, une force mystérieuse nous attire en de plus doux climats.

Qu'est-ce que ceci, mon père ? on dirait un mort serré dans son linceul, ou un enfant enveloppé de ses langes ?

Mon fils, c'était un ver rampant, ce sera bientôt une fleur vivante, une forme aérienne, qui, diaprée des plus vives couleurs, montera vers les cieux.

(Une Voix de prison, xiv.)

LE PÉCHEUR (1)

Au fond d'une petite anse, sous une falaise creusée à sa base par les flots, entre des rochers où pendaient de longues

(1) Après cette page, nous aimons à relire *le Chant des pêcheurs* qu'a dit Brizeux (*Hist. poét.*, *liv. VII. Les Pêcheurs*).

> Au bruit des avirons le novice et le mousse
> Se mirent à chanter d'une voix lente et douce :
>
> Ah ! quel bonheur d'aller en mer !
> Par un ciel chaud, par un ciel clair,
>   La mer vaut la campagne ;
> Si le ciel bleu devient tout noir,
> Dans nos cœurs brille encor l'espoir,
>   Car Dieu nous accompagne.
>
> Le bon Jésus marchait sur l'eau,
> Va sans peur, mon petit bateau !

Et Chateaubriand écrivait : « Je ne puis regarder un ruisseau sans mourir d'envie de m'en aller : si j'étais libre, le premier navire cin-

algues d'un vert glauque, deux hommes, l'un jeune, l'autre
âgé, mais robuste encore, appuyés contre une barque de
pêcheur, attendaient la marée qui montait lentement, à
peine effleurée par une brise mourante. Se gonflant près
du bord, la lame glissait mollement sur le sable, avec un
murmure faible et doux.

Quelque temps après, on voyait la barque s'éloigner du
rivage et s'avancer vers la haute mer, la proue relevée,
laissant derrière elle un ruban d'écume blanche.

Le vieillard, près du gouvernail, regardait les voiles qui
tantôt s'enflaient, tantôt s'affaissaient, comme des ailes
fatiguées. Son regard alors semblait chercher un signe à
à l'horizon et dans les nuées stagnantes. Puis, retombant
dans ses pensées, on lisait sur son front bruni toute une
vie de labeur et de combat soutenu sans fléchir jamais.

Le reflux creusait dans la mer calme des vallons où se
jouait la pétrelle, gracieusement balancée sur les ondes
luisantes et plombées. Du haut des airs la mauve s'y plon-
geait comme une flèche, et sur la pointe noire d'un rocher,
le lourd cormoran reposait immobile.

Le moindre accident, un léger souffle, un jet de lumière,
variait l'aspect de ces scènes changeantes. Le jeune homme,
replié en soi, les voyait comme on voit en songe. Son âme
ondoyait et flottait au bruit du sillage, semblable au son
monotone et faible dont la nourrice endort l'enfant.

Soudain, sortant de sa rêverie, ses yeux s'animent, l'air
retentit de sa voix sonore :

Au laboureur les champs, au chasseur les bois, au
pêcheur la mer et ses flots, et ses récifs et ses orages !

Le ciel au-dessus de sa tête, l'abîme sous ses pieds, il
est libre, il n'a de maître que soi.

glant aux Indes aurait des chances de m'emporter. Combien ai-je
regretté de n'avoir pu accompagner le capitaine Parry aux régions
polaires ! Ma vie n'est à l'aise qu'au milieu des nuages et des mers :
j'ai toujours l'espérance qu'elle disparaîtra sous une voile. » (*Mém.
d'Outre-Tombe*, t. VI.)

Comme elle obéit à sa main, comme elle s'élance, sur les plaines mobiles, la frêle barque qu'animent les souffles de l'air !

Il lutte contre les vagues, et les soumet ; il lutte contre les vents, et les dompte. Qui est fort, qui est grand comme lui ?

Où sont les bornes de ses domaines ? Quelqu'un les trouva-t-il jamais ? Partout où s'épanche l'Océan, Dieu lui a dit : Va, ceci est à toi.

Ses filets recueillent au fond des eaux une moisson vivante. Il a des troupeaux innombrables qui s'engraissent pour lui dans des pâturages que recouvrent les mers.

Des fleurs violettes, bleues, jaunes, pourprées, éclosent en leur sein, et, pour charmer ses regards, les nuages lui offrent de vastes plages, de beaux lacs azurés, de larges fleuves, et des montagnes, et des vallées, et des villes fantastiques, tantôt plongées dans l'ombre, tantôt illuminées de toutes les splendeurs du couchant.

Oh ! qu'elle m'est douce la vie du pêcheur ! Que ses rudes combats et ses mâles joies me plaisent !

Cependant, ma mère, quand, la nuit, le grain tout à coup ébranle notre cabane, de quelles transes votre cœur est saisi ! Comme vous vous relevez toute tremblante pour invoquer la Vierge divine qui protège les pauvres matelots !

A genoux devant son image, vos pleurs coulent pour votre fils poussé par le tourbillon dans les ténèbres, vers les écueils où l'on entend les plaintes des trépassés mêlées à la voix de la tempête.

(Une Voix de prison, xvi.)

LA CLOCHE DES MORTS

A l'heure où l'orient commence à se voiler, où tous les bruits s'éteignent, il suivait lentement, le long des blés jaunissant déjà, le sentier solitaire.

L'abeille avait regagné sa ruche, l'oiseau son gîte nocturne ; les feuilles immobiles dormaient sur leur tige ; un silence triste et doux enveloppait la terre assoupie.

Une seule voix, la voix lointaine de la cloche du hameau, ondulait dans l'air calme.

Elle disait : Souvenez-vous des morts.

Et, comme fasciné par ses rêves, il lui semblait que la voix des morts, faible et vague, se mêlait à cette voix aérienne.

Revenez-vous visiter les lieux où s'accomplit votre rapide voyage, y chercher les souvenirs de douleurs et de joies qui ont passé si vite ?

Comme la fumée qui sort de nos toits de chaume et se dissipe soudain, ainsi vous vous êtes évanouis.

Vos tombes verdissent là-bas sous le vieux if du cimetière. Quand les souffles humides du couchant murmurent entre les hautes herbes, on dirait des esprits qui gémissent. Epoux de la mort, est-ce vous qui tressaillez sur votre couche mystique ?

Maintenant vous êtes en paix : plus de soucis, plus de larmes ; maintenant luisent pour vous des astres plus beaux, un soleil plus radieux inonde, de ses splendeurs, des campagnes, des mers éthérées et des horizons infinis.

Oh ! parlez-moi des mystères de ce monde que mes désirs pressentent, au sein duquel mon âme, fatiguée des ombres de la terre, aspire à se plonger. Parlez-moi de Celui qui l'a fait et le remplit de lui-même, et seul peut remplir le vide immense qu'il a creusé en moi.

Frères, après une attente consolée par la foi, votre heure est venue. La mienne aussi viendra, et d'autres, à leur tour, la journée de labeur finie, regagnant leur pauvre cabane, prêteront l'oreille à la voix qui dit : Souvenez-vous des morts.

(Une Voix de prison, XXI.)

PRISE DE VARSOVIE (1)

Varsovie a capitulé. L'héroïque nation polonaise, délaissée de la France, repoussée par l'Angleterre, vient de succomber dans la lutte qu'elle a si glorieusement soutenue pendant huit mois contre les hordes tartares alliées avec la Prusse. Le joug moscovite va peser de nouveau sur le peuple des Jagellons et des Sobieski, et pour aggraver son infortune, les fureurs de quelques monstres affaibliront peut-être l'horreur que doit inspirer le crime de cette nouvelle conquête. Que chacun garde ce qui est à soi : aux égorgeurs, le meurtre et l'infamie ; aux vrais enfants de la Pologne, une gloire pure et immortelle ; au czar et à ses alliés, la malédiction de quiconque porte en soi un cœur d'homme, de quiconque sent ce que c'est qu'une patrie ; à nos ministres, leur nom, il n'y a rien au-dessous.

Ainsi donc, peuple généreux, notre frère de foi et notre frère d'armes, lorsque tu combattais pour ta vie, nous n'avons pu t'aider que de nos vœux, et à présent que te voilà gisant sur l'arène, nous ne pouvons te donner que des pleurs. Puissent-ils au moins te consoler un peu dans ta douleur immense ! La liberté a passé sur toi comme une ombre fugitive, et cette ombre a épouvanté tes anciens oppresseurs ; ils ont cru voir la justice. Après des jours sombres, regardant le ciel, tu as cru y découvrir des signes plus doux ; tu t'es dit : Le temps de la délivrance approche ; cette terre qui recouvre les ossements de nos aïeux

(1) Après la révolution française de 1830, un soulèvement national éclata à Varsovie, 29 nov. 1830. Cette guerre, dite de l'Indépendance, fut marquée par de sanglants combats, entre autres, celui de Grochow, où l'armée polonaise fut victorieuse. Mais les divisions intestines des Polonais et surtout l'inégalité des forces engagées devaient amener le triomphe de la Russie. Varsovie capitula, 7 sept. 1831. Depuis lors, ce grand et infortuné peuple a su jusqu'où pouvait aller la tyrannie. — L'article de Lamennais parut dans l'*Avenir*, le 17 septembre 1831. Plus tard, Lamennais composa l'hymne à la Pologne que nous donnons à la suite de ce morceau.

sera encore notre terre ; nous n'y entendrons plus la voix de l'étranger nous dictant ses ordres insolents : nos autels seront libres comme nos foyers. Et tu te trompais ! Et ce n'était pas encore le temps de vivre, mais le temps de mourir pour tout ce qu'il y a de doux et de sacré parmi les hommes ! Peuple de héros, peuple de notre amour, repose en paix dans la tombe que le crime des uns et la lâcheté des autres t'ont creusée. Mais, ne l'oublie point, cette tombe n'est pas vide d'espérance, sur elle il y a une croix, une croix prophétique, qui dit : Tu revivras !

(L'Avenir.)

HYMNE A LA POLOGNE

Dors, ô ma Pologne, dors en paix, dans ce qu'ils appellent ta tombe : moi, je sais que c'est ton berceau.

Lorsque, délaissée, trahie, rendue de fatigue, épuisée de combats, ton front pâlit, tes genoux chancelèrent, ils tressaillirent d'une joie féroce et poussèrent un long cri, un cri sauvage, aigu comme le cri de l'hyène qui la nuit fait frissonner le voyageur sous sa tente.

Dors, ô ma Pologne, etc.

Tel que ces chevaliers qui sommeillent, revêtus de leur armure, sur les vieux tombeaux, le géant était là couché sur la terre : ils jetèrent sur lui un peu de cette terre trempée de sang et dirent : Il ne se réveillera plus !

Dors, ô ma Pologne, etc.

Tes fils dispersés ont porté dans le monde les récits merveilleux de ta gloire. Ils ont raconté comment, tout à coup brisant le joug de tes oppresseurs, tu te levas semblable à l'ange que Dieu envoie, armé de son glaive, pour punir ceux qui se rient de la justice ; et le cœur des tyrans s'est troublé.

Dors, ô ma Pologne, etc.

Puis, quand ils ont dit tout ce que virent tes yeux avant
de se fermer, l'indomptable courage des hommes, l'héroïque fermeté des plus faibles femmes, l'ardeur sainte des
jeunes vierges, le dévouement religieux des prêtres, les
petits enfants même se dégageant des bras de leurs mères,
afin d'aller mourir pour toi, les peuples émus ont baissé la
tête et se sont pris à pleurer.

Dors, ô ma Pologne, etc.

Tant de sacrifices, tant de travaux devaient-ils être stériles ? Ces martyrs sacrés n'auraient-ils semé dans les
champs de la patrie qu'un esclavage éternel ? En serait-ce
fait à jamais de cette patrie vers laquelle encore se tournent
de loin les regards des pauvres exilés ? N'en resterait-il
qu'une fosse couverte d'un peu d'herbe ? Ah ! dites-le,
dites-le-moi !

Dors, ô ma Pologne, etc.

Le lâche a égorgé en tremblant les guerriers sans
armes ; il a serré dans de vils fers leurs fortes mains ; il a
eu peur des femmes, peur des enfants même, et le désert a
dévoré ceux qu'avait épargnés le glaive. Pendant qu'ils
s'enfonçaient dans la solitude, ou que pêle-mêle on les
jetait dans les abîmes de la terre, les murs des temples
s'écroulaient sur les autels ensanglantés.

Dors, ô ma Pologne, etc.

Qu'entendez-vous dans ces forêts ? Le murmure triste des
vents. Que voyez-vous passer sur ces plaines ? L'oiseau
voyageur qui cherche un lieu pour se reposer. Est-ce là
tout ? Non, je vois une croix tournée vers l'Orient, elle
marque le point où le soleil se lève, et sur le soir soupirent
auprès des voix douces et mystérieuses.

Dors, ô ma Pologne, etc.

Regardez ! Sur son front pâle, mais calme, est une confiance impérissable, sur ces lèvres un sourire léger. Qu'a-

t-elle aperçu dans son sommeil? Serait-ce un vain rêve qui la trompe en fuyant? Non, la vierge divine, qu'elle proclama sa reine, est descendue d'en haut : elle a posé une main sur son cœur, et de l'autre, écartant le voile de l'avenir, la foi, debout derrière ce voile, lui a montré la liberté.

Dors, ô ma Pologne, dors en paix, dans ce qu'ils appellent ta tombe; moi, je sais que c'est ton berceau (1).

(Troisièmes Mélanges.)

LES MORTS

Ils ont aussi passé sur cette terre ; ils ont descendu le fleuve du temps ; on entendit leur voix sur ses bords, et puis l'on n'entendit plus rien. Où sont-ils? Qui nous le dira? *Heureux les morts qui meurent dans le Seigneur !*

Pendant qu'ils passaient, mille ombres vaines se présentèrent à leurs regards ; le monde que le Christ a maudit leur montra ses grandeurs, ses richesses, ses voluptés ; ils le virent, et soudain ils ne virent plus que l'éternité. Où sont-ils? Qui nous le dira? *Heureux les morts qui meurent dans le Seigneur !*

---

(1) Cette question de la Pologne lui tenait au cœur. Il écrivait encore en 1848 les paroles suivantes :

« Nous avons toujours cru à la renaissance de la Pologne, nous l'avons toujours annoncée, mais dans un avenir voilé à nos regards : à Dieu seul le secret des temps. Lorsque, sous la triple oppression de trois tyrans réunis pour se partager tes dépouilles, sous le pied sanglant du czar, sous le couteau impérial et la baïonnette prussienne, nous te voyions, ô peuple frère, plein d'une foi sublime en toi-même, rester indompté, opposer sans jamais fléchir, à la force inique qui te pressait et t'écrasait, l'héroïsme de ta grande âme, comment aurions-nous un seul instant douté que le jour de la justice, le jour où serait brisée la pierre de ta tombe, ne fût marqué d'avance dans les décrets divins ; qu'au milieu des nations indignées du crime de quelques brigands couronnés et les maudissant, tu revivrais ? L'heure désirée si ardemment est venue enfin ! »

(Peuple constituant, 23 mars 1848.)

Semblable à un rayon d'en haut, une croix, dans le lointain, apparaissait pour guider leur course; mais tous ne la regardaient pas. Où sont-ils? Qui nous le dira? *Heureux les morts qui meurent dans le Seigneur !*

Il y en avait qui disaient : Qu'est-ce que ces flots qui nous emportent? Y a-t-il quelque chose après ce voyage rapide? Nous ne le savons pas, nul ne le sait. Et comme ils disaient cela, les rires s'évanouissaient. Où sont-ils? Qui nous le dira? *Heureux les morts qui meurent dans le Seigneur !*

Il y en avait aussi qui semblaient, dans un recueillement profond, écouter une parole secrète; et puis, l'œil fixé sur le couchant, tout à coup ils chantaient une aurore invisible et un jour qui ne finit jamais. Où sont-ils? Qui nous le dira? *Heureux les morts qui meurent dans le Seigneur !*

Entraînés pêle-mêle, jeunes et vieux, tous disparaissaient tels que le vaisseau que chasse la tempête. On compterait plutôt les sables de la mer que le nombre de ceux qui se hâtaient de passer (1). Où sont-ils? Qui nous le dira? *Heureux les morts qui meurent dans le Seigneur !*

Ceux qui les virent ont raconté qu'une grande tristesse était dans leur cœur : l'angoisse soulevait leur poitrine, et, comme fatigués du travail de vivre, levant les yeux au ciel, ils pleuraient. Où sont-ils? Qui nous le dira? *Heureux les morts qui meurent dans le Seigneur !*

Des lieux inconnus où le fleuve se perd, deux voix s'élèvent incessamment :

L'une dit : *Du fond de l'abîme, j'ai crié vers vous, Seigneur : Seigneur, écoutez mes gémissements, prêtez l'oreille à ma prière. Si vous scrutez nos iniquités, qui soutiendra*

---

(1) Cette immensité du monde des morts à côté du petit monde des vivants est une idée particulièrement chère aux Hindous et aux Celtes. Un poète, qui n'eut de romain que son patriotisme, l'a traduite avec une douce mélancolie (*Énéide*, ch. vi, 305-315), ce savant Virgile, une des âmes

Que l'Orient lointain teignait de vagues flammes.

votre regard ? Mais près de vous est la miséricorde et une rédemption immense (1).

Et l'autre : *Nous vous louons, ô Dieu! nous vous bénissons : saint, saint, saint est le Seigneur Dieu des armées! La terre et les cieux sont remplis de votre gloire* (2).

Et nous aussi nous irons là d'où partent ces plaintes ou ces chants de triomphe. Où serons-nous? Qui nous le dira? *Heureux les morts qui meurent dans le Seigneur !*

(Troisièmes Mélanges.)

MISÈRE DU PEUPLE

Vous qui portez le poids du jour, hommes de labeur et de douleur, pauvres déshérités de cette terre si féconde et si belle, pourquoi, quand tout dans la nature se réveille et sourit au matin, que les petits oiseaux, secouant leurs ailes humides de rosée, gazouillent sur la branche l'hymne de joie, que les insectes murmurent dans l'herbe, pourquoi cette tristesse dans votre regard, ce silence sur vos lèvres? Pourquoi la douce lumière qui s'épanche de l'Orient, lorsqu'il s'ouvre comme une fleur céleste, ne dissipe-t-elle jamais les ténèbres de votre front?

L'abeille a sa ruche pour s'y retirer, et vous n'avez point d'asile qui soit à vous ; la mite a son vêtement de soie qui la protège contre la froidure, et vos membres sont nus ; le plus chétif vermisseau trouve sur sa plante natale un abri et la nourriture, et vous manquez de l'un et de l'autre.

Ce n'est point que la Providence ait été plus dure envers vous, mais ce que Dieu vous donne, les hommes vous l'ôtent. Que vous a-t-on laissé de ce qu'il prodigue à tous? Même une goutte d'eau de la mer, on vous défend de la prendre : elle est au fisc, elle n'est pas à vous.

(Livre du Peuple, viii.)

(1) De profundis.
(2) Te Deum laudamus.

LE MAUVAIS RICHE

Ne pas faire à autrui ce que nous ne voudrions pas qu'autrui nous fît, voilà la charité.

Faire pour autrui, en toute rencontre, ce que nous voudrions qu'il fît pour nous, voilà la charité.

Un homme vivait de son labeur, lui, sa femme et ses
petits enfants ; et comme il avait une bonne santé, des
bras robustes, et qu'il trouvait aisément à s'employer, il
pouvait sans trop de peine pourvoir à sa subsistance et à
celle des siens.

Mais il arriva qu'une grande gène étant survenue dans
le pays, le travail y fut moins demandé, parce qu'il n'offrait plus de bénéfices à ceux qui le payaient, et en même
temps le prix des choses nécessaires à la vie augmenta.

L'homme de labeur et sa famille commencèrent donc à
souffrir beaucoup. Après avoir bientôt épuisé ses modiques
épargnes, il lui fallut vendre pièce à pièce ses meubles
d'abord, puis quelques-uns même de ses vêtements ; et
quand il se fut ainsi dépouillé, il demeura privé de toutes
ressources, face à face avec la faim. Et la faim n'était pas
entrée seule à son logis : la maladie y était aussi entrée
avec elle.

Or, cet homme avait deux voisins, l'un plus riche, l'autre
moins.

Il s'en alla trouver le premier et il lui dit : « Nous manquons de tout, moi, ma femme et mes enfants ; ayez pitié
de nous. »

Le riche lui répondit : « Que puis-je à cela ? Quand vous
avez travaillé pour moi, vous ai-je retenu votre salaire ou
en ai-je différé le payement ? Jamais je ne fis aucun tort ni
à vous ni à nul autre ; mes mains sont pures de toute ini-
quité. Votre misère m'afflige, mais chacun doit songer à
soi dans ces temps mauvais ; qui sait combien ils dureront ? »

Le pauvre père se tut, et, le cœur plein d'angoisse, il s'en retournait lentement chez lui, lorsqu'il rencontra l'autre voisin moins riche.

Celui-ci, le voyant pensif et triste, lui dit : « Qu'avez-vous ? il y a des soucis sur votre front et des larmes dans vos yeux. »

Et le père, d'une voix altérée, lui exposa son infortune.

Quand il eut achevé : « Pourquoi, lui dit l'autre, vous désoler de la sorte ? Ne sommes-nous pas frères, et comment pourrais-je délaisser mon frère en sa détresse ? Venez, et nous partagerons ce que je tiens de la bonté de Dieu. »

La famille qui souffrait fut ainsi soulagée jusqu'à ce qu'elle pût elle-même pourvoir à ses besoins.

Plusieurs années passèrent, après lesquelles les deux riches comparurent devant le Juge souverain des actions humaines.

Et le Juge dit au premier : « Mon œil t'a suivi sur la terre ; tu t'es abstenu de nuire à autrui, de violer son droit ; tu as accompli rigoureusement la loi stricte de justice ; mais en l'accomplissant, tu n'as vécu que pour toi ; ton âme sèche et dure n'a point compris la loi de l'amour. Et maintenant, dans ce monde nouveau où tu entres pauvre et nu, il te sera fait comme tu as fait aux autres. Tu as réservé pour toi seul les biens qui t'avaient été départis ; tu n'en as rien donné à tes frères ; il ne te sera rien donné non plus. Tu n'as songé qu'à toi, tu n'as aimé que toi : va et vis de toi-même. »

Et se tournant vers le second, le Juge lui dit : « Parce que tu n'as pas été seulement juste, et que la charité pénétra ton cœur ; parce que ta main s'ouvrit pour répandre sur tes frères moins heureux les biens dont tu étais dépositaire, et qu'elle essuya les larmes de ceux qui pleuraient, de plus grands biens te seront donnés. Va, et reçois la récompense de celui qui a pleinement accompli le devoir, la loi de justice et la loi d'amour. »

(Le Livre du peuple, x.)

NOTRE ESPRIT, EN PROGRESSANT, MODIFIE SES IDÉES

La vérité croît, s'élargit sans cesse, parce qu'en elle-même elle est infinie. Elle sort, telle qu'un fleuve divin, de son éternel principe, arrose et féconde l'univers jusqu'en ses profondeurs les plus reculées, portant sur ses célestes ondes les intelligences qui s'abreuvent d'elle, et, dans son invariable cours que rien n'arrête, que rien ne retarde, les élevant peu à peu vers la source d'où elle est partie. Et puisqu'elle est infinie, nul, quel qu'il soit, à quelque point du temps qu'il lui ait été donné d'être, ne saurait se flatter de la posséder complètement. Entre elle et lui, quelle proportion, quelle mesure commune? Coquille imperceptible qui sur le rivage se dirait : J'ai en moi l'Océan ! Point d'état donc plus déraisonnable que de rester immobile dans les mêmes idées, quand elles ne sont pas de celles qui forment en quelque manière le lit sur lequel coule perpétuellement la vérité progressive. Car cet état implique ou la persuasion que l'on sait tout, que l'on a tout vu, tout conçu, ou la volonté de ne pas voir plus, de ne pas concevoir mieux ; et lorsque, en outre, on prétend faire de cette idée quelconque à laquelle on s'est cramponné en passant, comme à une pointe de rocher pendant sur le fleuve, la station dernière de l'humanité, aucune langue ne fournit de mot pour exprimer un pareil excès d'extravagance.

Solon disait : Je vieillis en apprenant toujours. Cet avancement dans la connaissance, cette continuelle évolution de l'intelligence dans le vrai, est une des premières lois des âmes créées. Mais toute connaissance, toute idée nouvelle ne se surajoute pas seulement aux idées et aux connaissances acquises déjà, elle les modifie encore en se combinant avec elles ; de sorte qu'indépendamment des erreurs qui lui appartiennent en propre, qui dérivent immédiatement de sa faiblesse intrinsèque et native, l'esprit ne peut croître en lumière, étendre sa vue, découvrir au delà, sans trouver quelque chose à redresser dans ses pensées et ses jugements antérieurs. Ceux même qui annoncent hautement la prétention d'être invariables en ce sens, qui disent : Pour moi, je n'ai jamais changé, mes opinions sont ce qu'elles étaient il y a dix ans, il y a trente ans, ceux-là s'abusent, ils ont trop de foi en leur imbécillité; l'idiotisme humain, même soigné, cultivé sans relâche, avec un infatigable amour, ne va pas jusque-là, ne saurait atteindre à cette perfection idéale, et il n'est personne qui, le voulant ou non, ne subisse à quelque degré l'influence du progrès commun. Malgré soi l'on s'éclaire, malgré soi l'on marche, la foule vous emporte, et la sotte vanité qui, à chaque pas, conteste ce mouvement, traînée à reculons, voit peu à peu fuir dans le lointain ses convictions inébranlables.

Pour nous, notre joie la plus vive comme la plus intime est de ne rien sentir en nous qui résiste à cette merveilleuse impulsion, qui n'est celle de personne, qui est celle de tous, et dont le résultat est le développement de la vérité dans la raison de tous. Ce développement renferme à nos yeux toutes les espérances terrestres de l'homme ; car il ne peut croître dans la vérité sans croître aussi dans l'amour, et l'amour et la vérité sont les deux éléments de sa vie progressivement plus parfaite.

(Troisièmes Mélanges, Préface.)

L'IDÉE RELIGIEUSE DE « L'AVENIR »

Lamennais expose nettement l'idée religieuse de l'*Avenir ;* il peint le caractère grandiose de son dessein, et, dans un puissant contraste, plein d'exagération et de mépris, il montre la sagesse gouvernementale de Rome.

Certes, les raisons qui empêchèrent le pape de se laisser entraîner avaient bien leur valeur politique en 1835 ; d'ailleurs le grand écrivain n'a-t-il pas dit lui-même : « Nous fûmes en quelque sorte un peu trop soldat, nous regardâmes un peu trop les choses d'un seul côté. »

Ce mot, comme le morceau que nous donnons ici, est tiré de la préface aux *Troisièmes Mélanges*. Cette préface a été écrite à la fin de 1834. Nous recommandons sa lecture à ceux qui veulent étudier l'âme de Lamennais. Elle fait penser aux Examens de Corneille et contient des passages vibrants.

Le catholicisme languit et tend à s'éteindre en Europe : les peuples s'en détachent, les rois ou l'attaquent d'une manière ouverte, ou le minent sourdement. Quel moyen de le ranimer, de lui rendre la vigueur que de jour en jour il semble perdre ? Tel était le problème à résoudre, et il offrait deux solutions. Plein de foi dans les vérités qui constituent fondamentalement le christianisme, dans sa puissance morale, dans l'harmonie de son esprit intime avec les instincts les plus élevés de l'humanité, on pouvait, brisant les liens qui asservissent l'Eglise à l'Etat, l'affranchir de la dépendance qui entrave son action, l'associer au mouvement social qui prépare au monde des destinées nouvelles, à la liberté pour l'unir à l'ordre et redresser ses écarts, à la science pour la concilier, par une discussion sans entraves, avec le dogme éternel, au peuple pour verser sur ses immenses misères les flots intarissables de la charité divine. On pouvait, en un mot, s'élevant au-dessus de tous les intérêts terrestres, embrasser la croix nue, la croix du charpentier né pauvre et mort pauvre, la croix de celui qui, ne vivant que de son amour pour ses frères, leur apprit à se dévouer les uns pour les autres, la croix de Jésus fils de Dieu et fils de l'homme, et la planter à l'entrée des voies où le genre humain s'avance. On le pouvait, nous le crûmes du moins. On pouvait aussi resserrer l'ancienne alliance avec les pouvoirs absolus, leur prêter secours contre les peuples et contre la liberté, afin d'obtenir d'eux une tolérance telle quelle, souder l'autel au trône, s'appuyer sur la force, tourner la croix vers le passé, la confier à la protection des protocoles diplomatiques, la confier à la garde des soldats chargés de contenir, la baïonnette sur la poitrine, les nations frémissantes. Rome a choisi ce dernier parti, elle en avait le droit ; et s'il est en nous une conviction profonde, c'est que, selon des vues au-dessus des siennes mêmes, elle a été déterminée à ce choix par la Providence.

(Troisièmes Mélanges, Préface.)

APPEL A L'UNION DE TOUS LES GENS DE BIEN
POUR LA LIBERTÉ COMMUNE.

Saisissons-nous avec empressement de la portion de liberté que les lois nous accordent, et usons-en pour conquérir toute celle qui nous est due, si on nous la refusait. Il ne s'agit pas de s'isoler, et de s'ensevelir lâchement dans une indolence stupide. Catholiques, apprenons à réclamer, à défendre nos droits, qui sont les droits de tous les Français, les droits de quiconque a résolu de ne ployer sous aucun joug, de repousser toute servitude, à quelque titre qu'elle se présente et de quelque nom qu'on la déguise. On est libre quand on veut l'être ; on est libre quand on sait s'unir, et combattre, et mourir plutôt que de céder la moindre portion de ce qui seul donne du prix à la vie humaine. Il y a des choses du temps, soumises à ses inévitables vicissitudes, et il y a des choses éternelles, ne les confondons point. Dans le grand naufrage du passé, tournons nos regards vers l'avenir, car il sera pour nous tel que nous le ferons. Rallions-nous franchement, complètement à tout pouvoir qui maintiendra l'ordre et se légitimera par la justice et le respect des droits de tous. Nous ne lui demanderons aucuns privilèges; nous lui demanderons la liberté, lui offrant notre force en échange. Mais, qu'on le sache bien, si, dans l'entraînement d'une passion aveugle, qui que ce soit osait tenter de nous imposer des fers, nous avons juré de les briser sur sa tête.

Nous n'avons point d'arrière-pensées, nous n'en eûmes jamais : notre parole c'est toute notre âme. Espérant donc d'en être crus, nous dirons à ceux dont les idées diffèrent sur plusieurs points de nos croyances : Voulez-vous sincèrement la liberté religieuse, la liberté d'éducation, sans laquelle il n'est point de liberté religieuse, vous êtes des nôtres ; et nous sommes des vôtres aussi, car nous voulons non moins sincèrement, avec la liberté de la presse, les libertés politiques et civiles compatibles avec le maintien de l'ordre. Toutes celles que les peuples, dans le développement graduel de leur vie, peuvent supporter, leur sont dues, et leur progrès dans la civilisation se mesure par leur progrès non fictif, mais réel, dans la liberté.

Nous ne pensons pas, il s'en faut de beaucoup, que la société soit encore arrivée à un état stable ; mais si, avant que l'harmonie entre ses éléments divers se soit établie, elle doit éprouver de nouvelles secousses, l'union de ceux qui sont attachés à la liberté véritable contribuera du moins à en atténuer la violence et à en abréger la durée.

(Tiré de l'Avenir, 16 octobre 1830).

QUE TOUS LES FRANÇAIS SE LIGUENT
CONTRE L'ANARCHIE (1).

Nous n'avons pas voulu être libres ensemble, et c'est pourquoi nous avons été tous esclaves. Que cette leçon nous profite : n'oublions pas que les chaînes voyagent, et que quiconque les impose à d'autres, tôt ou tard les porte à son tour. Français, croyez-moi, traitons-nous en frères ; ne nous envions pas les uns aux autres notre part de ce bien d'autant plus doux, d'autant plus abondant pour chacun, qu'il est possédé par un plus grand nombre, de ce bien, notre héritage commun, de ce bien sans lequel il n'en est aucun autre sur la terre, qui console la vie et embellit la mort ; car, parmi ceux qui ont un cœur d'homme, qui ne mourrait avec joie, avec orgueil pour la liberté?

Et puis, il faut que vous le sachiez, l'union dont elle sera

(1) Qu'on remarque combien un pareil article est vivant d'actualité.

le lien, n'est pas une chose sur laqnelle vous ayez à délibérer ; elle est pour vous une nécessité pressante, inexorable. Regardez là, tout près de vous, ces êtres qu'on ne sait comment nommer, aux traits hagards, à l'œil sinistre : voyez le spectre de 93 se dresser devant vous tout sanglant ! Vous frémissez, et pourquoi donc ? Qu'avez-vous à craindre si vous êtes unis ? La loi vous arme pour votre défense ; elle dit à tous ceux que menace le crime : Protégez-vous les uns les autres, et la justice, et Dieu lui-même vous l'a dit avant elle. Soyez hommes, et tout cet enfer rentrera soudain dans ses cavernes, et vous n'entendrez plus que ses rugissements souterrains. Depuis la chaumière jusqu'au château, depuis l'humble étalage jusqu'au palais du financier, que le même intérêt vous rallie tous contre le même danger, quelle que soit la dissidence de vos opinions. Eh ! qu'importent les opinions au pied de l'échafaud ? Mais, encore une fois, soyez hommes, et pendant que la peur s'en va bêlant ses niaises lamentations, tendez à vos frères une main, et posez l'autre sur votre épée.

(D'un article de l'Avenir, 30 octobre 1830, recueilli
dans les Troisièmes Mélanges.)

AVANT LE DÉPART POUR ROME

Ayant suspendu la publication de l'*Avenir*, Lamennais écrivit son dernier article le 15 novembre 1831. Il demande aux catholiques de se réveiller enfin, de ne pas se courber honteusement sous la verge, et il termine ainsi :

Et nous qui disons ceci, nous qui appelons nos frères, de toute la force de notre amour pour la plus sainte des causes, à la défense de ce qui leur est, comme à nous, plus cher mille fois que la vie, est-ce donc que nous délaissons cette cause sacrée ? Que Dieu nous préserve d'une telle honte ! Si nous nous retirons un moment, ce n'est point par lassitude, encore moins par découragement, c'est pour aller, comme autrefois les soldats d'Israël, *consulter le Seigneur en Silo.* On a mis en doute notre foi et nos intentions mêmes, car, en ce temps-ci, que n'attaque-t-on point ? Nous quittons un instant le champ de bataille, pour remplir un autre devoir également pressant. Le bâton du voyageur à la main, nous nous acheminerons vers la Chaire éternelle, et là, prosternés aux pieds du Pontife que Jésus-Christ a préposé pour guide et pour maître à ses disciples, nous lui dirons : O Père, daignez abaisser vos regards sur quelques-uns d'entre les derniers de vos enfants, qu'on accuse d'être rebelles à votre infaillible et douce autorité : les voilà devant vous, lisez dans leur âme, il ne s'y trouve rien qu'ils veuillent cacher ; si une de leurs pensées, une seule, s'éloigne des vôtres, ils la désavouent, ils l'abjurent. Vous êtes la règle de leurs doctrines ; jamais, non jamais ils n'en connurent d'autres. O Père, prononcez sur eux la parole qui donne la vie, parce qu'elle donne la lumière, et que votre main s'étende pour bénir leur obéissance et leur amour.

(Publié dans les Troisièmes Mélanges.)

CE QU'IL FAUT ENTENDRE PAR UNE VRAIE RÉVOLUTION

Il en est des peuples comme des individus ; ni les uns ni les autres ne seront jamais complètement délivrés, durant la vie présente, des infirmités qui en sont inséparables à un certain point ; mais les uns et les autres peuvent et doivent avancer perpétuellement dans la guérison, qui commence ici et s'achève ailleurs. D'où il suit que la société, progressive par sa nature, implique de continuels changements, des révolutions successives. On s'effraye de ce mot de révolution, et l'on a raison de s'en effrayer, si l'on entend par là les désordres que produisent, au sein d'une nation où fermentent des idées et des espérances nouvelles, les intérêts et les passions vivement exaltés.

Mais les révolutions qui marquent un pas fait dans la

vraie civilisation, et ouvrent ainsi une ère plus heureuse, les révolutions nées du développement de la notion du droit dans les intelligences, ont certes, en résultat, un tout autre caractère, et doivent être, quelques souffrances qui les accompagnent, non pas redoutées, mais bénies comme les bienfaits de la Providence et des preuves éclatantes de l'action qu'elle exerce sur les destinées générales de l'humanité. Elles sont, pour ainsi parler, Dieu présent à nos yeux dans le monde, car évidemment ces transformations, qui changent, en l'élevant, l'état du genre humain, ces soudaines brises qui le poussent, quoique à travers bien des écueils, vers de plus fortunés rivages, renferment quelque chose de divin. La plus profonde révolution que, sous tous les rapports, il ait en effet subie, fut, sans aucune comparaison, l'établissement du christianisme ; et celle qui, depuis cinquante ans, s'opère en Europe, n'en est que la continuation. Qui ne voit pas cela est totalement incapable de rien voir, et plus incapable de rien comprendre aux événements contemporains. Dix-huit siècles de labeur social ont à peine suffi pour les préparer. Car de quoi s'agit-il ? De modifier les formes du pouvoir, de réformer quelques abus, d'introduire dans les lois quelques améliorations généralement jugées nécessaires ? Non, certes, ce n'est pas là ce qui agite les peuples et les émeut si puissamment. Il s'agit pour eux de substituer, dans les bases mêmes de la société, un principe à un autre principe, l'égalité de nature à l'inégalité de race, la liberté de tous à la domination native et absolue de quelques-uns. Et cela, qu'est-ce autre chose que le christianisme s'épandant au dehors de la société purement religieuse, et animant de sa vie puissante le monde politique, après avoir perfectionné, au delà de toute mesure jadis espérable, le monde intellectuel et moral ?

(*De l'absolutisme et de la liberté*, « *Revue des Deux Mondes* »,
août 1834.)

Il y eut dans la plus haute antiquité de grands empires, de puissantes monarchies dont une obscure mémoire est venue jusqu'à nous à travers les âges. Elles s'étaient affermies sur l'unique base de tout ce qui dure, la religion et la justice. Puis, les passions survinrent, la religion se corrompit, la foi et l'amour s'évanouirent ; le pouvoir enivré de lui-même et ne connaissant plus de lois que ses caprices, foula aux pieds l'équité sainte, le droit, l'humanité, opprima les peuples et les dégrada par ses exemples contagieux, par l'abrutissement de la misère. Alors Dieu dit au temps : Cette dérision de la société pour laquelle j'ai fait l'homme m'est en abomination ; hâte-toi d'en purger la terre, et le temps emporta comme une feuille sèche ces grandes monarchies, ces puissants empires. *Laissez passer la justice de Dieu.*

D'autres empires, d'autres monarchies, des multitudes d'états constitués sous des formes diverses de gouvernement, apparurent ensuite dans le monde, et toujours on vit la religion et la justice, assises près de leur berceau, souffler sur eux l'esprit de vie, les fortifier par l'exercice des vertus sévères. Mais ce bel ordre s'altère peu à peu. Les chefs de la société commencent à se faire des intérêts distincts des siens, à ne regarder le pouvoir que comme un moyen d'assouvir leurs convoitises sans cesse croissantes, ils substituent la force au droit ; les mœurs publiques et privées se dépravent, on se rit des devoirs, l'égoïsme envahit les cœurs ; on chasse l'un après l'autre tous les sentiments d'équité, d'humanité ; chacun ne songe qu'à jouir, peu lui importe aux dépens de qui ; les peuples sont une proie qu'on dévore. L'Asie occidentale et l'Europe presque entière en étaient là, aux temps où se formait la puissance de Rome, sous l'influence des lois morales, des saintes maximes tombées dans le mépris des autres nations. Le fleuve incessamment se grossissait des eaux qu'épanchait cette source immortelle. Enfin, surmontant ses rives, au moment fixé par les desseins suprêmes, il déborde sur les contrées qu'infectaient de leur corruption les races dégénérées ; républiques, royaumes, rien n'est épargné, il renverse tout, il entraîne tout. *Laissez passer la justice de Dieu.*

Les victoires mêmes de Rome gorgée des richesses de l'univers y développent les germes de tous les vices... Alors, des profondeurs du Nord et de l'Orient accourent des peuples inconnus que la Providence y tenait en réserve pour accomplir son œuvre... Le glaive ne s'arrêta qu'après être parvenu, toujours sanglant, des bords de la Baltique à la Méditerranée, des rives du Volga aux côtes de la Manche et de l'Océan. *Laissez passez la justice de Dieu.*

... Les nations modernes apparaissent, formées du mélange des races conquises et des races conquérantes... Les dynasties qui les gouvernent ayant été infidèles au peuple dont elles devaient seconder les destinées, leur sentence fut prononcée d'en haut : *Laissez passer la justice de Dieu...*

Après une journée brûlante, sur le soir, on voit quelquefois partir du couchant chargé de nuages une lueur d'un vif éclat et d'une teinte étrange, dernier adieu de l'astre qui va descendre sur l'horizon ; telle apparut l'ancienne monarchie restaurée par l'Europe absolutiste.

Impuissante à ressusciter le passé qu'elle représentait, elle proposa un pacte au présent ; elle lui demanda de sa vie pour ranimer le squelette que venait d'exhumer la diplomatie royale. Le pacte fut conclu et, de part et d'autre, avec bonne foi, car nul n'en prévoyait les conséquences inévitables, et chacun aspirait au repos. Deux intérêts, inconciliables entre eux, furent introduits ensemble dans la constitution de l'Etat. Il fallait bien qu'en se développant, ils en vinssent, et bientôt, à se reconnaître pour ennemis. De là, défiance et haine mutuelle ; de là, une lutte interminable jusqu'à ce que l'un de ces deux principes eût irrévocablement vaincu. Les choses et les hommes du passé erraient comme des ombres, mais des ombres menaçantes, dans la société nouvelle.....

.....Les privilèges, renaissant de toutes parts, repoussaient dédaigneusement le peuple dans son outrageux abaissement, dans sa nullité politique et dans sa misère. Pour lui, nulle espérance d'une condition meilleure, nul progrès pour la société éternellement passive sous la main de ses maîtres. La Providence, que n'enchaîne point la volonté des rois, en avait autrement décidé dans ses immuables conseils. Elle souffla au cœur du peuple une de ces soudaines résolutions qui changent en un moment la face des choses.

L'œuvre de quatorze siècles est détruite en trois jours. On avait muré la route de l'avenir, elle se rouvre, et, sur celle du passé, on aperçoit trois générations de rois s'éloigner tristement et disparaître dans la solitude. *Laissez passer la justice de Dieu.*

Les destinées du genre humain sont des destinées laborieuses : toujours il y a quelques obstacles à vaincre, quelque résistance à surmonter. Il n'avance qu'en luttant, mais aussi nulle puissance ne saurait l'arrêter. Plus ceux qui le tentent se croient assurés du succès, plus ils sont près de leur défaite. Lorsque déjà leurs lèvres murmurent les premiers sons de leur chant de triomphe, une voix part d'en haut qui dit aux peuples opprimés, aux nations souffrantes : *Laissez passer la justice de Dieu.*

(Politique à l'usage du peuple, t. I.)

MISSION SOCIALE DE LA FEMME

Dans les jugements qu'on porte de l'homme, presque jamais on ne tient compte des différences profondes qu'offre sa nature complexe et qui le séparent, quoique toujours un, en deux êtres semblables et divers. Soit qu'on l'accuse ou qu'on le justifie, soit qu'on l'abaisse ou qu'on le relève, on néglige, on oublie, constamment presque, l'un de ces deux êtres, la femme.

Cependant, elle mérite une attention particulière, lorsqu'étudiant l'humanité on essaie d'en découvrir les lois, d'en apprécier l'état, d'en comprendre les destins, sur lesquels elle exerce une influence plus grande de beaucoup que n'affecte de le penser l'aveugle orgueil de l'homme. Fier du partage qu'Ormuzd (1) lui a fait, la force du corps, celle de la pensée, la puissance du génie, de la raison et l'ascendant qu'elle donne, il se croit supérieur à sa compagne, parce qu'il est autre, parce qu'aux qualités qui sont les siennes est attachée la domination, apparente du moins. Je dis apparente, car, en réalité, il obéit plus qu'il ne commande. L'insinuation, la douceur, la grâce, l'attrait de la beauté, le charme de la faiblesse même, triomphent le plus souvent de ce superbe dominateur. La femme règne de fait, et en cédant elle gouverne encore.

Que serait sans elle la vie humaine ? Une lutte désespérée, un sanglant combat de l'homme contre la nature et de l'homme contre l'homme. Elle lui verse un philtre qui endort ses maux, elle amollit sa dureté farouche, modère ses rudes passions, calme ses colères, lui fait du travail et de la souffrance même, par sa tendresse compatissante, son dévouement inépuisable, par la continuelle effusion d'un amour qui renaît de lui-même et ne tarit jamais, comme une sorte de joie ineffable.

Jeune fille naïve et pure, quoi de plus séduisant que la femme ? Mère entourée de ses enfants, quoi de plus auguste, de plus saint ?

Il y a dans son cœur des délicatesses si exquises, et tout ensemble si spontanées, qu'elle les ignore elle-même. La source en est voilée, mystérieuse. Elles s'exhalent d'elle

(1) Esprit du bien dans la religion persane.

comme le parfum de la fleur pudique que ses suaves effluves décèlent vaguement et que l'œil ne voit pas.

Point de mal qu'elle ne sache guérir, soulager du moins, au fond duquel elle ne parvienne à déposer une espérance. Quand la tempête amoncelle les nuages, et les chasse, et les mêle, et les déchire en vastes lambeaux, quelquefois un rayon de soleil, traversant ce chaos, rassérène le ciel sombre. La femme est ce rayon consolateur et doux quand la tempête aussi agite l'homme et le tourmente.

Une native commisération, une sympathie irrésistible, l'attire vers ce qui souffre. Toutes les misères inséparables de la condition humaine, ou qu'engendrent les vices de la société, semblent avoir été commises à ses soins. Elle est vraiment la providence de l'infirme, du pauvre, de l'innombrable tribu des abandonnés. Suivez-la dans l'obscur réduit où s'abrite l'indigent, près de la couche du malade, du grabat sur lequel gémit le vieillard resté seul après de longues années de labeur ; rien ne l'éloigne, rien ne la rebute. Plus forte alors que l'homme, cette frêle créature, élevée par l'amour au-dessus des sens, repliée dans son âme, ne vit plus que là. Elle remplit une mission céleste, elle apporte avec soi quelque chose de Dieu, des secours pour tous les besoins, des baumes pour toutes les plaies, des paroles qui enchantent toutes les douleurs.

Et je n'ai rappelé encore que ses moindres bienfaits. Plus sûr que le raisonnement, un infaillible instinct la préserve des erreurs fatales auxquelles l'homme se laisse entraîner par l'orgueil de l'esprit et de la science. Tandis que, sondant toutes les voies, sa curiosité insatiable l'emporte à travers je ne sais quel crépuscule trompeur, en des régions peuplées de fantômes ; tandis que sa vaine et débile raison ébranle aveuglément les bases de l'ordre et de l'intelligence même, la femme, éclairée d'une lumière et plus intime et plus immédiate, les défend contre lui, conserve dans l'humanité les croyances par lesquelles elle subsiste, les vérités nécessaires, les grandes lois de la vie intel-

lectuelle et morale. Elle en est, au milieu de la confusion
des idées et des révolutions des systèmes, la gardienne
pieuse et incorruptible. Souvent l'homme, à cause de cela
même, l'accuse de faiblesse, de préjugé, de superstition ;
et il ne sait pas qu'au fond, l'objet de sa superstition, c'est
Dieu caché sous les symboles qui le révèlent obscurément ;
que son préjugé, c'est le vrai immuable embrassé par le
cœur ; que sa faiblesse, c'est la force innée, la puissance
souveraine de la nature même. Plus je réfléchis, plus je
demeure, immortel Amschaspand, convaincu que les
vérités, les lois dont je parlais tout à l'heure, non seulement perdraient leur autorité sur la terre, mais qu'altérée
par mille conceptions fausses, la notion même s'en étein-
drait, si, doublement mère, la femme, dès le berceau, n'ini-
tiait l'enfant à ces sages mystères, si elle ne déposait en
lui l'impérissable germe de la foi qui le sauvera, ne le
nourrissait de ce lait divin.

Contemplez sur ses genoux cette naissante petite créature, balbutiant, les mains jointes, dans la candide pureté
de son âme, sa première prière, s'éveillant par l'amour à la
vie qui se dilate sans fin en Celui qui est la vie même ;
est-il un spectacle plus touchant, plus doux ?

Que les hommes enivrés des dons qu'Ormuzd leur a
départis s'élèvent tant qu'ils voudront dans l'opinion qu'ils
ont d'eux-mêmes, toujours sera-t-il que les semences pri-
mordiales du vrai et du bien, les sentiments profonds qui
décident de l'existence entière, ils les doivent à la femme,
que c'est elle qui les fait ce qu'ils sont. Oh ! si elle connaissait l'importance suprême, la grandeur merveilleuse, j'ai
presque dit redoutable, de ses fonctions, elle n'envierait
pas, certes, les avantages quels qu'ils soient, réservés à
l'homme.

(Amschaspands et Darvands, LII.)

L'IGNORANCE

Ce mot, quant au sens, appartient à tous les idiomes, et il n'est pas de ceux qui se perdront, ce qu'il exprime est trop inhérent à la nature humaine. — Toutefois, si l'ignorance où l'homme est plongé, et qui le presse de toutes parts comme une atmosphère ténébreuse, ne cesse de le ramener au sentiment de sa faiblesse et de sa misère, il y trouve aussi un indice certain de sa supériorité sur les êtres qui l'environnent ; car, très différente de celle de la brute, son ignorance n'est pas une simple privation, un état purement négatif ; il sait qu'il ignore, et il ne peut le savoir que par une sorte de vue obscure de la vérité qui se dérobe à lui.

Infinies dans leur source, finies dans leur développement et leur exercice possible, ses facultés rencontrent partout des bornes qu'elles ne sauraient franchir. Mais ces bornes mêmes l'instruisent de ce qu'il est, de ce que tôt ou tard il doit être, puisqu'il les sent et aspire au delà. Perpétuellement actif, son esprit se meut dans un milieu vague, entre la science complète et le néant de la science, milieu que ses efforts tendent sans cesse à élargir. Il ne connaît rien parfaitement, il n'ignore rien entièrement. Etonnant de grandeur, effrayant de petitesse, selon l'aspect sous lequel on le considère, il ressemble à un monde naissant qui, peu à peu se dilatant au sein de l'espace, reçoit des mondes voisins un nombre toujours croissant de rayons directs ou réfléchis, restant néanmoins comme englouti dans l'immensité de l'univers dont il fait partie, et où il disparaît tel qu'un atome imperceptible. Si loin que s'étende notre pensée, toujours elle découvre un horizon nouveau, et de plus elle ne pénètre au fond de rien, glissant sur les surfaces ; l'intime et secrète nature des choses et toutes les essences lui échappent. Même ce qu'elle voit, elle ne le voit pas tel qu'il est en soi, mais suivant les relations qui subsistent entre elle et les objets de son aperception. Ils lui offrent, mélangé avec ce qui vient d'eux, une espèce de reflet d'elle-même, et toute connaissance a deux éléments primitifs et inséparables, l'être connu et l'être connaissant, et, par conséquent, elle ne représente rigoureusement que leur rapport.

(Dictionnaire de la conversation, article « Ignorance ».)

DU PROGRÈS

Certes, quand on compare l'état primitif de l'homme à son état présent, sa faiblesse native et la puissance qu'il a successivement acquise, le dur vasselage où le retenait originairement la Nature et la domination qu'il exerce maintenant sur elle, on contemple avec étonnement un si merveilleux progrès ; et cependant ce progrès disparaît comme un point dans l'immense horizon ouvert devant nous. Non seulement l'emploi des agents dont nous disposons est loin d'être encore aussi général et aussi parfait qu'il peut l'être, qu'il le sera bientôt, mais la science entrevoit et connaît déjà des agents nouveaux, des forces cachées au sein du monde physique, qu'elle apprendra, prochainement peut-être, à dompter, à régler, et à l'aide desquels l'homme achèvera la conquête de ce même monde. Multipliant à volonté et variant indéfiniment les combinaisons des corps, il les fera tous servir, soit médiatement soit immédiatement, à la satisfaction de ses besoins, à la conservation de sa vie, au développement complet de son être. Ce développement commence à peine ; à peine commençons-nous à savoir, à agir dans cet ordre élevé que la science nous révèle, à régner sur notre domaine, à l'approprier à notre usage, à prendre possession des inépuisables trésors qu'il recèle, à diriger toutes les énergies productrices vers un but relatif à notre espèce et à sa destination. Qui oserait fixer la limite qu'en cette branche du progrès l'homme ne dépassera point ? Que se fait-il en vertu des causes et des lois fatales de l'univers physique, qui ne puisse être fait par les mêmes causes agissant selon les mêmes lois soumises à son intelligence? Un jour viendra où les relations dépendantes de l'espace étant de nouveau modifiées, changées, par la rapidité sans cesse croissante des communications, la terre entière sera, pour chaque individu humain, ce qu'à l'origine était pour lui le lieu comparativement imperceptible où le manque de moyens de translation circonscrivait son activité. La pensée de tous et l'action de tous, affranchies en partie des conditions de distance, seront, en quelque sorte, présentes à la fois partout. Alors achèvera de s'opérer la transformation de la nature, coordonnée à l'homme, associée à ses fonctions, devenue comme l'extension de son propre organisme, et s'élevant avec lui, d'un mouvement éternel, vers le terme dernier, l'Unité infinie où tendent tous les êtres.

(Esquisse d'une philosophie, Livre VII, ch. vii.)

II

Art et Littérature.

ART ET LITTÉRATURE

1° Elle représente la conception religieuse du peuple chrétien.

L E temple chrétien représente la Création dans son état présent et dans ses rapports avec l'état, les lois et les futures destinées de l'homme. Symbole de la divine architectonique, le corps de l'édifice semble, ainsi que le modèle dont il reproduit le type idéal, se dilater indéfiniment, et, sous les voûtes élevées qui s'arrondissent comme celles des cieux, il exprime, par ses fortes ombres et la tristesse de ses demi-jours, la défaillance de l'univers obscurci depuis la chute. Une douleur mystérieuse vous saisit au seuil de cette sombre enceinte, où la crainte, l'espérance, la vie, la mort, exhalées de toute part, forment par leur mélange indéfinissable une sorte d'atmosphère silencieuse, qui calme, assoupit les sens, et à travers laquelle se révèle, enveloppé d'une lueur vague, le monde invisible. Une secrète puissance vous attire vers le point où convergent les longues nefs, là où réside le Dieu rédempteur de l'homme et réparateur de la création, et d'où émane la vertu plastique qui imprime au temple sa forme. Dans ses axes croisés, il offre l'image de l'instrument du salut universel ; au-dessus, celle de l'arche, unique asile, aux jours du déluge, des espérances du genre humain, et emblème toujours vrai du pénible voyage de l'homme sur les flots de la vie. Les courbures ogivales des arceaux, les flèches qui de partout s'élancent dans l'espace sans bornes, le mouvement d'ascension de chaque partie du temple et du temple entier, expriment aux yeux l'aspiration naturelle, éternelle, de la créature vers Dieu, son principe et son terme.

2° Tous les arts naissent de l'architecture religieuse.

Tel est le commencement de l'art, sa manifestation première dans ses relations avec l'idée chrétienne. Il élève une demeure à Dieu sur le modèle de celle que Dieu s'est faite lui-même, et Dieu remplit de soi le temple, image symbolique de la création, comme il remplit de soi l'univers. Tous les arts sortiront de cet art initial par un développement semblable à celui de la création même...

La surface solide de la terre se revêtit d'abord de végétaux de toute espèce, depuis l'humble mousse et le lichen rampant jusqu'au cèdre dont la cime ondoie dans les nuées. Puis apparurent les animaux, doués d'une vie plus puissante, de mouvement spontané, de sensibilité, d'instinct, puis enfin l'homme, orné du don incomparable de l'intelligence. — Le temple a aussi sa végétation : ses murs se couvrent de plantes variées ; elles serpentent en guirlandes le long des corniches et des plinthes, s'épanouissent dans les ouvertures laissées à la lumière, se glissent sur les nervures des cintres, embrassent, comme la liane des forêts, les formes sveltes des pyramides semblables à des pointes de rocher, et montent avec elles dans les airs, tandis que le tronc des colonnettes pressées en faisceau se couronne de fleurs et de feuillage. La pierre s'anime de plus en plus, des multitudes d'êtres nouveaux, d'êtres vivants, se produisent au sein de cette magnifique création que l'homme vient compléter et qu'il résume dans sa noble image.

La sculpture, on le voit, n'est que le développement immédiat de l'architecture. Elle procède d'elle naturellement, organiquement pour ainsi dire. Qu'est-elle en effet d'abord ? Quelque chose d'inachevé, d'embryonnaire, un simple relief qui, croissant peu à peu selon les lois de sa forme, se détache enfin du milieu où il a pris naissance, comme l'être organisé, après avoir acquis les conditions de la vie propre, se détache des entrailles maternelles.

Mais la sculpture ne reproduit qu'imparfaitement les merveilleuses richesses de l'œuvre de Dieu. Elle ne saurait rendre les effets variés de la perspective et des couleurs, ni rassembler sous un seul point de vue, en un cadre étroit, les objets si divers que la nature offre à nos regards dans leur harmonieux ensemble, et les scènes compliquées de la vie. De là une nouvelle branche de l'art, la peinture. Et voyez comme son développement s'enchaîne à ceux qui ont précédé, n'en est que l'extension, le complément. Ces voûtes grises et ternes, le ciel du temple, prennent une teinte azurée ; les reliefs se colorent. A ce premier moment, la peinture, encore absorbée dans la plastique, commence à peine à naître. Son enfantement s'achève, elle vit maintenant d'une vie distincte, et cette vie est dans l'art ce qu'est dans l'univers celle qui développe les êtres innombrables en qui la forme se manifeste dans son infinie variété, la puissante vertu qui réalise au sein du monde phénoménal les essences éternelles, en les revêtant d'une enveloppe sensible. Il n'est rien en effet que la peinture ne représente à la vue ; elle achève sous ce rapport la création du temple, reproduction humaine de l'œuvre divin ; et, en reproduisant la forme extérieure des êtres, elle reproduit encore ce qu'il y a de plus intime en eux, l'esprit qui les anime, les sentiments, les idées même, dans leur manifestation relative au sens destiné à percevoir la lumière. La lumière elle-même se colore de mille nuances diverses, en pénétrant à l'intérieur de l'immense édifice à travers des fleurs transparentes, dont elle projette au loin les reflets ; et cette lumière, tout à la fois idéale et réelle, vague splendeur d'un astre mystérieux, prête aux formes, dont le temple est peuplé, une expression indéfinissable.

. . . .

3° La musique du temple.

La création a une voix qui se spécifie dans chaque ordre d'êtres, et dans chaque espèce d'êtres, et dans chaque être individuel. Et puisque le temple exprime la création, en est l'image, la reproduction plastique, le temple aussi à sa voix qui, se modifiant par de successifs degrés, comme celle de la création, donne naissance à des arts divers, issus d'une commune racine.

Cette racine, en ce qui touche l'élément sensible de l'art, est le son ou la voix universelle en qui rien ne s'est encore individualisé. Reportez-vous par la pensée au fond des vastes solitudes d'un monde nouveau, de ses forêts, de ses savanes traversées par des fleuves sans nom, de ses montagnes d'où se précipitent d'impétueux torrents, du pied desquelles s'échappent d'innombrables ruisseaux qui lentement coulent sur un lit de mousse, ou s'épanchent en nappe sur les prairies de la vallée, et prêtez l'oreille. De tout cela il s'élève une voix formée de mille voix : de la voix des grandes eaux et de celle des sources qui tombent goutte à goutte des rochers ; de la voix des vents qui bruissent dans la cime des arbres et murmurent dans l'herbe, de la foudre qui déchire les nuées ; de la voix des myriades d'êtres vivants qui pullulent au sein de ce monde primitif. Cette voix est la voix de la nature, indistincte, confuse, mais majestueuse, solennelle, immense, pleine de mystères et de vagues émotions.

Des profondeurs du temple sort pareillement une voix qui monte dans les airs et se propage au loin. Solennelle aussi, mystérieuse, et comme l'écho d'un monde invisible, elle remue les secrètes puissances de l'homme, elle éveille en lui toute une vie interne, assoupie jusqu'alors. Qui, dans la campagne, vers le soir, à l'heure où s'éteignent les feux du couchant, où la nuit étend ses ailes sombres sur les bois, les prés, les buissons, les eaux, pour abriter le sommeil des pauvres créatures fatiguées (1); qui, à cette heure de calme et de silence, quand vient à soupirer la cloche du hameau, ne se sent pas comme emporté en des régions inconnues, aériennes, peuplées de formes indécises, de pensées rêveuses et de pressentiments infinis ?

4° Impression produite par la cathédrale.

Figurez-vous être, au déclin du jour, dans l'immense cathédrale chrétienne. Une frayeur religieuse, quelque chose de semblable à ce vague sentiment de l'infini qu'on éprouve au sein des grandes solitudes de la nature, vous saisit à l'aspect de ces vastes nefs, de ces gigantesques piliers dont les sommets se perdent dans les ombres croissantes. Avec les dernières lueurs, la nuit éteint les derniers bruits; un silence mystérieux vous enveloppe de toute part. Au dehors de vous des ténèbres muettes ; au dedans l'invisible souffle d'une puissance inconnue qui vous pénètre et vous domine irrésistiblement. Séparé de ce qui frappe les sens, il se fait en vous comme un travail étrange; des esprits passent devant l'œil interne, l'imagination se peuple de fantômes sans corps ; le temps, qui n'a plus de mesure, semble lui-même s'être évanoui. Tout à coup, dans le lointain, apparaît un point lumineux, puis un autre encore; vous commencez à discerner les masses de l'édifice, les murs pareils aux flancs d'une montagne escarpée, les fortes arêtes des angles, les courbures des arcs, les énormes pendentifs. La lumière augmente : sur ces masses qu'unissent des lignes harmonieuses, se montrent les plantes, les animaux, les formes innombrables des êtres sortis de leurs entrailles inépuisablement fécondes. Eclatants de mille couleurs dont les reflets se croisent et se mélangent, ils portent à vos sens comme une révélation de

(1) Ces lignes rappellent les beaux vers de Virgile :

> Nox erat et placidum carpebant fessa soporem
> Corpora per terras..... (*Eneid.*, IV, 522-529.)

la vie, et les suaves vapeurs qui parfument l'atmosphère en accroissent encore l'impression. Lorsque au milieu de ce monde naissant vibre soudain la voix tour à tour majestueuse, douce, sévère de l'orgue, qu'elle remplit de ses accords indéfiniment variés les voûtes frémissantes, ne dirait-on pas la voix de tous ces êtres dont la création vient de s'opérer sous vos yeux ?

(Esquisse d'une philosophie, 3e vol. Vue générale de l'art.)

L'ARCHITECTURE CHEZ LES GRECS ET CHEZ LES ROMAINS

Entre le Parthénon et les Propylées, on reconnaît une parenté manifeste : même caractère, mêmes lignes, même élégance gracieuse et noble. En ce pays où le peuple régnait, point de palais fastueux, mais des édifices destinés à tous, des théâtres, des portiques, et partout le sentiment de l'homme dans sa beauté et sa liberté. Sa maison est le temple en petit ; le temple est sa maison agrandie, ornée, proportionnée à sa nature idéale. L'art s'épanouit avec volupté, comme la fleur sous un ciel serein. Il recherche la lumière, les souffles caressants, les suaves harmonies, les riantes perspectives. Descendu de l'Olympe, il y remonte par les douces pentes du mont parfumé.

L'architecture civile prit à Rome beaucoup plus de développement que dans la Grèce, elle y fut appliquée à des monuments beaucoup plus variés, et c'est surtout dans ces monuments que l'art romain se sépare de l'art grec, par l'emploi constant de la voûte, moins légère et moins élégante que la colonnade et son architrave, mais d'une majesté plus sévère et d'une plus grande solidité. On voulut qu'ils vainquissent le temps, qu'ils participassent à l'éternité du peuple-roi, aux destins de l'empire fondé sur le sol prophétique du Capitole ; point central, mystérieux, d'où la puissance romaine étendit ses rayons sur le monde entier, et où le monde entier, ses dieux en tête, vint fléchir le genou et s'organiser dans l'unité.

Guerrière et conquérante, Rome brillait encore par la science du droit et le génie administratif; et, après qu'elle eut attiré à soi les richesses de l'univers, corrompue par le luxe, dévorée de l'ardeur des jouissances, elle se précipita, bacchante effrénée, en des orgies sans exemple, sans nom, dans tout ce que purent enfanter de plus excessif des mœurs cruelles et voluptueuses, et toutefois empreintes d'une étonnante grandeur.

Cette société se retrouve avec ses caractères dans les productions de l'art. Les arcs de triomphe, élevés jusqu'au fond des plus lointaines provinces, les magnifiques colonnes d'Antonin et de Trajan, les palais même des gardes prétoriennes près de quelques demeures impériales, rappellent et l'esprit martial et la fierté et la gloire du peuple qui soumit tous les autres peuples. Ces monuments, les premiers surtout, sont purement romains. On croit voir, en les contemplant, les nations se courber pour passer sous ces voûtes ornées de leurs dépouilles.

La grave et vaste basilique où le magistrat rendait ses arrêts offrait quelque chose d'analogue aux formes solennelles de la jurisprudence et à l'austérité de la loi. Le génie de l'administration se montrait partout, dans les ponts qu'on admire encore, dans les masses colossales des aqueducs et leurs coupes hardies, dans les portes des villes, d'une beauté si simple et d'un aspect si imposant, dans une multitude d'autres ouvrages d'utilité publique, dont plusieurs ont duré jusqu'à nos jours. Mais à partir des temps où le luxe envahit l'empire, où le Romain, fatigué de ses vieilles vertus et se plongeant avec fureur au sein des plaisirs, embrassa la vie comme une courtisane, ce qu'il demanda principalement à l'art ce fut de servir et d'exciter ses désirs insatiables. De là tant de monuments entassés, pressés sur le sol qu'ils surchargent, théâtres, arènes, thermes, portiques, molles et somptueuses villas. Quelle frénésie de convoitise, quels prodiges de puissance, du Colysée, ce temple du meurtre, aux palais sous-marins de Caprée ! L'art cependant, las de flatter les passions sensuelles et féroces, eut aussi son côté moral ; il avertit l'homme de la fragilité de son existence d'un moment, de la vanité de ses grandeurs qui se résolvent en un peu de poussière, et le caractère du peuple romain, primitivement agriculteur, et qui conserva toujours le goût de la nature champêtre, est encore rappelé par ses tombeaux dispersés le long des chemins, dans la campagne. On dirait que ceux qui reposent là, fuyant le tumulte des cités pour revenir s'asseoir au foyer rustique, surpris par le soir se sont endormis sur le bord de la route.

(Esquisse d'une philosophie, IIIe vol., Architecture.)

L'ART DES ARABES

Les peuples musulmans n'eurent jamais d'architecture religieuse : pourquoi ? Parce que leur religion, pur déisme, sépare totalement Dieu de son œuvre, ne le fait connaître ni en lui-même ni dans ses rapports avec la création, le reléguant au fond des impénétrables ténèbres de son unité absolue. L'univers dès lors n'est point pour elle l'expression de l'Etre infini. Ne correspondant par ses dogmes à aucune conception des choses, elle n'a en soi aucune vertu plastique. Le temple est arbitraire et vide, il ne procède point d'elle : *prolem sine matre creatam*. Et c'est par une raison semblable que, chez les chrétiens, le protestantisme s'est montré si stérile au point de vue de l'art. Il a des lieux de réunion, il n'a point de temples, parce qu'il n'a point de sanctuaire où réside la force génératrice du temple, la Divinité dont il émane.

Mais si l'islamisme n'a pu enfanter une architecture religieuse, exprimer par elle une pensée qui lui manquait, l'Arabe civilisé a empreint de son génie d'autres monuments, où l'art, quelque emprunt qu'il ait pu faire à l'architecture byzantine ainsi qu'à celle de l'Hindoustan, se manifeste sous des faces nouvelles. Né sous un ciel de feu, dans une contrée en partie couverte de montagnes arides et de plaines de sable parsemées de rares oasis, ce peuple dut à son climat, aux habitudes qu'il produisit, aux mœurs qu'il engendra, les principaux traits qui le caractérisent. Vivant sous la tente, et trop souvent de rapine, pour suppléer à ce que le sol lui refusait, errant avec ses coursiers et ses chameaux d'un lieu à un autre sans jamais se fixer en aucun, l'esprit d'indépendance, le courage audacieux, la fierté personnelle, durent surtout le distinguer. Les liens de famille et de tribu furent les seuls qu'il connut, avec ceux de l'hospitalité, par lesquels il se rattachait à l'humanité dont le séparait son existence isolée et nomade. Actif seulement aux jours du combat, lorsque ses besoins ou ses convoitises le poussaient à quelque entreprise, replié d'ailleurs en lui-même, immobile sous les larges plis de son manteau de poil, toutes ses énergiques facultés se concentraient dans la vie interne. La simplicité même de cet état primitif le détournait de la science, dont la culture exige une civilisation plus avancée. Que lui restait-il donc ? La poésie, mais une poésie à part, en harmonie avec son soleil, ses solitudes brûlantes, avec ses souffrances et ses joies, ses instincts, ses aspirations. Allant où l'esprit l'emportait, il se créa, pour les habiter, des régions plus belles, plus heureuses. Son ardente imagination peupla l'univers d'êtres invisibles, de génies puissants, bons et mauvais, que l'homme initié aux arts magiques pouvait s'assujettir par la vertu de certains charmes. Cette croyance inculquée dès le berceau, nourrie par des récits merveilleux que les générations se transmettaient, changeait à ses yeux l'aspect du monde, l'enchantait en quelque manière. Rien, dans ce qui frappait ses regards, ne lui donnait le sentiment des grandes énergies de la nature ; il y substitua ces forces d'un autre ordre, personnifiées, volontaires et libres, indépendantes des lois fatales de la création inférieure ; et lorsque, haletant sur une terre nue, dans une atmosphère embrasée, il s'abandonnait à ses vagues désirs, ce qu'il aimait à se représenter, c'étaient des eaux et des ombrages, une lumière affaiblie et douce, dont les reflets se projettent à travers un épais feuillage, sur les ondes limpides de la source près de laquelle il respire la fraîcheur avec volupté. Tel était pour lui le type parfait de la beauté dans la nature.

De la combinaison de ces choses est née l'architecture arabe. Elle ressemble à un rêve brillant, au caprice des génies, qui s'est joué dans ces réseaux de pierre, dans ces délicates découpures, ces franges légères, ces lignes volages, dans ces lacis où l'œil se perd à la poursuite d'une symétrie qu'à chaque instant il va saisir, qui lui échappe toujours par un perpétuel et gracieux mouvement. Ces formes variées vous apparaissent comme une puissante végétation, mais une végétation fantastique ; ce n'est point la nature, c'en est le songe. La lumière voilée prend des teintes moelleuses, une sorte de velouté aérien, analogue à ce monde de féerie, et qui en augmente l'illusion. Partout des canaux murmurants, des fontaines jaillissantes, une impression de langueur qui assoupit les sens. Que l'amour, un amour plus passionné, plus sensuel que tendre, anime ce magnifique palais, toute la vie de l'Arabe est là dans son exemplaire idéal. De conception dogmatique des choses, de pensée sociale, nul vestige. Cette ravissante demeure n'est destinée qu'à l'individu, ne rappelle que lui. Les mœurs hospitalières des fils d'Ismaël auront pourtant aussi leur expression, plus rapprochée des habitudes simples de son primitif état. Sur les sentiers arides du désert, près d'une source et de quelques palmiers, il élèvera des abris, des lieux de repos pour le voyageur, des caravansérails, des tentes de pierre.

(Esquisse d'une philosophie, IIIe vol., Architecture.)

L'ARCHITECTURE EXPRIME LA CIVILISATION

*Le couvent. — Le château féodal. — L'hôtel de ville. — Le palais
de Louis XIV.*

Jusqu'à l'invasion des peuples du Nord, l'architecture
civile des nations chrétiennes, du moins en Occident, fut,
comme leur architecture religieuse, exclusivement romaine.
Puis l'art s'affaissa sous les ruines de l'empire, mais pour
renaître avec un caractère nouveau. Il reparut informe
encore, lorsque l'institution féodale commença elle-même
à s'organiser. D'autres idées, d'autres mœurs marquèrent
de leur empreinte ses rudes productions. Il se résuma
d'abord tout entier en deux édifices, l'église et le château,
auxquels on pourrait joindre, comme une sorte d'intermédiaire, le couvent. A cette époque de violence et de désordres, celui-ci recueillait, au fond des forêts et des vallées
incultes, à l'ombre de la croix protectrice du faible, ceux
qui, portant avec douleur le poids de la société ou d'eux-
mêmes, cherchaient dans le travail du corps le repos de
l'esprit, la paix dans le sacrifice de soi, la liberté dans
l'obéissance, les joies intimes de l'homme intérieur dans
la contemplation de Dieu et des mystères de la vie future.
Que leur fallait-il? Une demeure simple, pauvre et sévère,
conforme à la profession qu'ils faisaient de détachement du
monde et des choses du monde. Cependant, à mesure que
ce détachement même devint une source de richesse et de
pouvoir, le monastère s'agrandit, s'orna, sans néanmoins
perdre entièrement son caractère primordial. De modestes
cellules groupées autour d'un cloître, tel en fut le type, qui
rappelle tout ensemble la vie retirée et la vie commune.
La pauvreté est dans la cellule, la richesse dans le cloître,
où se déploient toutes les beautés, toutes les magnificences,
toutes les délicatesses de l'art. On y peut suivre son progrès, depuis les premiers essais du roman jusqu'à la per-

fection du gothique ; après quoi, l'art, passant à travers la Renaissance, se transforme et retombe dans l'imitation de l'antique. Le couvent, comme l'église, annonce alors l'affaiblissement de la foi, une préoccupation dominante de l'institution positive, humaine ; il exprime enfin l'idée terrestre substituée à l'idée mystique.

Le château féodal, situé d'ordinaire sur le sommet de rochers presque inaccessibles, ressemble à l'aire de l'aigle. Son aspect sombre, ses tours massives percées d'ouvertures étroites, ses créneaux pareils à d'énormes dents, éveillent le sentiment d'un pouvoir redoutable, d'une domination farouche et mêlée toutefois de je ne sais quelle fierté rude et noble. En le voyant, on a sous les yeux le spectacle d'une société divisée en elle-même, où les armes remplacent le droit et la loi. Symbole de la puissance solitaire et indépendante, de la force et de la grandeur personnelle, il représente merveilleusement ces temps d'anarchie où, les liens de l'humanité n'existant plus dans l'ordre politique, l'homme individuel, sans souci d'autrui, se faisait lui-même toute sa destinée.

Lorsque la police des États prit une forme moins irrégulière, qu'une meilleure organisation de la justice et de la force réprimante ramena quelque sécurité et avec elle un développement d'industrie et de richesses, le château, peu à peu, descendit de ses rocs escarpés ; il cessa d'être une citadelle pour devenir la demeure pacifique d'un pouvoir garanti par les lois et sûr de lui-même. L'art y réalisa progressivement ses types variés, en suivant toutes les phases de l'architecture religieuse. Aux massives constructions des siècles antérieurs succéda le gothique, élégant de légèreté et riche de détails ; vint ensuite la Renaissance, dont le style, qui marque pour le temple un commencement de décadence, est au contraire admirablement approprié aux édifices destinés aux usages de la vie domestique et civile ; enfin reparut l'art grec et romain, mais alourdi ou maniéré, privé de sa grandeur et de sa grâce native. L'architecture

arabe elle-même pénétra chez les nations occidentales, à
Venise surtout, à cause de ses relations multipliées avec
l'Orient ; et, dans le reste de l'Italie, à Rome, à Florence,
à Pise, à Sienne, à Vicence, à Vérone, les palais se mode-
lèrent en quelque sorte sur les idées, les mœurs, les habitudes sociales des âges où ils furent élevés, sur la nature
même des gouvernements ; car ils présentent des caractères
très différents dans les pays soumis à un seul et dans les
républiques, là où régnait sans contestation une puissante
aristocratie, et là où des luttes intestines entre les factions
tour à tour victorieuses faisaient de la cité comme une arène
où les partis se disputaient la domination. Il y eut des
temps où les villes, partagées entre des familles ennemies,
ressemblaient à des forêts de tours, où chaque palais était
une forteresse ; et, quoique plus modernes, quelques-uns
de ceux qu'on admire à Florence ont encore, dans leur
masse austère, quelque chose de cet aspect. Le palais ducal
de Ferrare, avec ses fossés et ses ponts-levis, et le palais
du doge à Venise n'offrent-ils pas le même contraste que
les gouvernements de ces deux cités, celle-ci obéissant à un
homme investi par elle d'une haute magistrature ; celle-là
gouvernée par un maître qui ne relève que de soi ?

Un autre genre de monuments appartient à l'époque de
l'affranchissement des communes, cette grande révolution
qui en préparait une plus grande : nous voulons parler des
hôtels de ville. Ce n'est point le château royal ou aristo-
cratique ; c'est le palais du peuple, le lieu où s'assemblent
les citoyens pour exercer leur souveraine puissance, délibérer sur leurs intérêts ; où siègent les magistrats librement
élus. Orné au dehors, modeste au dedans, il rappelle l'opu-
lence de la communauté et l'égalité de ses membres. Les
lignes en sont simples et sévères. Point de larges frontons
couronnant des portails énormes ; rien non plus de petit,
d'étroit et d'abaissé. De tous ceux qui entreront là, aucun
ne courbera la tête, mais aucun ne l'élèvera au-dessus de
celle d'autrui. Le beffroi, s'élevant au-dessus de l'édifice,

achevait d'en marquer le caractère. Voix solennelle de la cité, il convoquait le populaire à la maison commune, l'appelait aux fêtes publiques ou à la défense de ses droits, s'il arrivait qu'ils fussent menacés.

Lorsque les grandes monarchies européennes achevèrent de se former, lorsque le pouvoir devint absolu, l'architecture aussi exprima ce pouvoir d'un seul dans une société moralement décrépite, qui, brillante encore de la gloire des armes, voit, au sein de la corruption que voile un instant la politesse et l'élégance des mœurs, s'éteindre chaque jour son antique esprit et ses croyances antiques. Tout s'efface devant le souverain, qui absorbe en soi la nation esclave. Quand il eut dit : L'Etat, c'est moi, il fallut lui bâtir une demeure proportionnée à cette monstrueuse prétention. Alors, ramené presque au métier, l'art, sans inspiration, s'enfla, pour ainsi parler, au lieu de s'agrandir ; il construisit, sous le nom de palais, une maison gigantesque, transformée depuis en bazar par un ignoble et cauteleux despotisme de boutique (1).

On le voit, dans chacune de ses branches, l'art, comme nous l'avons établi d'abord, n'est que la forme extérieure des idées, l'expression du dogme religieux et du principe social dominant à certaines époques.

(Esquisse d'une philosophie, IIIe vol., Architecture.)

HARMONIES ENTRE L'ART ET LA NATURE

Mais le Beau étant essentiellement un, il existe des rapports intimes, de secrètes harmonies entre ses manifestations dans la Nature et ses manifestations dans les œuvres de l'homme. La lumière grise et terne ou brillante et dorée, le ciel habituellement serein ou orageux, l'aspect riant ou

(1) On a transformé Versailles en musée de toutes les gloires françaises. Qu'y avait-il de mieux à faire ? Mais Lamennais ne peut pas oublier qu'il est journaliste !

âpre du sol, les formes des plantes, leurs couleurs, toutes ces choses et mille autres encore réagissent sur l'art, contrastent ou s'harmonisent avec ses monuments, en accroissent l'effet ou l'altèrent. Transportez le Parthénon dans une contrée brumeuse et froide, il y sera étranger, il ressemblera au Grec lui-même exilé de sa patrie, et regrettant, sur les bords de quelque fleuve glacé, le soleil de l'Attique et ses douces brises, et ses gracieuses collines, et ses horizons enchantés. Chaque édifice a son site propre d'où dépend sa beauté pittoresque. Le château féodal se dresse, comme le spectre de la guerre, sur un roc isolé et nu. Le monastère recherche le silence et l'ombre des bois, le calme des eaux tranquilles. L'église champêtre s'élève sur la pente du coteau, au-dessus des cabanes du pauvre, pour le bénir et le protéger. Partout vous trouverez de semblables harmonies, et partout elles ajoutent au charme de l'art un autre charme non moins ravissant. Elles associent la pensée de l'homme à la pensée de Dieu, et sa vie passagère à la vie perpétuelle de la Création ; elles opèrent la mystique union de sa nature à la Nature universelle, de ses œuvres et de l'œuvre divin, dont il aspire, par un puissant instinct qui révèle sa grandeur, à reproduire le type éternel.

(Esquisse d'une philosophie, IIIe vol., Architecture.)

LA SCULPTURE GRECQUE

La sculpture antique atteignit alors (à l'époque de Phidias) son plus haut point de perfection. Elle manifesta tout ensemble la beauté idéale et la beauté physique, l'imposante majesté, l'élégance exquise, la noblesse et le mouvement passionné. Sous la forme humaine, ravissante de grandeur, de grâce, d'harmonie, on découvrit le Dieu, et le Dieu, ce fut l'homme encore, non l'homme imparfait que nous voyons, dans cette infime région des ombres, passer sous nos yeux en fuyant, mais l'homme dépouillé des conditions de sa mortalité, l'homme qu'au-dessus des temps la pensée contemple dans son exemplaire éternel. De là cette vie intarissable qui coule à flots dans le marbre et le bronze. De là ces souffrances dont on ne pourrait supporter le spectacle réel, et qui, devenues celles du Laocoon ou du Cimbre mourant, au lieu de repousser, vous attirent par un charme indéfinissable. De là enfin ces formes parfaites qui, sans autre voile que leur beauté pudique elle-même, n'excitent aucune émotion sensuelle, ne laissent s'exhaler d'elles aucune vapeur qui trouble et enivre, qui ternisse la pureté du regard. C'est que la chair n'est que l'enveloppe transparente de l'esprit ; c'est qu'à la vue de ces merveilles de l'art, la pensée, déployant ses ailes, quitte la terre et s'envole, transportée d'un céleste amour, vers le modèle idéal que reflète la corporelle image, et se fixe en lui uniquement (1).

(Esquisse d'une philosophie, IIIe vol., Sculpture.)

LE CIMETIÈRE CHRÉTIEN, LE CAMPO SANTO DE PISE

La préoccupation dominante de l'existence future, unie à une doctrine éminemment spirituelle et à la croyance en la résurrection des corps, dut à la fois inspirer aux chrétiens une révérence particulière pour les derniers restes de l'homme et empreindre leurs tombeaux, comme leurs funérailles, d'un caractère distinctif. Le simple cimetière de village est peut-être le plus touchant, à cause de sa simplicité même. Cette égalité de la mort dans une espérance et une foi commune, cette terre où germe invisiblement la

---

(1) En face de ce développement traditionnel, il n'est pas mauvais de se souvenir de ce que dit M. Brunetière : « Je ne serais pas embarrassé de prouver qu'il s'en faut que la sculpture grecque — je dis celle de la grande époque — ait toujours eu ce caractère d'idéale pureté qu'on est convenu de lui attribuer. Elle est païenne. » (L'Art et la Morale.)

moisson des élus, ce monde endormi de l'intelligence, abrité pendant son sommeil au sein de la Nature toujours jeune et toujours féconde, cette foule pressée qui se lèvera un jour pour prendre possession de l'avenir infini dont la séparent quelques touffes de gazon, ces croix et ces fleurs éparses, ce mélange de ce qu'il y a de plus doux et de plus formidable, des mystères de la vie et de ceux du trépas : quelles sources de graves pensées et d'émotions profondes ! L'art ici n'est pour rien encore ; mais il s'implantera dans ce sol, il s'y développera, et le cimetière chrétien, devenu le *Campo Santo*, réveillera par d'autres moyens les mêmes sentiments sous une forme nouvelle.

A l'une des extrémités de la ville de Pise, sur une place solitaire d'où l'on découvre, avec la plaine voisine, les montagnes qui la bornent à l'horizon, quatre édifices s'élèvent irrégulièrement jetés en ce lieu désert : un baptistère, une cathédrale, une tour qui penche et un cimetière. Chacun de ces édifices est un monument remarquable de l'art, et tous ensemble ils représentent merveilleusement la vie humaine. Entre la naissance et la mort, le baptême et l'inhumation, qu'y a-t-il, en effet, que la pensée et l'action religieuse, la pensée et l'action terrestre, dont les œuvres caduques penchent sans cesse vers une ruine prochaine ? Nous n'avons ici à nous occuper que du cimetière qui a reçu le nom de Campo Santo, parce que, au temps où régnait une foi fervente et simple, la terre qui en forme le sol fut apportée de la Palestine par les Pisans, dont les flottes alors rivalisaient avec celles de Venise et de Gênes.

Qu'on se figure un parallélogramme entouré de murailles sans aucun ornement, sans aucune ouverture, à l'exception d'une porte pratiquée au milieu d'un des grands côtés ; au-dessus un toit peu large en saillie sur les murs et qui en suit les lignes sévères et monotones : voilà le *Campo-Santo* vu extérieurement. Qu'est-ce que cet édifice ? Quel en est l'usage ? Rien ne nous le dit. Cette enceinte mystérieuse est muette comme le cercueil, dont elle reproduit la forme

dans ses quatre pans d'inégale longueur sur lesquels
s'appuie une toiture inclinée. Ainsi, complètement clos
aux regards de ceux qui habitent encore les régions vivantes
il rappelle les secrets impénétrables de la mort. Et comme,
après avoir franchi le seuil, on se trouve entièrement isolé
de ces mêmes régions, il semble qu'on ait tout à coup passé
d'un monde en un autre monde, du monde animé où la
vie se révèle par le mouvement, la voix, dans un monde
immobile et silencieux, où nul bruit n'entre, d'où nul bruit
ne sort, où l'oreille ne saisit pas même l'ondulation mourante de la plus faible respiration. Quelle puissance d'effet
dans ce symbolisme (1) : Que de profondeur dans cette
idée si simple.

S'étant ainsi créé son lieu, l'art va le remplir de ses
œuvres, que l'architecture, la sculpture, la peinture, con-
courront à réaliser. Ce qu'il doit reproduire, souvenons-
nous que c'est un monde, un monde à part conçu par le
christianisme. Et d'abord donc la pensée du Christ domi-
nera toutes les autres. Pour cela que faut-il à l'art chrétien?
Une croix qui monte du point central où convergent toutes
les lignes. Autour s'étend la terre des morts, et quand
l'œil, se relevant, cherche l'horizon de cette terre mystique,
il ne rencontre que le ciel. Dans ses hauteurs où le regard
se perd est le séjour vers lequel prendront leur essor, au
signal qu'ils attendent, ceux qui dorment là, sous l'herbe
verdoyante, le peuple innombrable des trépassés. La
demeure passagère où ils reposent ensemble, ce monde
mystérieux qui apparaît comme un crépuscule indécis et
une indécise aurore entre le temps et l'éternité, est encore
un temple, un temple bâti sur la route de l'Eglise d'ici-bas
à la céleste Jérusalem. Ainsi, au delà de l'espace ouvert, le
long des murs d'enceinte nus à l'extérieur, s'élèvent de

(1) Pour le bien sentir, il suffit de comparer au Campo-Santo de
Pise le Campo-Santo de Bologne, où l'on a transformé en cimetière
les pièces et les cours d'un couvent ouvert de toutes parts. On dirait
un musée de tombeaux et pas autre chose. (Note de Lamennais.)

légères arcades, qui rappellent à la fois et la nef et le cloître, la maison de Dieu et celle de ces hommes qu'une
véhémente aspiration aux biens éternels a détachés de la
vie présente si rapide et si vaine. Tout ce qu'a de plus riche
et de plus délicat l'architecture chrétienne a été prodigué
pour orner ces nefs, où partout la sculpture a semé, avec
ses funèbres monuments, l'image de la mort, tandis que la
peinture achevait d'exprimer, sur le pourtour de l'édifice,
la pensée intime et profonde que l'art voulait manifester.
Aucunes paroles ne sauraient donner une petite idée de la
perfection de cette œuvre merveilleuse, ni les sentiments
que l'on éprouve à son aspect. On oublie la terre, on
s'oublie soi-même : ému d'une tristesse rêveuse, pleine de
foi et pleine d'espérance, l'esprit flotte vaguement dans un
invisible univers.

En ce qui tient à la religion des sépultures, le christianisme fournit à l'art un type inconnu des anciens. Jamais,
en effet, la sculpture antique ne représente la mort
comme l'ont conçue les sculpteurs chrétiens. Pour eux,
ce n'est point l'absence, la cessation de la vie ; ce n'est
pas non plus le sommeil : c'est la translation dans une
autre sphère, dans un autre mode d'existence ; c'est, sous
l'enveloppe du corps qui se dissout, mais pour renaître,
la vision interne d'un monde nouveau, de réalités jusque-
là voilées, de mystères doux et formidables. Ces yeux
fermés contemplent quelque chose intérieurement. Un
calme sévère règne dans ces traits fixes, sur cette face
immobile et transparente. Ce que la mort atteint, c'est la
chair ; mais au-dessous apparaît la vie, elle rayonne de ce
front, à travers la matérielle écorce qui recouvre l'essence
spirituelle et impérissable.

(Esquisse d'une philosophie, IIIe vol. Sculpture.)

LA NATURE ET L'IDÉAL DANS L'ART

L'art n'est pas une simple imitation de la nature ; il doit révéler, sous ce qui frappe les sens, le principe interne, l'idéale beauté que l'esprit seul perçoit et qu'éternellement Dieu contemple en soi. Cela est vrai de tout ce que la création offre à nos regards, depuis la fleur qui penche sur les eaux, jusqu'à l'homme qui élève vers les cieux son front sublime.

Il se mêle toujours quelque chose de nous aux lieux que nous voyons. L'impression physique que nos sens en reçoivent se transforme au dedans de nous-mêmes, et y suscite, pour ainsi parler, une image idéale en harmonie avec nos pensées, nos sentiments, notre être intime. Que deux artistes peignent d'après nature le même paysage, leurs œuvres, l'une et l'autre matériellement exactes, pourront différer profondément, et aucune ne reproduira uniquement la nature ; elles seront empreintes d'un caractère directement émané de l'artiste. L'air, la lumière, les nuances des ombres, les teintes des objets, tout cela et mille autres choses s'éloigneront plus au moins de la réalité, pour mieux correspondre à son type conçu par l'esprit, pour que cet ensemble s'anime et parle. Et, en effet, ce qui distingue particulièrement les grands maîtres, c'est qu'ils ont su prêter aux lieux un langage indéfinissable, qui touche, émeut, provoque la rêverie et l'attire doucement comme en des espaces infinis. Le Poussin, Salvator Rosa, Claude Lorrain, possédaient merveilleusement le secret de cette langue comme aussi quelques peintres hollandais. Dites-moi par quelle mystérieuse magie ils nous retiennent des heures et des heures, plongés dans une vague contemplation, devant ce que la nature a de plus ordinaire et de plus simple en apparence ; une prairie avec un ruisseau et quelques vieux saules ; une vallée que traverse un torrent grossi par l'orage dont les derniers restes, où se jouent les feux du couchant, fuient et se dissipent à l'horizon ; sur une grève déserte, une cabane au pied d'un rocher nu, la mer au delà, une mer agitée, et, dans le lointain, une voile qui s'incline, entre deux lames, sous l'effort du vent. Ne voit-on pas qu'ici c'est la pensée de l'artiste qui se communique à vous, s'empare de vous ; c'est l'art qui vous emporte, sur ses ailes puissantes, en des régions plus hautes que tout ce que peuvent atteindre les sens ?

Chaque plante a son modèle, son idéale beauté, comme elle a sa voix dans le concert harmonieux des êtres ; et à mesure qu'ils s'élèvent, cette beauté resplendit d'un plus vif éclat, cette voix devient plus expressive. Ne discernez-vous pas, sous la forme extérieure, dans les animaux de Paul Potter, une vie interne propre à chacun d'eux, une manifestation de leur nature essentielle et typique ? L'allure, la pose, le regard, tout parle en eux. La peinture peut même, comme la poésie, prêter aux êtres inférieurs une sorte de sens moral, les rapprocher de nous sous ce rapport, parce que en effet notre influence les modifie profondément, imprime à leurs instincts, plus développés à certains égards, une direction supérieure à celle qu'ils recevraient livrés à eux-mêmes. Le chien d'Eumée reconnaissant, après tant d'années d'absence, Ulysse que nul autre ne reconnaît, n'offre-t-il pas à l'art un germe de beauté indépendante de la forme matérielle ? Quelle distance, quant à l'expression, du cheval sauvage des pampas au cheval de Job, et plus encore à celui que Virgile dépeint, associant son deuil au deuil paternel, et versant de grandes larmes en suivant le cercueil de Pallante ! (1).

(Esquisse d'une philosophie, IIIe vol. Peinture.)

---

(1)   Post bellator equus, positis insignibus, Æthon
It lacrymans, guttisque humectat grandibus ora.

Æneid., lib. XI, v. 89.

LA RENAISSANCE

Le caractère le plus général de la transformation qui s'opéra dans l'art au quinzième et au seizième siècle est une sorte de fusion du génie grec et du génie chrétien. Sans renoncer aux types consacrés et traditionnels, on les modifia, en s'efforçant d'y joindre la perfection de la forme matérielle. Cette recherche du beau, non plus seulement dans l'expression du sentiment interne et de l'idée, mais encore dans la forme extérieure et sensible, imprimait à l'art une direction nouvelle, une direction mixte d'abord, et qui, toutefois, s'infléchissant de plus en plus, devait tôt ou tard avoir infailliblement pour résultat la prépondérance absolue du principe antique en lutte avec le principe chrétien ; car leur tendance étant inverse, s'appliquer à développer l'un, c'était s'éloigner de l'autre, lui assigner une place inférieure ; et le développement du principe antique, introduit à la Renaissance dans l'art exclusivement chrétien, caractérisait, comme nous l'avons dit, la révolution qu'il subit alors.

Les chefs-d'œuvre de cette époque resteront certainement toujours une des gloires de l'humanité. Mais, si l'on y regarde de près, on reconnaîtra que, malgré les progrès incontestables dans certaines parties de l'art, leur beauté principale dérive encore de l'élément chrétien ; car la décadence qui ne tarda pas à se manifester concourt avec l'affaiblissement graduel de cet élément, à mesure que prévalait l'élément grec de la forme pure ; et cela est visible dans Raphaël même. Quelle distance, quant à l'expression, de ses Vierges conçues d'après le type traditionnel du Pérugin à celles à qui l'artiste immortel, inclinant déjà vers le matérialisme qui devait dominer plus tard, donna pour type la *Fornarina!*

Le doute et le sensualisme pénétraient, vers ce temps, de toutes parts dans la vie. L'art religieux ne puisait donc

plus dans la foi énergique et naïve des siècles antérieurs
ces inspirations premières qu'aucun travail de l'esprit ne
supplée. Le génie des grands maîtres recueillit, pour ainsi
parler, les derniers et magnifiques restes de cette foi qui
seule auparavant animait l'art, et certes on ne peut nier
qu'on n'en retrouve la majestueuse empreinte dans leurs
plus belles compositions. *La Cène* de Vinci, *la Transfigu-
ration, lo Spasimo, la Communion de saint Jérôme*, tant
d'autres œuvres de cette époque féconde en fournissent
d'éclatants exemples. Mais, en même temps, reparaissaient
les sujets païens, l'Olympe et ses dieux, les allégories et
les symboles mythologiques. Le pinceau moins austère se
plaisait à reproduire les scènes joyeuses ou tristes, calmes
ou passionnées d'un monde qui se transformait, les fantai-
sies d'une pensée plus libre. La philosophie, au Vatican
même, se posait en face de la foi, *les Ecoles d'Athènes*
devant *la Dispute du saint Sacrement*. Ainsi l'on déclinait
peu à peu en des voies nouvelles ; à l'idéal chrétien, placé
au-dessus de la sphère des sens, se substituait l'idéal antique de la forme. Des hauteurs du spiritualisme, à travers
des régions élevées encore, par une pente semée d'aspects
ravissants, on descendait vers les lieux bas où l'horizon se
rétrécit et où l'art se perd. Tout semblait contribuer à le
pousser sur cette pente glissante ; tout, jusqu'au coloris, si
admirable d'ailleurs, des écoles de Naples et de Venise ;
car le coloris ne parle qu'indirectement à l'esprit, et sa
beauté est toute sensible. La richesse des couleurs, en
fascinant l'œil, détourne de la contemplation du modèle
caché sous l'enveloppe matérielle. En vertu du mouvement
donné, tout devait enfin s'absorber dans celle-ci. On en
devait venir à ne plus comprendre, à ne plus sentir aucun
genre de beau idéal, à se faire, au milieu de l'épaisse atmosphère des corps, des théories mortelles pour l'art, et c'est
aussi ce qui arriva. La recherche d'abord dominante, ensuite exclusive de la forme, l'envahissement de la peinture
anatomique de Michel-Ange, préparèrent le naturalisme

brutal de Caravage, contre lequel réagit l'école des Car-
raches, et dont elle retarda les progrès sans les arrêter.

Jamais on ne vit mieux tout ce qu'a de faux et de des-
tructif de l'art véritable le principe d'après lequel il consis-
terait dans la simple reproduction de ce qui frappe les
sens. Si la brute, l'animal avait un art, ce serait celui-là,
car l'animal ne voit rien au delà du phénomène sensible.
Le privilège de l'homme est de pénétrer par la pensée jusqu'aux essences que l'œil interne découvre seul, et jusqu'à
la source de toutes les essences, l'Être infini ou le Beau
absolu. Le manifester dans les formes émanées de lui et
qui le reflètent, tel est l'objet de l'art, son but magnifique.
Lorsqu'il l'oublie, lorsqu'il s'en écarte, il descend des régions de l'intelligence dans celles de la pure sensation, et
bientôt s'évanouit au sein de la matière ténébreuse et
morte.

(Esquisse d'une philosophie, IIIe vol., Peinture.)

LA PEINTURE ESPAGNOLE

Les premières œuvres dignes d'attention que la peinture
présente en Espagne appartiennent, par le caractère des
types et par l'expression, aux temps qui précédèrent la
Renaissance. Mêmes formes allongées, mêmes poses,
même gravité, même calme, ce calme recueilli qui naît du
détachement des choses terrestres, d'une sorte de trans-
fusion de la vie d'un monde en un autre monde. L'école
proprement espagnole se développa plus tard, sous l'influence de l'art flamand et de l'art italien, du dernier surtout, modifié par l'esprit et les mœurs nationales. Ce qu'ont
enfanté de plus magnifique les Velasquez, les Murillo, les
Zurbaran, les Ribera, dérive visiblement de la source commune où Raphaël, le Dominiquin, Andrea del Sarte, le
Titien, le Corrège, puisèrent leurs inspirations. Seulement
ils n'ont pas au même degré le sentiment du beau antique,
et, comme les Flamands, on les voit descendre de ces

hautes régions de l'art à l'imitation, on oserait presque dire
brutale, de la nature, en reproduire avec complaisance les
types les plus vulgaires, quelquefois même les plus rebu-
tants. Ce contraste étrange n'a pas sa raison dans le simple
caprice de l'artiste, mais dans l'état du peuple, dans son
génie, ses institutions, les idées et les habitudes particulières qu'elles engendrèrent.

L'opiniâtreté ibérienne, la fierté de la race gothe, l'enthousiasme arabe, et quelque chose aussi de la férocité
africaine, voilà le caractère espagnol.

Quelles que soient les différences par lesquelles d'ailleurs se distingue chaque artiste, quelle que soit la nature
particulière de son talent, la variété de manières successivement adoptées par lui, tous ont un caractère commun,
tous expriment plus ou moins vivement le génie national.
Non seulement ils ont représenté ce qu'ils avaient sous les
yeux, un peuple de mendiants ; mais ce type, ils s'y sont
complu, ils l'ont sanctifié sous la robe du moine, déifié
dans le Christ et sa mère. En quelle autre contrée, voulant
peindre la Vierge montant aux cieux, aurait-on imaginé de
la revêtir de haillons? Leur Beau idéal n'est ni celui du
moyen âge ni celui des écoles d'Italie. Entièrement absor-
bés dans le christianisme monacal, ils excellent à reproduire, avec un sentiment admirable, l'exaltation enthousiaste, l'ardeur entraînante de l'amour divin, l'extase de la
contemplation. Nul en cela ne les a surpassés ni égalés
peut-être. Puis, frappés de la lutte énergique du moine
contre lui-même, des rudes combats de la pénitence, et en
saisissant avec une sorte de verve sauvage les effets maté-
riels, ils vous montrent des corps affaissés, émaciés, des
prunelles éteintes ou dardant de leur creux orbite un feu
sombre, des membres desséchés, des chairs d'un jaune
livide ou d'une teinte verdâtre et cadavéreuse. Un autre
côté, le côté féroce du caractère national, qui se manifes-
tait par les autodafés, véritables sacrifices humains, apparaît aussi dans ces peintures horribles qui représentent.

avec une fidélité hideuse, les plus atroces détails du supplice des martyrs.

Si l'on suivait l'art espagnol dans ses branches diverses, on trouverait également qu'il exprime les idées, le génie, les mœurs du peuple chez lequel il s'est développé. Sa place, une des premières, nous paraît néanmoins inférieure à celle que l'Italie a droit de réclamer pour les chefs-d'œuvre de ses grands maîtres, héritiers plus directs des hautes traditions des âges précédents.

(Esquisse d'une philosophie, IIIe vol., Peinture.)

LA DANSE

Comme tous les arts, la danse doit parler, elle doit être expressive, elle est un mode spécial de manifestation. La sculpture, la peinture représentent les formes extérieures ; la danse représente, non les formes, mais le mouvement, le mouvement spontané surtout, et conséquemment l'instinct, la passion qui le provoque, la pensée qui le dirige. Par les évolutions des chœurs, elle peut, symboliquement au moins, exprimer les révolutions des mondes dans leurs orbites (1), ou l'ordre apparent de l'univers. Elle exprime aussi la nature vivante, en imitant les divers genres de progression des êtres animés ; elle glisse, saute, bondit, et se rapproche du vol même. Toutefois elle n'a qu'une relation indirecte, éloignée, avec la création inférieure à l'homme, qui seul est l'objet de ses manifestations immédiates.

Tous les peuples ont eu des danses religieuses analogues à leur culte dont elles formaient une partie essentielle ; et c'est pourquoi partout aussi elles furent réglées, soit par des lois, soit par des coutumes ayant force de loi. Quel-

---

(1) Dès la plus haute antiquité, les théologiens, les philosophes, les poètes, se représentaient comme une danse céleste les mouvements périodiques des astres dans l'espace. (Note de Lamennais.)

ques-uns même des mots qui, dans les langues anciennes, correspondent à celui de danse impliquent une vive émotion interne, une sorte d'enthousiasme religieux. Les danses des bayadères étaient à l'origine et sont encore des danses sacrées, étroitement liées aux antiques idées théologiques et cosmogoniques de l'Inde. Elles expriment d'une certaine façon la nature intime de ses dogmes, l'esprit de ses croyances. Chez les Grecs, point de fêtes religieuses où la danse n'intervînt, quelquefois solennellement grave, restreinte à la marche rhythmée, quelquefois passionnée jusqu'au délire, haletante, échevelée, enivrée, comme dans les dionysiaques. Les unes se rapportaient aux conceptions élevées de la Cause suprême, de l'ordre intellectuel et moral ; les autres au sentiment des puissances aveugles, énergiques, indomptables de la Nature. La strophe et l'antistrophe des chœurs de la tragédie grecque correspondaient probablement à certaines danses déterminées. Des collèges de prêtres, les Saliens, exécutaient à Rome des danses accompagnées d'hymnes consacrées au dieu de la guerre. La Bible nous peint le Roi-prophète dansant, une harpe en main, devant l'arche du Seigneur. De véritables danses ont été anciennement introduites dans le culte chrétien, et s'y conservent encore en quelques pays (1). Les rites accomplis autour de l'autel ne sont eux-mêmes au fond que des danses symboliques, non plus que les processions parmi lesquelles il en est de si touchantes. Celles qui ont lieu dans la campagne, au retour du printemps, pour appeler sur les travaux de l'homme la béné-

---

(1) « L'usage dans lequel étaient les anciens peuples de ne jamais séparer la danse de la musique se conserve encore dans les chants religieux des chrétiens d'Abyssinie, suivant ce que m'ont assuré les prêtres et le patriarche de cette Eglise, que j'ai eu l'occasion de consulter à ce sujet, dans les fréquentes visites que je leur ai faites au vieux Caire, où ils ont un hospice. » VILLOTEAU, *Recherches sur l'analogie de la musique avec les arts qui ont pour objet l'imitation du langage*, t. Ier, p. 57. (Note de Lamennais.)

diction de Celui *qui fait croître et mûrir les fruits*, rappellent les *Arvalia* des Romains. Quoi de plus poétique, de plus grand et de plus doux que celle où le Christ, sortant de son sanctuaire, vient mystiquement voilé, sous les feux du soleil versant des flots de vie et de lumière, recueillir au milieu des fleurs, des feuillages, des parfums, des chants d'amour et de joie, les hommages de ses frères délivrés et sauvés par lui ?

Plus ils sont rapprochés de la nature primitive, plus les hommes ont de penchant à manifester les idées qui les préoccupent, les sentiments qui les émeuvent, par des moyens propres à frapper les sens ; et, chose remarquable, aux époques de décadence et de corruption, ils se montrent également enclins à ramener l'Art à la pure sensation, jusqu'à ce qu'enfin, privé de l'esprit qui l'animait, il s'ensevelisse dans la matière inerte et ténébreuse. Les croyances, les mœurs des peuples enfants, leurs passions, quelles qu'elles soient, s'expriment par des mouvements rythmés. Ils ont des danses guerrières, des danses funéraires, des danses qui représentent toutes les scènes de la vie et où se révèle distinctement le caractère de chacun d'eux. Autres sont celles des nègres sous leur ciel brûlant, des races ardentes et molles des contrées voluptueuses, des régions embrasées ; autres celles des rudes habitants des zones septentrionales.

A mesure que, la civilisation se perfectionnant, le sentiment du Beau se développe, la danse, comme tous les arts, se développe également. Instinctive d'abord, spontanément inspirée par la nature, la symétrie, la mesure, le rythme, s'y marquent de plus en plus : elle croît à la fois en variété, en unité ; elle aspire à réaliser un type idéal, ou le Beau dans ses rapports avec les poses, les attitudes, les mouvements de l'homme ; et, de cette beauté purement extérieure, elle s'élève par le geste, par l'expression des traits, jusqu'à la beauté que l'esprit seul contemple, unissant ainsi aux arts qui ont pour objet immédiat la manifestation des formes sensibles, ceux dont l'objet direct est de manifester les sentiments, les passions et les idées mêmes. Et comme, en outre, ainsi que nous l'avons déjà remarqué, elle se lie d'une manière intime à la musique, et aussi aux arts dramatique et oratoire, on voit qu'aucun art n'offre une si grande complexité que la danse. Elle a pourtant ses limites propres, au delà desquelles, passant dans un domaine qui n'est pas le sien, elle tendrait à confondre, au détriment de l'art véritable, ce qui naturellement est distinct. Les exemples n'en sont pas rares dans les siècles de matérialisme. La mimique et la pantomime, pour lesquelles quelques anciens peuples se passionnèrent si vivement, étaient une sorte de danse. Les Grecs l'appelaient *orchèse*, les Latins *saltatio*. Renfermée dans ses justes bornes, cette danse expressive, qui forme encore un des éléments de la nôtre, est un des anneaux de la chaîne magnifique dont se compose l'Art entier, mais elle ne saurait suppléer aucun des autres anneaux, entre lesquels elle établit une liaison harmonique. On l'a néanmoins essayé en certains âges où la vraie notion et le sentiment délicat de l'Art s'étaient perdus presque totalement. Lors du déclin de l'empire, les Romains, dépravés par les jouissances des sens, réduisirent à une pure pantomime l'art dramatique, dénaturé dès lors complètement. Au quatrième siècle, on ne jouait plus la tragédie, on la dansait. Ainsi, pour exprimer la représentation sur la scène des aventures de Niobé, de ce drame touchant et terrible, on disait : *Saltare Nioben*.

Considérée en général, la danse a ses lois, analogues à celles de la sculpture et de la musique. Par ce qu'elle renferme de plus intime, elle doit correspondre à un ordre de pensées et de sentiments qu'elle manifeste à sa manière, en même temps qu'elle s'efforce de reproduire, sous des conditions extérieures, un modèle idéal de beauté, sans lequel aucun art n'existe. Cette beauté idéale se compose de deux éléments, la majesté, l'élégance, la grâce, l'harmonie enfin des lignes du corps, que recherche la statuaire, et l'harmonie des lignes du mouvement, correspondante au rythme musical. Toute danse doit, comme le chant, procéder d'un motif principal, ¡qui toujours reparaisse, que l'on sente toujours, dans la variété de ses développements, et qui les ramène à l'unité. Il forme, en un sens très exact, la mélodie de la danse : tout le reste y doit être subordonné. Les mouvements secondaires, ceux des chœurs, l'accompagnent et le complètent en se liant à lui harmoniquement : ils en sont, pour ainsi parler, les accords. La vraie puissance de l'Art réside avant tout dans la mélodie fondamentale, et ensuite dans la perfection des rapports qui l'unissent à son complément harmonique. Ce qui ne fait ressortir que la souplesse et l'agilité musculaire, doit être ménagé avec une sobriété extrême. Les tours de force, les simples ornements, plaisent un moment, étonnent, comme dans la musique, à cause de la difficulté vaincue ; mais, étrangers à l'art réel, il est au moins très rare qu'ils n'en affaiblissent pas l'impression.

Observons, à l'égard du rythme, que les animaux mêmes le sentent, tant il a dans la nature de profondes racines. Il excite, comme on le sait, et soutient la marche du chameau, sans doute en stimulant la force productrice du mouvement. Il exerce sur l'homme même une action analogue. Le tambour, le cornet, le clairon, ne règlent pas seulement le pas du soldat, ils l'animent encore, et diminuent la sensation de lassitude. Déjà presque épuisé par les travaux du jour, le nègre fera souvent une longue route pour passer la nuit en des danses qui semblent réparer ses forces. Les faits de ce genre et, en général, la passion de la danse si vive chez les peuples de mœurs simples, spécialement en certains climats et dans certaines races, pourrait donner lieu à des recherches physiologiques curieuses.

(Esquisse d'une philosophie, 3e vol. Danse.)

HARMONIE ET MÉLODIE

Instruments de musique et en particulier de la cloche et de l'orgue.

L'harmonie et la mélodie se lient l'une à l'autre, comme la Nature est liée avec l'homme; mais l'harmonie doit être subordonnée à la mélodie, comme la Nature doit l'être à l'homme, comme dans la peinture la couleur est subordonnée au dessin, et le paysage à la figure humaine : car toutes ces choses se tiennent intimement et sont entre elles dans le même genre de rapports.

Nous l'avons dit ailleurs, Dieu est le suprême artiste, et son œuvre, c'est l'univers, au sein duquel les arts partiels, résultats pour nous de la décomposition de l'Art complet, se mélangeant, se pénétrant par une sorte de puissance organique, se résolvent et se confondent dans une magnifique unité. Il existe donc une musique non moins vaste que la création, une musique universelle qui embrasse tous les sons, tous les bruits, et leurs combinaisons innombrables, et leurs lois de tous ordres; mais nous ne la comprenons pas, parce que nous ne connaissons ni ne sentons qu'une faible partie de la nature, dont l'ensemble immense, qui de toutes parts fuit dans l'infini, se dérobe à nos sens et à notre pensée même. Depuis la goutte d'eau qui gémit en se brisant sur un brin d'herbe, jusqu'à l'Océan qui ébranle avec des mugissements formidables les bases souterraines de la terre; depuis le jonc des bords du fleuve, jusqu'à l'oiseau qui soupire la nuit au fond des forêts; depuis l'insecte imperceptible qui murmure des tristesses ou des joies inconnues dans le calice d'une fleur, jusqu'à l'homme dont les chants s'élèvent, de monde en monde, vers leur éternel Architecte, chaque être a sa voix dans ce concert divin. S'il en est qui nous frappent comme des dissonances, c'est qu'isolées à notre égard, leur relation au tout nous échappe : elles ne se lient pour nous à rien d'ordonné.

Que dans l'œuvre le plus parfait de notre art même, retranchant les intermédiaires, on rapproche des parties dès lors sans convenance mutuelle, nous éprouverons la même sensation étrange et pénible, nous porterons le même jugement. Les limites si resserrées qui nous pressent se manifestent en tout. Nécessairement bornée comme nous, incomplète comme nous, notre musique est le rapport de l'harmonie totale à notre nature particulière.

Pour exprimer ses conceptions, pour leur donner une forme sensible, l'Art a besoin d'organes. Les uns correspondent au monde inférieur : ce sont les instruments, en nombre indéfini, qui, par la variété de leurs timbres et de leurs diapasons, représentent celle des voix au moyen desquelles les êtres divers se manifestent selon leur nature. L'homme également se manifeste par sa voix, incomparablement plus parfaite. Elle est l'organe principal de l'Art ; aucun autre ne le saurait suppléer, quoique l'homme puisse aussi faire passer quelque chose de soi dans les organes de son invention, les animer de sa vie, et conséquemment se manifester par eux, en une certaine mesure, comme Dieu lui-même se manifeste par les êtres les plus humbles de la Création. Une différence ineffaçable subsiste néanmoins toujours entre ces deux genres d'organes : d'où deux genres distincts de musique, la vocale et l'instrumentale. La première correspond directement à la mélodie, la seconde à l'harmonie, bien que ces deux éléments de l'Art se combinent dans l'une et dans l'autre. Mais la mélodie des instruments dérive primitivement de la voix, en est une imitation, comme l'harmonie des voix se rapporte aux accords originairement donnés par les instruments, en vertu des lois absolues de la résonnance des corps.

La voix de l'homme correspondant à ce que l'Art a de plus sublime, étant, pour ainsi dire, le lien qui l'unit au Beau infini, toutes les autres doivent se grouper, s'ordonner autour d'elle, l'accompagner, selon le sens aussi juste que profond du mot. Elles lui créent un lieu harmonique, comme la peinture, en reproduisant la nature extérieure, crée à l'homme son lieu nécessaire. Toutefois, de même que la peinture admet, bien qu'en un rang moins élevé, le pur paysage, l'Art aussi admet une musique purement instrumentale. On ne doit pas croire cependant que ni l'un ni l'autre soient étrangers à l'homme. Il y est à la fois présent et caché : caché, parce qu'il n'y a point de manifestation immédiate; présent, parce que l'œuvre de l'artiste exprime et communique les impressions qu'il a reçues de la nature, les sentiments qu'elle a réveillés en lui.

Au-dessus de l'Art et de ses lois dans son unité immense et complexe, l'Art n'a pu inventer d'instrument qui, sous ce rapport, en reproduise l'image. Mais cette espèce d'instinct profond qui est le génie de l'humanité lui a créé un organe propre, mélange de métaux divers et de timbres dès lors différents, unis par la fusion en un corps d'une forme déterminée par certaines courbes géométriques, la cloche en un mot. S'il était possible de s'élever à une hauteur où tous les bruits de la terre, sans cesser d'être perçus, se confondissent en un seul bruit, on entendrait comme un son unique, et dans ce son une prodigieuse multitude d'autres sons. Ce serait vraiment la voix de la Nature, indéfiniment variée, rigoureusement une. A notre égard, la cloche est cette voix. Elle ne rend pas seulement un son, le son principal dont l'oreille saisit immédiatement l'unité puissante. Chaque particule de métal rend aussi, selon sa nature, ses connexions, sa densité, sa masse, un son particulier perceptible, surtout à des distances peu grandes.

Ces sons élémentaires, parties intégrantes du son principal, tourbillonnent et bruissent, comme les voix innombrables d'êtres fantastiques, autour de la cloche ébranlée. Ils l'enveloppent d'une sorte d'atmosphère vivante, pleine de prestiges indéfinissables. De là ses merveilleux effets. Lorsqu'elle vient à vibrer, tout vibre au même instant, les corps bruts, les êtres animés; quelque chose frémit et s'émeut dans les entrailles de l'homme, ravi hors de lui-même, emporté, ce semble, en des espaces illimités par les ondes sonores, qui se déploient comme une mer sans rivage. Au sein de ce monde peuplé de formes indécises, aériennes, ses flottantes rêveries se dessinent comme des ombres fugitives à l'horizon d'un vague infini.

L'orgue décompose et ramène, sous l'empire des lois musicales, le son indéfiniment complexe de la cloche. Pour l'étendue, l'éclat, la puissance, il n'a point de rival. Il est la voix de l'église chrétienne, et comme l'écho du monde invisible qu'elle manifeste symboliquement. Ses proportions, sa forme, ont un aspect architectural, et de ses profondeurs sort un volume de son suffisant pour remplir l'édifice le plus vaste. Tantôt il provoque le recueillement et la contemplation par une harmonie voilée, mystérieuse (1); tantôt il émeut d'une tristesse sainte, ou enflamme les désirs d'une céleste ardeur. Quelquefois il gronde comme l'orage, mugit comme la tempête sous les voûtes tremblantes; quelquefois on dirait les soupirs des esprits, devinés plutôt qu'entendus, saisis seulement par l'ouïe interne. Que faut-il de plus pour en faire une création d'un ordre unique? Il manque cependant, à d'autres égards, de certaines qualités dont nous parlerons quand nous aurons à le considérer dans ses rapports avec le caractère spécial de la musique religieuse. Ce que nous voulons surtout remarquer ici, c'est le sentiment exquis, l'inspiration qui a guidé les inventeurs inconnus de cet instrument gigantesque, et l'industrie admirable avec laquelle ils sont parvenus à réaliser ce qu'un délicat instinct, beaucoup plus sans doute que la réflexion, leur montrait comme un but qu'ils devaient s'efforcer d'atteindre. On a vu comment la cloche, par d'innombrables vibrations partielles, et conséquemment par autant de sons coexistants au son principal, représente la voix une et multiple de la Nature. Il était nécessaire que l'orgue, pour correspondre en tout au

(1) Les jeux appelés *fonds d'orgue*

symbolisme du temple chrétien, produisît un effet analogue. Mais que de difficultés, insurmontables en apparence,
dans une semblable tentative! On les a pourtant surmon-
tées avec une merveilleuse hardiesse, en joignant au dia-
pason fondamental (1), accompagné de ses registres
consonnants, *les jeux de mutation*, dont plusieurs (2)
offrent d'horribles dissonances, mais qui se perdent dans
la masse harmonique de l'instrument. Ces discordances,
perçues à peine, rappellent par leur contraste les bruits
indéterminés de la nature, en font naître la sensation fugitive, lointaine, en même temps que les sons aigus de ces
jeux singuliers produisent sur l'oreille la vague impression
qu'elle reçoit, quand la cloche s'éveille, des multitudes de
vibrations qui, se propageant autour du centre d'ébranlement, à mesure que chaque molécule s'anime du mouvement général, forment ce tissu aérien de sons déliés, inap-
préciables, dont se revêt le son principal.

Parmi les organes que l'Art s'est créés, aucun ne saurait
être comparé à l'orgue : il les domine tous des hauteurs de
sa royauté solitaire. D'origine ancienne, il fut loin d'abord
d'être ce qu'il devint depuis, durant les âges de foi, par
une sorte de croissance spontanée. Quel que soit toutefois
le degré de perfection qu'il ait atteint, il ne représente point
l'Art entier, mais seulement l'Art dans ses relations avec
un certain type du Beau, avec les conceptions et les sentiments qu'expriment, en des langages divers, l'architecture, la sculpture et la peinture chrétiennes. On ne doit donc
lui demander rien de plus, et on le lui demanderait vainement. Son lieu, c'est la vieille cathédrale ; ce qu'il dit, n'a
de sens que là. Transportez-le dans un temple grec, dans
une mosquée, dans une pagode, il y restera muet, ou n'y
parlera qu'une langue inintelligible.

(Esquisse d'une philosophie, IIIe vol. Musique.)

(1) Le bourdon.
(2) La tierce, la quarte de Nazard, etc.

POÉSIE

En un sens général et rigoureusement vrai, la poésie est l'art même, ou le Beau incarné, revêtu d'une forme sensible. Ainsi, l'univers est une grande poésie, la poésie de Dieu que nous nous efforçons de reproduire dans la nôtre. Et, parce que nous ne saurions embrasser l'œuvre du Créateur dans sa variété sans limites, ni le comprendre dans son unité, nous morcelons cette divine poésie, suivant la diversité de ses relations avec nos facultés diverses, et avec les divers ordres de moyens dont nous disposons pour manifester nos idées et les impressions qui nous affectent. De là les arts divers, simples fragments de la poésie universelle. L'architecture est une poésie, la poésie du monde des corps, des formes inanimées; la sculpture, la peinture sont une poésie, la poésie du monde organique, des formes vivantes et des couleurs; la musique aussi est une poésie, la poésie des sons, qui expriment la forme intime, invisible des êtres, leur nature, en un mot, et, dans les plus élevés, les sentiments qu'excitent en eux les types éternels que l'esprit contemple, et les choses extérieures que perçoivent les sens. Toutefois, bien qu'il y ait dans tous les arts une poésie véritable, qu'elle en soit le fonds réel, qu'on n'en puisse apprécier les productions que par la mesure, pour ainsi parler, de poésie qu'elles renferment, on a partout donné plus spécialement ce nom à l'art dont le langage articulé est le moyen. Et c'est qu'en effet, le langage ou l'idée étroitement unie à sa forme sensible et moins voilée par elle apparaît dans sa pleine splendeur; le langage qui agit sur toutes les puissances de l'homme, pour produire simultanément et la vision interne du modèle idéal et le sentiment qui en constitue la possession, la jouissance intime, est la plus haute expression du beau.

(Esquisse d'une Philosophie, IIIe vol., Poésie.)

L'ART DE LA DÉCLAMATION

L'acteur est au poète dramatique ce que l'exécutant est au compositeur. Il doit reproduire son œuvre sous les conditions de la réalité vivante, et pour cela il doit la comprendre et la sentir profondément, se la rendre propre en quelque façon. Rien ne saurait suppléer ce don qui ne s'acquiert point. L'éclat de la voix et sa souplesse, la figure, le port, la noblesse et la grâce naturelle des mouvements, toutes les qualités extérieures, quoiqu'elles doivent être comptées pour beaucoup, ne sont néanmoins que très secondaires. C'est la pensée, c'est l'âme qui fait le grand acteur. S'il a au-dedans de lui-même le foyer de lumière et de chaleur d'où part l'inspiration, il fera passer dans ceux qui l'écoutent les sentiments qu'il éprouve en soi. Ils n'entendront que l'accent, ils ne verront que la passion même, et leur cœur ému, leur imagination fascinée le transfigureront. A leurs yeux, il ne sera plus lui, il sera le personnage créé par le poète. Telle est la puissance merveilleuse de l'art. Et c'est que l'art n'est ni la nature, ni l'imitation de la nature; il ne la reproduit pas, il en reproduit le type idéal, l'invisible exemplaire où réside sa beauté; et c'est pourquoi l'acteur, qui ne sait pas s'élever jusqu'à cet exemplaire immuable du Beau, qui n'en a point la vision interne, n'obtiendra que des effets médiocres, des succès peu durables, et ne laissera qu'un nom bientôt oublié.

(*De l'Art et du Beau*, ch. viii, Poésie).

VIRGILE ET HORACE

Rome, après Lucrèce, n'a produit que deux poètes vraiment dignes de ce nom, Virgile et Horace. Au temps où ils vécurent, presque toutes les sources de la poésie primitive étaient desséchées. Ils ne purent donc enfanter de ces œuvres qui apparaissent à l'origine comme des révélations du Beau infini et comme les types éternels de l'Art; mais tous deux trouvèrent en eux-mêmes assez de richesses pour se faire un rang voisin du premier. Ils furent poètes de la seule manière dont on puisse l'être lorsque la foi s'est éteinte et que les mœurs ont perdu leur simplicité naïve, par le sentiment de la nature et de l'humanité, joint dans l'un à la tendresse du cœur, dans l'autre à la finesse pénétrante et à l'exquise délicatesse de la pensée. Le tumulte des cités, leur bruit vide les importunait également. Alors il s'élevait en eux des regrets d'une tristesse singulière, d'impétueux désirs pareils à ceux que l'instinct éveille dans l'oiseau de passage, quand vient la saison du départ. Rêvant la paix et les loisirs de sa petite maison de Sabine, le poète de Tibur demandait la campagne et ses ombrages et son silence pour y boire l'oubli d'une vie agitée (1). Le cygne de Mantoue, fatigué de son vol, aspirait à se reposer dans les fraîches vallées arrosées par des fleuves limpides, sur les pentes de l'Hémus et du Taygète, cher aux jeunes filles de la Laconie, aux bords du Sperchius, sous l'épais feuillage des forêts (2). Et ce n'est pas seulement dans ses poëmes champêtres que ce chantre harmonieux de la nature révèle l'amour qu'elle lui inspirait : à chaque instant il se manifeste dans son épopée même, et avec la peinture si vraie des passions les plus vives, des plus purs sentiments, des plus douces sympathies qui puissent unir les hommes, il en fait le charme principal.

---

(1)   O rus, quando ego te adspiciam ? quandoque licebit
Nunc veterum libris, nunc somno et inertibus horis
Ducere sollicitæ jucunda oblivia vitæ!

Sermon., lib. II, sat. vi.

(2)   Rura mihi, et rigui placeant in vallibus amnes;
Flumina amem silvasque inglorius. O, ubi campi,
Sperchiusque, et virginibus bacchata Lacænis
Taygeta! O, qui me gelidis in vallibus Hæmi,
Sistat, et ingenti ramorum protegat umbra!

Georg. Lib. II.

Quoique la lyre d'Horace rende aussi des sons mélanco-
liques et tendres, il intéresse le plus souvent et sait plaire
par d'autres moyens. La raison, l'expérience des choses,
un esprit détrompé des illusions vulgaires, sans humeur
chagrine et sans amertume, voilà ce que domine en lui. Il
a jeté sur la vie humaine un regard profond ; il l'a vue
passer comme le rêve d'une ombre, et se riant de ceux qui
croient au lendemain, il invite le sage à jouir de l'heure
présente, la seule qui lui appartienne, à semer de fleurs le
court trajet qui sépare le berceau de la tombe. Quel que
soit le vice de cette philosophie demi-stoïque, demi-épicu-
rienne, qui ne tient nul compte des devoirs de l'homme et
de sa destination providentielle, elle a néanmoins un côté
vrai, un côté par lequel elle correspond à nos instincts intimes : car tout ce qui nous rappelle la fuite rapide de
notre existence d'un moment, l'incertitude du jour qui
suit, la folie de nos vœux, l'inanité de nos espérances, a pour
nous un attrait mystérieux qui ne s'épuise jamais.

La pureté, la beauté de la forme en offre un autre non
moins puissant, et on le retrouve au même degré dans les
productions, si différentes d'ailleurs de ces deux grands
poètes. Avec eux finit la période de l'art qui a précédé
le christianisme. Il fallait, pour qu'il renaquît, que d'une
nouvelle doctrine, d'une religion nouvelle sortît une nouvelle foi.

(Esquisse d'une philosophie, IIIe vol., Poésie.)

SHAKESPEARE

Voici qu'au fond de l'Occident, sous un climat sombre,
en un pays longtemps en proie aux discordes des partis,
ensanglanté par leurs fureurs, naît dans l'obscurité d'une
condition basse, au milieu des soucis de la pauvreté, un
homme que nul ne regarde et qui s'ignore lui-même. Cet
homme, extérieurement semblable à tous les autres, qui

parlait, agissait comme eux, qu'ils appelaient William Shakespeare, le braconnier, puis le gardeur de chevaux (1) à la porte des théâtres de Londres, était par sa vraie, son intime nature, une incarnation de l'humanité entière individuellement résumée en lui, le centre où aboutissaient toutes ses impressions, sa conscience vivante. Il la reproduit sous toutes ses formes, sous tous ses aspects, avec toutes ses nuances, dans une suite de drames qui ne sont qu'un seul drame, où toutes les vertus, tous les crimes, tous les ridicules, tous les vices, tous les mouvements du cœur, toutes ses haines et toutes ses tendresses, toutes ses joies et toutes ses douleurs, ses jalousies et ses sympathies, tous les rêves aériens de l'imagination et ses vagues tristesses, et ses mélancolies immenses, toutes les aspirations, toutes les souffrances, toutes les misères de la pensée inquiète et douteuse, frappant de ses ailes convulsives les ombres flottantes de la Création, pour s'élever jusqu'à la lumière infinie, éternelle, et retombant après de vains efforts ; où tous les désirs, toutes les craintes, tous les ressorts qui dirigent les actions humaines, à tous les âges, dans tous les rangs, depuis le monarque jusqu'au mendiant, depuis le sage jusqu'à l'aliéné, depuis l'enfance naïve et l'ardente jeunesse jusqu'à la vieillesse imbécile, où tout cela se mêle, se combine comme dans la vie réelle dont ce drame étrange, qui n'est d'aucun genre qu'on puisse définir et qui les renferme tous, vous donne la complète vision. Et en faisant passer sous vos yeux ce tableau si vrai, si animé, ne croyez pas que le poète exprime les passions et les sentiments qu'il a éveillés en lui-même, qu'il se soit tour à tour identifié à ses personnages si divers : non, il les a regardés d'en haut, son œil indifférent a pénétré en eux, dans les plis et replis inconnus à eux-mêmes, et, comme un miroir reflète les objets, sa calme intelligence reflète cette vive image de l'homme tel qu'il

(1) Call-boy.

est, tel qu'il sera toujours, mélange de bien et de mal, de grandeur et de bassesse, de ténèbres et de divines clartés, assemblage de tous les contrastes.

On a demandé si Shakespeare était protestant ou catholique. Shakespeare n'était, comme poète, ni catholique ni protestant. Son drame n'a rien de théologique, il ne relève d'aucune croyance déterminée, quoique partout on y sente l'influence morale de l'élément religieux. Ce n'est plus le moyen âge, l'âge dogmatique et sacerdotal. La poésie sortant du sanctuaire cesse d'y puiser ses inspirations. La nature humaine, essentiellement une et indéfiniment variée, voilà son sujet ; elle ne se préoccupe directement d'aucune autre pensée. Ainsi conçu, le drame dut s'affranchir des règles qui, gênant son évolution, l'auraient empêché d'atteindre son but. Lorsqu'il n'était, comme chez les Grecs, que le développement d'un fait unique, il fallait, pour être vrai, qu'il s'assujettit à la loi de leur triple unité ; mais quand, au lieu d'un fait unique, ce fut l'homme même, l'homme tout entier qu'il peignit dans l'ensemble des actes par lesquels il se manifeste ; à la vérité, à l'unité en quelque façon matérielle du drame ancien, se substitua une autre unité, une autre vérité toute spirituelle, la vérité de la vie même et son unité complexe. Ce n'était pas altérer le drame, c'était le transformer pour en élargir la sphère, non moins vaste désormais que celle de l'humanité. Aussi Shakespeare n'est-il pas seulement un de ces génies extraordinaires que leur grandeur dérobe à touté comparaison, il est encore dans l'art, le créateur d'un monde légué par lui aux poètes futurs, qui n'en épuiseront jamais les richesses.

(Esquisse d'une philosophie; 3e vol. Poésie.)

LA FONTAINE

La France, à cette époque, produisit un poète auquel les autres nations, soit anciennes, soit modernes, n'en ont aucun à comparer ; nous parlons de La Fontaine, cette fleur des Gaules, qui, dans l'arrière-saison, semble avoir recueilli tous les parfums du sol natal. Ailleurs il eût langui sans se développer jamais. Il lui fallait pour s'épanouir l'air et le soleil de la terre féconde où naquirent Joinville, Marot et Rabelais. Par la correction, la pureté de la forme, il appartient au siècle poli dont il reçut l'influence directe ; par l'esprit, la pensée, il procède des siècles antérieurs, et en cela Molière se rapproche de lui. Ses fables sont autant de petits drames où se révèle une merveilleuse connaissance de l'homme ; car c'est l'homme qui agit, converse, sous le voile symbolique des êtres inférieurs, des animaux et des plantes mêmes. Le poète vous le montre sous toutes ses faces, avec ses vices et ses vertus, ses touchantes sympathies, ses ridicules et ses instincts de bonté douce et compatissante. Du gracieux enjouement, du comique malin, dont une apparente bonhomie aiguise encore le trait, il s'élève jusqu'au pathétique, vous remuant à son gré, et en quelques vers vous associant à ses impressions diverses. Le sourire éclôt sur les lèvres, et l'instant d'après les yeux se mouillent de larmes. Qui a peint comme lui l'amitié, la tendresse naïve, la pitié secourable, le mouvement naturel d'un cœur qui se penche sur un autre cœur ? *C'est proprement un charme.* Il ne retrace pas seulement les caractères, les passions, les mœurs, mais aussi les misères sociales, les injustices auxquelles l'habitude rend presque indifférent ; il les fait détester, il proteste en faveur du faible contre l'abus de la force, en faveur de l'humanité contre ses oppresseurs. Héritier des vieilles traditions de liberté généreuse, lorsque tout ploie il résiste encore, il conserve religieusement le sentiment du droit et le réveille de mille manières : il est vraiment le poète du peuple. La nature également l'attire. Qui l'a mieux observée, mieux sentie ? qui l'a revêtue de couleurs plus vraies, plus brillantes, plus suaves ? C'est en lui qu'il faut admirer les ressources infinies, la variété inépuisable, le rythme flexible, la richesse harmonique d'une langue qui se transforme pour tout exprimer, pour tout peindre avec une égale perfection. Il n'est pas un seul genre, ni presque une seule nuance de style dont il n'offre un modèle achevé : tout s'y trouve, majesté, grandeur, énergie, élégance, délicatesse, ingénuité, beauté noble et décente,

> Et la grâce plus belle encore que la beauté,

et ce je ne sais quoi d'onduleux dans son mouvement volage, de contours indécis, d'aérienne transparence, qui prête un corps à ce qui n'en a point.

(Esquisse d'une philosophie, 3e vol., Poésie.)

PORTRAIT DE ROUSSEAU

La seule difficulté qu'on rencontre en combattant les doctrines philosophiques est de les réduire à des maximes fixes et précises. Quand on y est parvenu, tout est fait ; elles se réfutent d'elles-mêmes. L'erreur n'est embarrassante que lorsque, revêtant mille formes diverses et se dérobant, par sa mobile inconséquence, à l'esprit qui veut la saisir, elle échappe, à force de variations, aux prises du raisonnement. C'est le grand art de Rousseau, et sa constante méthode.

Trop pénétrant pour s'abuser sur le vice de son système, apercevant à chaque pas les objections qui se présentent en foule, il cherche à les prévenir ou à les éluder, soit par des discours ambigus, soit par des concessions formelles, qu'il révoque bientôt tacitement ; et, sûr d'en imposer, à l'aide

d'une souple dialectique et d'un ton passionné, au lecteur
inattentif, il change à tout instant de principes et de question ; passe adroitement, selon le besoin, d'une hypothèse
à une autre, établit une supposition, l'abandonne, y revient
ensuite pour l'abandonner derechef ; entremêle artificieu-
sement l'erreur avec la vérité, prête à ses adversaires des
arguments ridicules, des sentiments qu'ils rejettent, pour se
ménager à propos un triomphe brillant ; échauffe, éblouit,
fascine par des phrases, quand il ne peut convaincre par
des preuves, et réussit ainsi à opérer une illusion qu'il ne
partage pas. Jamais homme ne fit un plus habile usage des
mots. Sans presque aucune pensée qui lui appartienne, il
semble se plaire à recueillir des rêveries oubliées depuis
longtemps, et à surprendre l'esprit en les lui offrant em-
bellies des grâces d'une élocution enchanteresse. Tel est le
charme de son style, qu'il s'empare des sens comme une
douce et suave mélodie ; et cependant l'âme s'enivre des
séduisantes maximes d'une philosophie qui promet une
flatteuse supériorité de lumières à l'orgueil, l'indépendance
à la pensée, et ne produit en effet que la servitude de la
raison et la mort de l'intelligence.

(Essai sur l'indifférence, t. I, 1re partie, chap. v.)

L'ÉLOQUENCE ET LA RÉVOLUTION

L'éloquence, jusqu'alors exclue de l'ordre politique, y
pénétrant tout à coup, en fit son principal domaine ; elle y
régna souverainement. Jamais la puissance de la parole ne
s'était encore aussi pleinement manifestée. Elle détruisit
un monde et en créa un nouveau. Rien de ce qu'avait
affermi le temps, de ce que les habitudes, l'opinion, les
mœurs avaient consacré, ne tint contre ses attaques. Gouvernement, lois, institutions, elle renversa, elle emporta
tout, comme le torrent qui roule et bondit sur les flancs
escarpés de la montagne emporte la cabane que le pâtre a

bâtie sur ses bords. Et à mesure que croule l'édifice ancien, un autre édifice s'élève. Je ne sais quelle vertu plastique s'épand au sein des ruines. Un souffle inconnu passe
sur les débris de la société et les ranime ; elle s'organise
sous l'influence d'un droit qui devait en changer complètement la face. Les peuples marchaient courbés sous le
poids de la servitude et du privilège égoïste ; ils se relèvent
au nom de la liberté, de l'égalité, de la fraternité. La conscience chrétienne réagit contre le principe païen et en
triomphe définitivement. De ce jour, une ère nouvelle
commença pour l'humanité, un nouvel horizon déploya
devant elle ses vastes perspectives ; elle s'avança pleine
d'espérance dans une voie où l'attiraient de mystérieux
pressentiments. Mais que de travail, que d'efforts pour lui
en ouvrir l'entrée ! Quel choc violent de toutes les passions ! Quelle lutte désespérée entre le passé, qui voudrait
vivre encore, vivre toujours, et l'avenir, qui le pousse dans
la tombe ! A la distance où déjà nous les contemplons, ceux
que choisit la Providence pour instrument de ses desseins,
les acteurs de ce grand drame prennent des proportions
surhumaines. Semblables à ces êtres gigantesques dont les
poèmes indiens racontent les combats dans les sombres
entrailles de la création primitive, ils apparaissent à notre
imagination fascinée sous des formes colossales, étranges,
fantastiques. A qui les comparer ? A quels orateurs des
âges précédents ? Aucune parole ne ressemble à leur parole. Ardente, impétueuse, effrénée, elle brille comme
l'éclair, mugit comme la tempête, déborde comme la mer
soulevée par l'ouragan, embrase et dévore comme l'incendie. Pour donner quelque idée de cette parole extraordinaire, il ne faut pas nommer des hommes ; chacun d'eux,
quelque grand qu'il fût, n'en était qu'un accent ; il faut la
saisir à la fois dans toutes ses expressions et dans tous ses
contrastes, dans ses harmonies et ses dissonances, ses
mouvements si divers, si brusques, si imprévus, ses flux
et reflux immenses, dans son infinie variété et son unité

formidable. Enfin, son œuvre faite, elle se tut, et le temps depuis n'en a réveillé que de faibles et lointains échos.

(Esquisse d'une philosophie, IIIe vol., Art oratoire.)

DANTE

Ainsi vécut dans la souffrance et la pauvreté, et mourut dans l'exil, celui dont le nom ne devait jamais mourir. Sa destinée rappelle la destinée d'Homère, du Tasse, de Camoëns, de Milton. Ce n'est pas gratuitement que le génie est accordé à l'homme, et à voir ce qu'il faut le payer, qui se sentirait l'âme assez forte pour accepter ce don formidable, et ne dirait plutôt comme le Christ : *Transeat a me !* On parle de gloire, mais lequel d'entre ces hommes a su qu'il jouirait de cette gloire, qu'elle projetterait ses rayons sur la fosse où il descendait plein d'angoisse ? Le vulgaire cherche à cette angoisse une je ne sais quelle secrète compensation dans les stériles joies de l'orgueil satisfait. Il ignore que plus s'élèvent ces grandes âmes, plus elles doutent d'elles-mêmes, plus elles se sentent loin du splendide exemplaire qu'elles contemplent et qu'elles ne reproduiront jamais. Elles sont, elles aussi, des victimes saintes de l'humanité, dont le progrès, à divers degrés, est attaché à leur sacrifice. Une voix interne, puissante, irrésistible, leur crie : « Va ! » et elles vont ; « Monte au Calvaire ! » et elles montent (1).

(Traduction de la Divine Comédie. Introduction.)

LA « DIVINE COMÉDIE » DE DANTE

Ce poème est à la fois une tombe et un berceau ; la tombe magnifique d'un monde qui s'en va, le berceau d'un

---

(1) Hugo a dit dans la *Légende des siècles :*

Et tu sors de cette ombre épouvantable, ô gloire !

monde près d'éclore; un portique entre deux temples, le temple du passé et le temple de l'avenir. Le passé y dépose ses croyances, ses idées, sa science, comme les Egyptiens déposaient leurs rois et leurs dieux symboliques dans les sépulcres de Thèbes et de Memphis. L'avenir y apporte ses aspirations, ses germes enveloppés dans les langes d'une langue naissante et d'une splendide poésie, enfant mystérieux qui puise à deux mamelles le lait dont ses lèvres s'abreuvent, la tradition sacrée, la fiction profane, Moïse et saint Paul, Homère et Virgile. Ce regard tourné vers la Grèce et Rome annonce déjà Pétrarque et Boccace, et les autres qui suivront, en même temps que la soif de lumière, l'ardent désir de pénétrer le secret de l'univers, de sa constitution, de ses lois, présage Galilée. La nuit est encore sur la terre, mais les lueurs de l'aube commencent à poindre à l'horizon.

(Traduction de la Divine Comédie. Introduction.)

III

Tableaux et Narrations.

TABLEAUX ET NARRATIONS

QUE la nature est belle, ô Mithra! (1) Que ses secrètes puissances sont fécondes, et ses industries merveilleuses, et ses harmonies ravissantes! On croit la connaître, on croit avoir descendu dans ses profondeurs, et c'est à peine si, après de longs âges, on en a seulement effleuréla surface.

L'intarissable vie qui s'épanche de son sein, revêt des formes dont la variété exprime au dehors les pensées d'Ormuzd (2), inépuisable comme elles. Incarné ainsi dans son œuvre, nous y contemplons les richesses cachées de son être infini, qu'il manifeste dans l'espace et le temps aux regards de ses créatures par un développement éternel. Chaque nature vivante, chaque brin d'herbe, chaque gouttelette liquide, chaque atome gazeux, le révèle partiellement; chaque couleur est un reflet de sa splendeur interne, chaque son un écho de sa voix.

Lorsque, au milieu des mondes qui parcourent, voyageurs célestes, les plaines sans bornes de l'immensité, la terre nous apparut pour la première fois, ce n'était qu'une légère vapeur, où se jouait une lumière diffuse. Peu à peu, nous la vîmes, tendant vers un centre commun, se condenser; un travail mystérieux s'opéra dans les entrailles du globe naissant; il se recouvrit d'une enveloppe solide, que baignaient

(1) Esprit qui rend la terre fertile.
(2) Génie du bien.

et pressaient les ondes mobiles d'une vaste atmosphère. Des plantes de toute forme et de toute grandeur brodèrent de leurs fils déliés et de leurs hautes tiges ce premier vêtement. Puis, dans les eaux, les prairies, les bois, pullulèrent les êtres animés, selon leurs espèces innombrables, de l'imperceptible infusoire aux reptiles gigantesques.

Et le temps coulait, et les générations de ces êtres végétants, respirants, entassaient leurs débris en couches épaisses, mêlées aux successives formations qu'une force intérieure ajoutait à l'écorce terrestre primitive. De prodigieux mouvements en changeaient périodiquement la face. Les mers émues dans leurs abîmes, envahissant les continents, leur lit desséché exposait aux yeux des continents nouveaux, du sein desquels montaient, comme soulevées par une main puissante, des chaînes de montagnes qui se croisaient et s'entrelaçaient en mille directions diverses. Et l'atmosphère aussi, associée à ce travail universel, se modifiait dans ses éléments, et la vie se transformait ainsi que le bourgeon se transforme en fleur, et des organismes plus complexes, des êtres plus parfaits venaient aux rayons de l'astre enflammé qui dissipe les ombres et tire de leur engourdissement les germes assoupis, s'épanouir à l'existence.

Qui pourrait raconter dans le détail cette magnifique évolution, en rappeler toutes les phases, liées l'une à l'autre par d'insensibles nuances, comme l'aube et le crépuscule lient le jour à la nuit? Incapable de comprendre, enivré d'amour et d'admiration, l'esprit se perd dans une muette extase.

Sur les pentes des monts, au fond des vallées, le long des fleuves rapides, près des rivages de l'Océan qui brise contre de noirs rochers, ou glisse sur la plage, partout des bruits vagues, mystérieux, des voix pleines d'émotion, retentissement intime des êtres, des formes tour à tour frappantes de majesté et séduisantes de grâce, des teintes où se fondent les plus douces et les plus vives couleurs, des contrastes, des mélanges indéfinissables de lumière et d'ombre, des souffles odorants, des effluves aériens saisissent les sens et ravissent l'âme et la pénètrent, comme une vivante exhalaison de la source infinie où chaque créature désaltère, avec une volupté sainte, la soif du bien que celui qui est le Bien même, le Bien substantiel, illimité, a mise en elle.

Des solitudes glacées qu'illumine de ses lueurs changeantes un soleil fantastique, aux régions préférées d'Atas (1), une infinie diversité de scènes, d'aspects harmonieusement unis, offre à l'œil fasciné des merveilles sans cesse renaissantes. Ici le calme et le silence, nul mouvement, le sommeil profond de la Nature enveloppée de son manteau de neige; là des flots d'une lumière ardente, des nuées fécondes, des forêts, des savanes verdissantes d'où s'élève, comme un hymne perpétuel, le murmure confus de myriades et de myriades d'êtres, une poussière dont chaque grain s'anime, une vie qui déborde de toutes parts.

Et ce monde si splendide, cette nature si riche et si variée, varie encore suivant les phases de l'astre qui tantôt l'inonde de ses clartés, tantôt en se retirant la couvre d'un voile opaque, dont la vierge des nuits, dans sa course rêveuse, soulève mollement les bords. A mesure que se succèdent Havan, Rapitan, Odiren, Oschen (2), des perspectives diverses se déploient, les objets se transforment et créent pour l'œil, pour l'ouïe, pour tous les sens comme pour la pensée, de nouvelles harmonies et des jouissances nouvelles.

Ainsi se passent, ô Mithra, en des joies ravissantes, les jours qu'Ormuzd nous a départis sur cette terre, où sa puissance et sa bonté se révèlent si merveilleusement, et qui n'est qu'un atome dans son œuvre. Qu'il soit béni de ses créatures! Que les plus abaissés le chantent dans leur

(1) Esprit qui entretient le feu.

(2) Génies qui président au lever du soleil, à l'heure de midi, au coucher du soleil, à l'heure de minuit; c'est-à-dire qui veillent sur les choses de la terre pendant ces différentes parties du jour.

langue ! Que celles qu'il a douées plus abondamment fassent monter vers lui leurs louanges reconnaissantes ! Que de leur âme palpitante d'amour s'exhale sans fin le céleste, le pur Honover !

(Amschaspands et Darvands, xxi.)

MON AME, POURQUOI ES-TU TRISTE ?

Mon âme, pourquoi es-tu triste ? Est-ce que le soleil n'est pas beau, est-ce que sa lumière n'est pas douce, à présent que l'on voit et les feuilles et les fleurs, avec mille nuances, éclore sous ses rayons, et la nature entière se ranimer d'une vie nouvelle ? Quand les vents légers agitent l'air, on dirait le souffle des anges se jouant dans une mer de parfums. Tout ce qui respire a une voix pour bénir Celui qui prodigue à tous ses largesses. Le petit oiseau chante ses louanges dans le buisson, l'insecte les bourdonne dans l'herbe. Mon âme, pourquoi es-tu triste, lorsqu'il n'est pas une seule créature qui ne se dilate dans la joie, dans la volupté d'être, qui ne se plonge et ne se perde dans l'amour ?

Le soleil est beau, sa lumière est douce, le petit oiseau, l'insecte, la plante, la nature entière a retrouvé la vie, et s'en imprègne et s'en abreuve : et je soupire parce que cette vie n'est pas venue jusqu'à moi, parce que le soleil ne s'est pas levé sur la région des âmes, parce qu'elle est demeurée obscure et froide. Lorsque des flots de lumière et des torrents de feu inondent un autre monde, le mien reste noir et glacé. L'hiver l'enveloppe de ses frimas comme d'un suaire éternel. Laissez pleurer ceux qui n'ont point de printemps (1).

(Discussions critiques et pensées diverses.)

(1) Un matin, au plus fort des orages soulevés par sa polémique fougueuse, pendant que l'Ecole (il le croyait du moins) était encore plongée dans le plus profond sommeil, Lamennais s'était rendu dans

LA MÈRE ET LA FILLE

C'était une nuit d'hiver. Le vent soufflait au dehors, et la neige blanchissait les toits.

Sous un de ces toits, dans une chambre étroite, étaient assises, travaillant de leurs mains, une femme à cheveux blancs et une jeune fille.

Et de temps en temps la vieille femme réchauffait à un petit brasier ses mains pâles. Une lampe d'argile éclairait cette pauvre demeure, et un rayon de la lampe venait expirer sur une image de la vierge surpendue au mur.

Et la jeune fille, levant les yeux, regarda en silence, pendant quelques moments, la femme à cheveux blancs ; puis elle lui dit : « Ma mère, vous n'avez pas été toujours dans ce dénûment ? »

Et il y avait dans sa voix une douceur et une tendresse inexprimables.

Et la femme aux cheveux blancs répondit : Ma fille, Dieu est le maître : ce qu'il fait est bien fait. »

Ayant dit ces mots, elle se tut un peu de temps ; ensuite elle reprit :

« Quand je perdis votre père, ce fut une douleur sans consolation : cependant vous me restiez ; mais je ne sentais qu'une chose alors.

« Depuis, j'ai pensé que s'il vivait et qu'il nous vît en cette détresse, son âme se briserait ; et j'ai reconnu que Dieu avait été bon envers lui. »

La jeune fille ne répondit rien, mais elle baissa la tête, et quelques larmes, qu'elle s'efforçait de cacher, tombèrent sur la toile qu'elle tenait entre ses mains.

la chapelle de la Chenaie. Se croyant seul, il parlait tout haut, et, dans le silence du sanctuaire, il épanchait son âme rêveuse et attristée.

On l'entendit, et deux disciples, silencieux derrière lui, écoutèrent, le cœur serré, le chant mélancolique de cette harpe éolienne.

La mère ajouta : « Dieu, qui a été bon envers lui, a été bon aussi envers nous. De quoi avons-nous manqué, tandis que tant d'autres manquent de tout ?

« Il est vrai qu'il a fallu nous habituer à peu, et, ce peu, le gagner par notre travail ; mais ce peu ne suffit-il pas ? et tous n'ont-ils pas été dès le commencement condamnés à vivre de leur travail ?

« Dieu, dans sa bonté, nous a donné le pain de chaque jour, et combien ne l'ont pas ! un abri, et combien ne savent où se retirer !

« Il vous a, ma fille, donnée à moi : de quoi me plaindrais-je ? »

A ces dernières paroles, la jeune fille, tout émue, tomba aux genoux de sa mère, prit ses mains, les baisa, et se pencha sur son sein en pleurant.

Et la mère, faisant un effort pour élever la voix : « Ma fille, dit-elle, le bonheur n'est pas de posséder beaucoup, mais d'espérer et d'aimer beaucoup.

« Notre espérance n'est pas ici-bas, ni notre amour non plus, ou, s'il y est, ce n'est qu'en passant.

« Après Dieu, vous m'êtes tout en ce monde ; mais ce monde s'évanouit comme un songe, et c'est pourquoi mon amour s'élève avec vous vers un autre monde.

« Lorsque je vous portais dans mon sein, un jour je priai avec plus d'ardeur la Vierge Marie, et elle m'apparut pendant mon sommeil, et il me semblait qu'avec un sourire céleste elle me présentait un petit enfant.

« Et je pris l'enfant qu'elle me présentait, et lorsque je le tins dans mes bras, la Vierge mère posa sur sa tête une couronne de roses blanches.

« Peu de mois après vous naquîtes, et la douce vision était toujours devant mes yeux. »

Ce disant, la femme aux cheveux blancs tressaillit, et serra sur son cœur la jeune fille.

A quelque temps de là une âme sainte vit deux formes

lumineuses monter vers le ciel, et une troupe d'anges les accompagnait, et l'air retentissait de leurs chants d'allégresse.

(Paroles d'un Croyant, xxv.)

LE SOLDAT

Jeune soldat, où vas-tu ?
Je vais combattre pour Dieu et les autels de la patrie.
Que tes armes soient bénies, jeune soldat !

Jeune soldat, où vas-tu ?
Je vais combattre pour la justice, pour la sainte cause des peuples, pour les droits sacrés du genre humain.
Que tes armes soient bénies, jeune soldat !

Jeune soldat, où vas-tu ?
Je vais combattre pour délivrer mes frères de l'oppression, pour briser leurs chaînes et les chaînes du monde.
Que tes armes soient bénies, jeune soldat !

Jeune soldat, où vas-tu ?
Je vais combattre contre les hommes iniques pour ceux qu'ils renversent et foulent aux pieds, contre les maîtres pour les esclaves, contre les tyrans pour la liberté.
Que tes armes soient bénies, jeune soldat !

Jeune soldat, où vas-tu ?
Je vais combattre pour que tous ne soient plus la proie de quelques-uns, pour relever les têtes courbées et soutenir les genoux qui fléchissent.
Que tes armes soient bénies, jeune soldat !

Jeune soldat, où vas-tu ?
Je vais combattre pour que les pères ne maudissent plus

le jour où il leur fut dit : Un fils vous est né; ni les mères celui où elles le serrèrent pour la première fois sur leur sein.

Que tes armes soient bénies, jeune soldat !

Jeune soldat, où vas-tu ?

Je vais combattre pour que le frère ne s'attriste plus en voyant sa sœur se faner comme l'herbe que la terre refuse de nourrir; pour que la sœur ne regarde plus en pleurant son frère qui part et ne reviendra point.

Que tes armes soient bénies, jeune soldat !

Jeune soldat, où vas-tu ?

Je vais combattre pour que chacun mange en paix le fruit de son travail; pour sécher les larmes des petits enfants qui demandent du pain, et on leur répond : Il n'y a plus de pain, on nous a pris ce qui restait.

Que tes armes soient bénies, jeune soldat !

Jeune soldat, où vas-tu ?

Je vais combattre pour le pauvre, pour qu'il ne soit pas à jamais dépouillé de sa part dans l'héritage commun.

Que tes armes soient bénies, jeune soldat !

Jeune soldat, où vas-tu ?

Je vais combattre pour chasser la faim des chaumières, pour ramener dans les familles l'abondance, la sécurité et la joie.

Que tes armes soient bénies, jeune soldat !

Jeune soldat, où vas-tu ?

Je vais combattre pour rendre à ceux que les oppresseurs ont jeté au fond des cachots l'air qui manque à leurs poitrines et la lumière que cherchent leurs yeux.

Que tes armes soient bénies, jeune soldat !

Jeune soldat, où vas-tu ?

Je vais combattre pour renverser les barrières qui séparent les peuples et les empêchent de s'embrasser comme les fils du même père, destinés à vivre unis dans un même amour.

Que tes armes soient bénies, jeune soldat !

Jeune soldat, où vas-tu ?

Je vais combattre pour affranchir de la tyrannie de l'homme la pensée, la parole, la conscience.

Que tes armes soient bénies, jeune soldat !

Jeune soldat, où vas-tu ?

Je vais combattre pour les lois éternelles descendues d'en haut, pour la justice qui protège les droits, pour la charité qui adoucit les maux inévitables.

Que tes armes soient bénies, jeune soldat !

Jeune soldat, où vas-tu ?

Je vais combattre pour que tous aient au ciel un Dieu, et une patrie sur la terre.

Que tes armes soient bénies, sept fois bénies, jeune soldat !

(Paroles d'un Croyant, XXXVI.)

L'EXILÉ

Il s'en allait errant sur la terre. Que Dieu guide le pauvre exilé !

J'ai passé à travers les peuples, et ils m'ont regardé, et je les ai regardés, et nous ne nous sommes point reconnus. L'exilé partout est seul.

Lorsque je voyais, au déclin du jour, s'élever du creux d'un vallon la fumée de quelque chaumière, je me disais : Heureux celui qui retrouve le soir le foyer domestique, et s'y assied au milieu des siens. L'exilé partout est seul.

Où vont ces nuages que chasse la tempête? Elle me chasse comme eux, et qu'importe où ? L'exilé partout est seul.

Ces arbres sont beaux, ces fleurs sont belles ; mais ce ne sont point les fleurs ni les arbres de mon pays : ils ne me disent rien. L'exilé partout est seul.

Ce ruisseau coule mollement dans la plaine ; mais ce murmure n'est point celui qu'entendit mon enfance : il ne rappelle à mon âme aucun souvenir. L'exilé partout est seul.

Ces chants sont doux, mais les tristesses et les joies qu'ils réveillent ne sont ni mes tristesses ni mes joies. L'exilé partout est seul.

On m'a demandé : Pourquoi pleurez-vous ? Et quand je l'ai dit nul n'a pleuré, parce qu'on ne me comprenait point. L'exilé partout est seul.

J'ai vu des vieillards entourés d'enfants, comme l'olivier de ses rejetons ; mais aucun de ces vieillards ne m'appelait son fils, aucun de ces enfants ne m'appelait son frère. L'exilé partout est seul.

J'ai vu des jeunes filles sourire, d'un sourire aussi pur que la brise du matin, à celui que leur amour s'était choisi pour époux : mais pas une ne m'a souri. L'exilé partout est seul.

J'ai vu des jeunes hommes, poitrine contre poitrine, s'étreindre comme s'ils avaient voulu de deux vies ne faire qu'une vie ; mais pas un ne m'a serré la main. L'exilé partout est seul.

Il n'y a d'amis, d'épouses, de pères et de frères que dans la patrie. L'exilé partout est seul.

Pauvre exilé ! cesse de gémir ; tous sont bannis comme toi : tous voient passer et s'évanouir pères, frères, épouses, amis.

La patrie n'est point ici bas, l'homme vainement l'y cherche ; ce qu'il prend pour elle n'est qu'un gîte d'une nuit.

Il s'en va errant sur la terre. Que Dieu guide le pauvre exilé !

(Paroles d'un Croyant, XLI.)

LE PEUPLE

Le soleil s'était levé brillant ; sa lumière ruisselait sur les pentes des monts, perçait les ombres noires des forêts, scintillait, réfléchie par l'humide poussière qui recouvrait les fils légers, le réseau impalpable et mobile étendu sur les prés, les champs ; de fraîches odeurs, comme l'haleine des génies de la terre, embaumaient l'air calme ; des voix mystérieuses, épandues au loin, murmuraient des sons inconnus que l'oreille saisissait à peine, dernier écho des songes de la nuit.

Vous êtes grand, Seigneur, dans vos œuvres.

Et je vis sortir de chaumières dispersées çà et là sur les coteaux, dans les vallons, des hommes âgés et d'autres plus jeunes, pâles, amaigris, courbés sous des instruments de labourage. Ils marchaient lentement, comme s'ils eussent traîné je ne sais quel poids interne. Quelquefois, s'arrêtant, leur regard contemplait toutes ces divines magnificences.

Et ils étaient tristes.

Gonflés d'une sève féconde, les arbres leur disaient : Voyez ces fleurs, bientôt elles se changeront en fruits qui mûriront pour vous.

Et ils étaient tristes.

La vigne disait: J'élabore en secret dans mes rameaux un suc fortifiant qui vous ranimera, qui réchauffera vos membres glacés quand l'hiver sera venu.

Et ils étaient tristes.

Les prairies disaient: Nous avons préparé un banquet pour vos brebis, vos taureaux, vos génisses ; amenez-les, ils vous rendront, en cent manières diverses, ce que nous leur aurons donné.

Et ils étaient tristes.

Et les guérets aussi disaient : Vos greniers sont-ils prêts ?

Le jour, la nuit nous travaillons pour les remplir. N'ayez aucun souci, ni pour vous, ni pour vos femmes et vos petits enfants. Dieu nous a chargés de pourvoir abondamment à leurs besoins.

Et ils étaient tristes.

La Nature entière leur criait :

Je suis votre mère ; venez, venez tous vous abreuver à ma mamelle intarissable.

Et ils étaient tristes, et leur poitrine s'élevait et s'abaissait, et de grosses larmes tombaient de leurs yeux.

Que veut dire cela, Seigneur ? et qu'y a-t-il donc au fond du cœur de l'homme ?

Ils sont tristes, parce que les fruits ne mûriront point pour eux ; parce que le suc de la vigne ne les réchauffera point en hiver ; parce qu'ils n'auront de part ni à la toison de leurs brebis, ni au lait de leurs génisses, ni à la chair de leurs taureaux ; parce que d'autres moissonneront les guérets où ils ont semé avec sueur et fatigue ; que déjà ils entendent leurs petits enfants, tout en pleurs, dire : J'ai faim, et voient le cœur de celles qui leur donnèrent la vie se briser ; parce qu'une race violente, sans amour, sans pitié, s'est placée entre eux et la commune Mère, et qu'elle ne souffre point que leurs lèvres s'approchent de sa mamelle intarissable.

Et votre justice, Seigneur ?

Elle aura son jour, n'en doute point ; et ce sera un jour saint dans le ciel, et le jour d'une grande joie sur la terre.

(Une Voix de prison, III.)

DANS LA MANSARDE

Une jeune fille, simple en ses vêtements, parée de ses seuls cheveux, ondoyants comme les plantes suspendues aux parois des rochers, qui se soulèvent et retombent au souffle de la brise, suivait avec l'aiguille les contours d'un dessin tracé sur une toile légère. Son visage était pâle ; il y avait, non de la tristesse, mais une sorte de rêverie mélancolique et vague dans ses yeux, que voilaient de longs cils noirs, et sur son front une pureté céleste.

Quelquefois elle cessait un moment son travail, sa tête virginale se relevait comme un lis sur sa tige flexible, et ses regards, étrangers aux choses du dehors, se repliaient en elle-même et contemplaient là tout un monde visible à elle seule.

Egarés au loin sur des perspectives indéfinissables, ils s'allaient perdre en des horizons perdus eux-mêmes dans l'indécise lueur de l'espace sans bornes. Une nature dont la nôtre n'est que l'ombre étalait et ses riches couleurs et ses formes ravissantes, et de son sein fécond s'exhalait, pure, suave, une haleine de vie qu'aspirait avec volupté l'innombrable multitude des êtres.

Et l'air, animé par la voix de ces êtres, palpitait : des mers, des lacs, des fleuves, des savanes, des rochers, des bois, sortaient toutes ensemble les mille et mille voix dont se formait cette voix universelle, et, s'unissant et se pénétrant, leur divine harmonie, propagée en tous sens dans les plaines éthérées, y déroulait ses ondes immenses.

Et, attirée en elle-même plus avant encore, la jeune fille entendait au dedans de son âme, dans ses secrètes profondeurs, des sons mystérieux et des paroles qui ne sont point de la langue des hommes. Alors tout le reste se voilait, sa pensée saisissait ce qui n'a point de forme apparente, son amour embrassait une beauté invisible près de laquelle toutes les autres s'effacent, et mourait et renaissait par un flux et reflux du feu qui consume la vie et qui la renouvelle, qui est la vie même dans son impérissable essence.

Et le temps s'évanouissait avec les réalités fugitives dont il mesure la rapide durée, et, plongée en celui de qui tout sort, vers qui tout revient, l'âme s'abreuvait de lui dans le calme enivrant d'une ineffable extase.

(Une Voix de prison, vii.)

LE DÉSIR DU CIEL

Il avait allumé près du talus, au coin du bois, un feu de bruyères, et, assis sur la mousse, le pauvre enfant, il réchauffait ses mains à la flamme pétillante.

La fumée, jaunie par de fauves rayons qui glissaient entre les nuages, montait dans l'air pesant. Il la regardait onduler comme un serpent qui gonfle et déroule ses anneaux, puis s'épandre en nappes brunes, puis s'évanouir dans l'épaisse atmosphère.

Plus de chants dans le buisson, plus d'insectes ailés étincelants d'or, d'émeraude, d'azur, promenant de fleur en fleur leurs amours aériens : partout le silence, un morne repos, partout une teinte uniforme et triste.

Les longues herbes flétries blanchissaient penchées sur leur tige : on eût dit le linceul de la nature ensevelie.

Quelquefois un petit souffle, naissant et mourant presque au même moment, roulait sur la terre les feuilles sèches. Immobile et pensif, il prêtait l'oreille à cette voix de l'hiver. Recueillie dans son âme, elle s'y perdait comme se perdent le soir les soupirs de la solitude au fond des forêts.

Quelquefois aussi, bien haut dans les airs, une nuée d'oiseaux d'un autre climat passait au-dessus de sa tête, poussant des cris semblables aux aboiements d'une meute. Son œil les suivait à travers l'espace, et, dans ses vagues rêveries, il se sentait entraîné comme eux en des régions lointaines, mystérieuses, par un secret instinct et une force inconnue.

Enfant, déjà tu aspires au terme : prends patience, Dieu t'y conduira.

(Une Voix de prison, x.)

LA MORT D'UNE JEUNE FILLE

L'automne n'a point de plus belles journées. La mer scintillait au soleil; chaque goutte d'eau reflétait, comme une pointe de diamant, une lumière blanche et pure, que l'œil supportait à peine. Du village déserté, hommes, femmes, enfants arrivaient en foule sur les dunes, où, mêlé au thym, l'œillet sauvage, aux fleurs violettes, exhalait son parfum de girofle.

Munis de paniers, de légers filets, de pelles et de longs bâtons armés d'un crochet de fer, ils attendaient que la marée laissât à découvert la vaste grève et ses rochers, pour recueillir le riche butin préparé par la Providence, le lançon argenté qui glisse dans le sable humide, les crabes voraces, et les homards aux larges pinces, et la crevette, et la moule nacrée, et les coquillages de toute sorte.

Vers le soir, à l'heure où le flux accourt comme un fleuve gonflé par les pluies, la troupe joyeuse regagnait le village. Mais tous n'y revinrent pas.

Plongée dans les songes de son cœur, une jeune fille s'était oubliée sur un rocher lointain. Lorsqu'elle sortit de sa rêverie, le flot déjà serrait le rocher de ses nœuds mobiles, et montait, et montait toujours. Personne sur la grève, point de secours possible.

Que se passa-t-il alors dans l'âme de la vierge? Nul ne le sait, c'est resté un secret entre elle et Dieu.

Le lendemain on retrouva son corps. Elle avait noué aux algues pendantes ses longs cheveux noirs, sans doute pour n'être pas emportée par la houle, pour reposer dans la terre bénite, près des siens.

Une croix de bois marque dans le cimetière le lieu où elle dort. Souvent une de celles qui furent ses compagnes, agenouillée sur le gazon, prie pour elle, et, le cœur ému de souvenirs tristes, s'en va, le front baissé, en essuyant ses pleurs.

(Une Voix de prison, XIIV.)

LES HIRONDELLES

C'est le droit qui affranchit, mais c'est le devoir qui unit ; et l'union c'est la vie, et la parfaite union est la vie parfaite.

La nature entière nous avertit de l'indispensable besoin que tous ont les uns des autres ; le précepte divin du secours mutuel, et du dévouement et de l'amour, nous est à chaque instant rappelé par ce que nos yeux voient autour de nous. Lorsque le temps est venu pour elles d'aller chercher en d'autres climats la pâture que le Père céleste leur y a préparée, les hirondelles s'assemblent ; puis, sans se séparer jamais, elles voguent, nautonniers aériens, vers les rivages où elles se reposeront dans la paix et dans l'abondance. Seule, que deviendrait chacune d'elles ? Pas une n'échapperait aux périls de la route ; réunies, elles résistent aux vents, l'aile débile ou fatiguée s'appuie sur une aile moins frêle. Pauvres douces petites créatures que le dernier printemps vit éclore, les plus jeunes, abritées par leurs aînées, atteignent sous leur garde le terme du voyage, et, sur la terre lointaine où la Providence les a conduites par-dessus les mers, rêvent le nid natal et ses premières joies, ces joies mystérieuses, ineffables, que Dieu a mises pour tous les êtres à l'entrée de la vie.

(Livre du Peuple, IV.)

DE PARIS A ROME

Après nous être arrêtés un peu dans la vieille colonie des Phocéens, toujours florissante par son commerce, toujours hospitalière, nous continuâmes notre route, retrouvant à

chaque pas quelque grave ou touchant souvenir de l'histoire. Ici Toulon, où commença, sous les plis d'un drapeau
sanglant, la fortune merveilleuse du plus grand homme
des temps modernes ; au delà, le petit golfe de Cannes, où
elle parut se relever un moment, pour aller bientôt expirer
solitaire sur un rocher de l'Atlantique ; et tout auprès, par
un doux contraste avec les turbulents soucis et les rêves
agités de l'ambition humaine, Lérins, cet asile de paix, où,
lorsque l'épée des barbares démembrait pièce à pièce l'empire romain, s'abritèrent, comme l'alcyon sous une fleur
marine, la science, l'amour, la foi, tout ce qui console,
enchante et régénère l'humanité.

D'Antibes à Gênes, la route côtoie presque toujours la
mer, au sein de laquelle ses bords charmants découpent
leurs formes sinueuses et variées, comme nos vies d'un
instant dessinent leurs fragiles contours dans la durée
immense, éternelle. Aucunes paroles ne sauraient peindre
la ravissante beauté de ces rivages, toujours attiédis par une
molle haleine de printemps. D'un côté, la plaine à la fois
mobile et uniforme, où apparaissent çà et là quelques
voiles blanches qui la sillonnent en des sens divers. Sur la
pente opposée des montagnes, que coupent de fertiles vallées ou de profonds ravins, les inépuisables richesses d'une
nature tour à tour imposante, gracieuse, qui s'empare de
l'âme, y apaise les tumultueuses pensées, les amers ressou-
venirs, les prévoyances inquiètes, et peu à peu l'endort dans
la vague contemplation de je ne sais quoi d'insaisissable
comme le son fugitif, de mystérieux comme l'univers, et
d'infini comme son Auteur. Cependant, telle est la puissance des premières impressions que, dans ces riantes et
magnifiques scènes, rien pour moi n'égalait celles qui frap-
pèrent mes jeunes regards : les côtes âpres et nues de ma
vieille Armorique, ses tempêtes, ses rocs de granit battus
par des flots verdâtres, ses écueils blanchis de leur écume,
ses longues grèves désertes où l'oreille n'entend que le
mugissement sourd de la vague, le cri aigu de la mouette

tournoyant sous la nuée, et la voix triste et douce de l'hirondelle de mer (1).

A Cocoletto, entre Nice et Gênes, on montre la maison, depuis peu restaurée, où naquit Christophe Colomb. La pompeuse inscription gravée sur le marbre et plaquée audessus de la porte contre le mur en dit beaucoup moins que le seul nom de cet homme qui, venant de donner à Ferdinand et à Isabelle un monde nouveau, reçut de leur royale gratitude des fers pour récompense, et pour demeure un cachot.

Quiconque aime la nature et en sent les beautés, s'il a vu l'Italie, désire la revoir : et combien d'autres charmes attirent encore dans cette séduisante contrée ! Partout quelque monument de l'art, partout quelque souvenir illustre ou attachant...

Tous les âges rassemblés, entassés, se pressent sur cette terre de ruines. L'époque étrusque, dont il subsiste de remarquables monuments, lie l'"époque plus ancienne des premiers habitants connus de l'Italie à celle des Romains. Puis, sur les débris amoncelés par les barbares, vainqueurs de l'empire, apparaissent d'autres débris : ici, à demi caché sous des ronces et des herbes sèches, le squelette de quelque village, semblable à un mort que ses compagnons, dans leur fuite, n'auraient pu achever d'ensevelir; là, sur une pointe de rocher, au milieu de ces austères paysages des Apennins, une vieille tour croulante, de larges pans de mur couverts de lierre, séjour autrefois de quelque seigneur féodal, où maintenant, sur le soir, l'orfraie pousse son cri lugubre. Ailleurs, à Lucques, Pise, Florence, Sienne, dans toutes les cités que vivifièrent des institutions populaires, des traces d'une autre grandeur tombée rappellent le temps où, seules libres au sein de la servitude

(1) Dans ses *Mém. d'Outre-Tombe*, Chateaubriand a dit, en parlant du pays de Saint-Malo : « Je suis allé bien loin admirer les scènes de la nature; je m'aurais pu contenter de celles que m'offrait mon pays natal. »

générale, et riches, puissantes par la liberté, elles rallu-
mèrent le flambeau éteint des arts, des sciences, des lettres.
Médailles d'un siècle plus récent, de superbes palais abandonnés, déserts, principalement près de Rome, se dégradent
d'année en année, montrant encore, à travers leurs élégantes
fenêtres ouvertes à la pluie et à tous les vents, les vestiges
d'un faste que rien ne rappelle dans nos chétives constructions modernes, d'un luxe grandiose et délicat, dont les
arts divers avaient à l'envi réalisé les merveilles. La nature,
qui ne vieillit jamais, s'empare peu à peu de ces somptueuses
villas, œuvres altières de l'homme et fragiles comme lui.
Nous avons vu des colombes nicher sur les corniches d'une
salle peinte par Raphaël, le caprier sauvage enfoncer ses
racines entre les marbres déjoints, et le lichen les recouvrir
de ses larges plaques vertes et blanches.

(Affaires de Rome, t. I.)

ROME

Cette ville singulière, centre, à diverses époques, des
plus énormes corruptions politiques et morales, ne laisse
pas, nous le répétons, d'avoir un attrait puissant, comme
serait la vision d'un monde évanoui. Des gigantesques constructions attribuées aux Tarquins jusqu'au palais Braschi,
chaque siècle a marqué de son empreinte ce sol exhaussé
par des décombres : vaste cimetière où dort une longue
suite de générations. Chacune d'elles est là, sous sa pierre
plus ou moins mutilée, et le passant qui se baisse pour lire
l'inscription, ne découvrant que des traits informes, des
caractères à demi effacés, s'en va plein de tristesse, car il a
vu ce que c'est que l'homme et sa destinée. Durant sa rapide
existence, il se hâte d'élever sur les bords du temps de fastueux édifices qui perpétueront, croit-il, sa mémoire, et le
temps dans son cours les mine peu à peu et les entraîne au
fond de ses gouffres insondables.

Les souvenirs religieux qui abondent à Rome, les pieuses traditions que rappellent en si grand nombre les monuments chrétiens, produisent sans doute une vive impression sur les âmes croyantes. Comment ne seraient-elles pas profondément émues au sein des catacombes, le Saint-Pierre à la fois et le Vatican de cette glorieuse époque où les pontifes de Jésus-Christ, ayant pour autel les os des martyrs et pour palais une voûte souterraine, célébraient à la lueur d'une pauvre lampe, au milieu de la nuit, les mystères saints, et, après la prière qui fortifie, disaient aux fidèles : Vous voulez régénérer le monde, eh bien, sachez souffrir et mourir !

Dans la ville et autour, on rencontre en foule des objets propres à réveiller les mêmes sentiments que font naître la vue des cryptes silencieuses et sombres où le christianisme persécuté jeta ses premières racines. Cependant le charme de Rome tient à une cause plus générale, puisqu'il agit également sur ceux qui n'eurent jamais la foi, ou qui l'ont perdue. Ce charme nous paraît être celui qu'a pour l'homme tout ce qui représente vivement sa grandeur et sa fragilité, sa puissance et sa misère. Il y a dans ces ruines entassées sur des ruines une merveilleuse poésie du passé, et, dans leur contraste avec une nature pleine de richesse et de vigueur, quelque chose qui vous reporte vers ce qui ne passe point, et, sous l'enveloppe mortelle dont se dégage votre être véritable, vous assoupit mollement au sein d'une vague immensité, et vous pénètre, comme si déjà vous aviez traversé la tombe, de l'inépuisable vie que Dieu a répandue dans l'univers.

(Affaires de Rome, t. I.)

LA CAMPAGNE ROMAINE

Sous un ciel tantôt d'un azur foncé, tantôt recouvert de rouges et chaudes vapeurs, et terminé à l'horizon par des lignes d'une grandeur et d'une grâce inexprimables, on découvre à chaque pas quelqu'une de ces ravissantes perspectives que nul pinceau ne saurait retracer qu'imparfaitement. Figurez-vous une plaine immense, inégale, semblable à une mer dont les flots soulevés en mille directions auraient été pétrifiés soudainement; telle est la campagne de Rome. Des restes d'aqueducs, des débris de tombeaux s'y montrent çà et là. Le Tibre la traverse, jaune, étroit, et dont le plus souvent on suit le cours entre ses rives nues, comme on devine la trace d'un serpent qui glisse dans l'herbe. Au delà, excepté sur la route d'Ostie, des montagnes, derrière lesquelles fuient d'autres montagnes d'une singulière variété de formes, s'ouvrent, se referment, se rouvrent encore, pour attirer, ce semble, le regard sur les paysages enchantés du vieux Latium, que borne au midi la mer qui baigne les côtes d'Afrique et celles de Toscane, *vastum mare et spatiosum manibus.*

L'Orient a d'autres beautés et d'autres souvenirs : il forme, par ses doctrines, sa philosophie, ses arts, ses lois, ses mœurs, sa civilisation entière, un monde à part, plein de grandeur et de mystère. Mais, pour nous, hommes de l'Occident, aucun lieu ne nous émeut aussi puissamment que Rome, ne nous parle un langage aussi pénétrant.

(Affaires de Rome, t. I.)

LES MOINES

M. Lacordaire ayant pris, au bout de quelques mois, le parti de retourner en France, et M. de Montalembert se préparant au voyage de Naples, l'excellent père Ventura, alors général des Théatins, voulut bien me recevoir à S. Andrea della Valle. Je n'oublierai jamais les jours paisibles que j'ai passés dans cette pieuse maison, entouré des soins les plus délicats, parmi ces bons religieux si édifiants, si appliqués à leurs devoirs, si éloignés de toute intrigue. La vie du cloître, régulière, calme, intime et, pour ainsi dire, re tirée en soi, tient une sorte de milieu entre la vie purement terrestre et cette vie future que la foi nous montre sous une forme vague encore, et dont tous les êtres humains ont en eux-mêmes l'irrésistible pressentiment. Espèce d'initiation à la tombe et à ses secrets, elle a pour les âmes contemplatives une douceur qu'on soupçonne peu. Il se trouve aussi dans les monastères de remarquables intelligences qui comprennent d'autant mieux le monde qu'elles l'observent de plus loin, et ne sont offusquées ni par ses passions ni par ses intérêts; et, par le même motif, c'est là que se développent le plus naturellement les nobles instincts de l'humanité et les sympathies qui la consolent. Le vrai moine est peuple et ne peut être que peuple, ne fût-ce qu'à cause de sa pauvreté, au moins individuelle. Quant aux moines ambitieux, aux moines de cour, serviteurs et flatteurs des grands, il n'est point de pire race dans le monde.

Lorsque après les courses de la journée je revenais le soir partager la frugale collation du père Ventura, les heures s'écoulaient inaperçues, en des entretiens où son âme aimante, son esprit actif, fécond, pénétrant, savait répandre un charme inépuisable.......

Nous concevons très bien le genre d'attrait qu'a pour certaines âmes, fatiguées du monde et désabusées de ses illusions, cette existence solitaire. Qui n'a point aspiré à quelque chose de pareil? qui n'a pas, plus d'une fois, tourné ses regards vers le désert et rêvé le repos en un recoin de la forêt, ou dans la grotte de la montagne, près de la source ignorée où se désaltèrent les oiseaux du ciel?

(Affaires de Rome, t. I.)

LE SPECTACLE DE LA NATURE

Il est des temps où le courage semble défaillir, où l'on se demande si, en voulant le bien dont tant d'obstacles souvent imprévus empêchent la production facile en apparence, on ne poursuit point une chimère : où,

à chaque inspiration, la poitrine soulève le poids d'un immense ennui. J'ai toujours éprouvé qu'en ces moments la vue de la nature, un plus étroit contact avec elle, calmaient peu à peu le trouble intérieur. L'ombre des bois, le bruit de la source qui tombe goutte à goutte, le chant de l'oiseau dans le buisson, les bourdonnements de l'insecte, l'éclat, le parfum des fleurs, l'ondoiement de l'herbe que la brise agite; toutes ces choses, et surtout l'intarissable exhalaison de vie, de cette vie que Dieu verse à torrents, au sein de son œuvre perpétuellement jeune, perpétuellement ordonnée, pour l'ensemble des êtres et pour chaque être particulier, à une visible fin de félicité mystérieuse, raniment l'âme flétrie, l'abreuvent d'une sève nouvelle, lui rendent sa vigueur qui s'éteignait.

(Affaires de Rome, t. I.)

LE DÉPART

Notre résolution une fois arrêtée, nous ne tardâmes point à quitter Rome. C'était au mois de juillet, vers le soir. Des hauteurs qui dominent le bassin où serpente le Tibre, nous jetâmes un triste et dernier regard sur la ville éternelle. Les feux du soleil couchant enflammaient la coupole de Saint-Pierre, image et reflet de l'antique éclat de la Papauté elle-même. Bientôt les objets décolorés disparurent peu à peu dans l'obscurité croissante. A la lueur douteuse du crépuscule, on entrevoyait encore çà et là, le long de la route, des restes de tombeaux ; pas un souffle n'agitait la lourde atmosphère, pas un brin d'herbe ne soupirait ; nul autre bruit que le bruit sec et monotone de notre calèche de voiturin, qui lentement cheminoit dans la plaine déserte.

Cette manière de voyager, lorsque rien ne vous presse, est la plus agréable que puissent choisir ceux qui doivent rechercher une stricte économie. On séjourne, on voit mieux le pays que dans les voitures publiques. Notre bon

Pasquale, toujours d'humeur égale, abrégeait nos longues heures de marche par sa conversation spirituellement naïve. Représentez-vous une large figure pleine et ronde, empreinte d'un singulier mélange de simplicité et de finesse malicieuse, voilà Pasquale. Il falloit l'entendre raconter comment, retenu au lit pendant quarante jours par une jambe cassée, il revint à Rome juste à temps pour ne pas trouver sa femme remariée. Ce n'est pas que sa douleur eût été inconsolable si le second mariage avait rompu le premier ; car, libre alors, peut-être serait-il devenu cardinal, peut-être pape : qui sait? on avait vu des choses plus extraordinaires. Pourquoi pas lui autant qu'un autre? ne valoit-il pas bien celui-ci, celui-là? un peu de bonheur, un peu de faveur, on arrive à tout avec cela. Et quelle douce vie pour Pasquale ! que de loisir, que de repos, que de *far niente !* Je supprime le reste, j'ai voulu seulement donner une idée du genre d'esprit qui caractérise le peuple romain, et de sa mordante verve.

(Affaires de Rome, t. I.)

FERRARE

Moitié papale, moitié autrichienne, Ferrare n'a rien conservé de l'éclat qu'elle dut autrefois à la maison d'Este, race antique, brave, rusée, et malheureusement souillée aussi de ces crimes domestiques communs, surtout au seizième siècle, parmi les petits souverains, maîtres et tyrans de l'Italie. Aucune ville n'est autant déchue. L'herbe couvre ses rues et ses places désertes. On se croiroit dans une cité ravagée naguère par la contagion. Le vieux château ducal, avec ses tours massives, ses fossés, ses ponts-levis, offre quelque chose d'imposant tout ensemble et de funèbre. Le temps a passé là, et le vide s'est fait derrière lui. Les traces d'ancienne magnificence, visibles encore à l'intérieur, ressemblent aux riches vêtements à demi consumés qu'on trouve dans quelques tombeaux. De moins fastueuses demeures, dont les contrevents délabrés ferment les fenêtres, paraissent également inhabitées. A chaque pas, de tristes symptômes d'une incurable déeadence. Nous avons vu, dans un couvent transformé en caserne, un croate attacher la crèche de son cheval au mur du réfectoire orné de fresques d'une beauté remarquable. Tous les jours elles s'effacent, tous les jours il en disparait une portion. Le barbare stupide, envoyé d'une contrée lointaine pour maintenir ce que les princes appellent leur droit, siffle, étendu nonchalamment, et ne sait pas même de quelle destruction il est l'instrument. Ailleurs, on montre l'espèce de cachot où le Tasse, durant sa folie prétendue ou réelle, fut enfermé, dit-on. Ainsi, dans une étroite enceinte, on a devant soi la vive image des plus extrêmes misères de l'humanité : misères de la puissance, misères du génie, misères du peuple languissant et mourant sous une double oppression. Ceux qui errent en ces lieux lugubres ne pouvaient plus guère avoir qu'une pensée, être occupés que d'un monument ; ils l'ont construit, et c'est un cimetière.

(Affaires de Rome, t. I.)

LE TYROL

Le Tyrol conserve, dans son climat, dans la langue et les mœurs de ses habitants, quelque chose de l'Italie, sur tout le versant oriental et méridional des Alpes : au delà il devient allemand. Lorsque après s'être élevé de plateau en plateau on parcourt les vallées de formes si diverses qui le sillonnent, on se croirait dans un autre monde. Plus rien de l'homme, si ce n'est quelques rares chalets, dispersés à de longues distances, comme les jours de repos dans la vie. La nature vous apparaît seule avec ses œuvres, toujours les mêmes et toujours nouvelles. Autour de vous le silence, ou le bruit monotone d'un torrent qui se brise sur des rochers, du vent qui bruit entre les feuilles des pins, ou murmure à travers les hautes herbes des pâturages; quelquefois aussi la voix d'un pâtre, dont les chants fantastiques se mêlent dans le lointain au son des clochettes et aux mugissements du troupeau. Une impression de calme extraordinaire pénètre vos sens, au milieu de ces tranquilles scènes et de cette solitude majestueuse. Toutefois les proportions gigantesques des masses qui vous environnent y rapetissent trop peut-être les autres objets et particulièrement l'homme. C'est, selon nous, un des défauts des pays purement de montagnes; ils manquent d'une certaine harmonie suave, d'horizons vastes et onduleux; on s'y sent resserré, faible, et comme opprimé par je ne sais quelle force pesante et fatale. Le Tyrol, au reste, quoique peu visité en comparaison de la Suisse, mérite, à notre gré, autant qu'elle, d'attirer les voyageurs. Si les montagnes sont moins élevées, ses lacs moins grands, d'autres beautés compensent son infériorité sous ce rapport. Il ne faut pas le plaindre cependant de l'espèce d'isolement où on le laisse; car peut-être doit-il à cette circonstance de s'être préservé des vices d'une civilisation plus avancée que la sienne, mais plus corrompue. Sain d'âme et de corps, le peuple y est brave, fier, religieux, et avec cela l'on peut se passer de bien des choses auxquelles on attache ailleurs un prix souvent exagéré. Le Tyrolien se montre en outre inventif et presque artiste dans les petits ouvrages qu'il façonne en bois avec un simple couteau. Le goût de la musique lui est naturel, et c'est encore là une preuve qu'il possède le sentiment du beau sous une de ses plus ravissantes formes...

On se rend d'Inspruck à Munich en deux petites journées. Nous y arrivâmes par un jour d'orage, sur le soir. Le soleil achevait de s'éclaircir; quelques nuages seulement restaient encore suspendus à l'horizon. Rien n'égale le spectacle qui vint nour ravir au coucher du soleil, quand ses derniers rayons, se réfractant dans ces vapeurs flottantes, les teignirent de couleurs dont nul langage ne saurait peindre la richesse, l'éclat et les nuances infinies perpé.

tuellement changeantes. Le Poussin consacra deux années
à étudier ces merveilleux effets de lumière, inconnus même
en Italie. La maison qu'il habitait porte encore son nom.

(Affaires de Rome, t, I.)

LE TRAVAIL

Insouciance, paresse, amour d'une vie molle, peur surtout, la tremblante peur, voilà ce qui aveugle ou corrompt
les débiles consciences de tant d'hommes qui s'en vont balbutiant avec une sécurité feinte: *Paix, paix, et il n'y a point
de paix* (1). Ils craignent le travail, ils craignent le combat,
ils craignent tout, excepté ce qu'il faudrait craindre. Je vous
le dis, il y a un œil dont le regard tombe d'en haut comme
une malédiction sur ces lâches. Et pourquoi donc croient-ils
être nés? Dieu n'a point mis l'homme sur cette terre pour s'y
reposer comme dans la patrie, ou pour s'engourdir quelques
jours dans un indolent sommeil. Le temps n'est pas une
brise légère, qui en passant caresse et rafraîchisse son front,
mais un vent qui tour à tour le brûle et le glace, une tempête qui emporte rapidement sa frêle barque, sous un ciel
nébuleux, à travers les rochers. Il faut qu'il veille, et rame,
et sue; il faut qu'il violente sa nature et plie sa volonté à
l'ordre immuable qui la froisse et la brise incessamment.
Le devoir, le sévère devoir s'assied près de son berceau, se
lève avec lui quand il en sort, et l'accompagne jusqu'à la
tombe. On se doit à ses frères aussi bien qu'à soi, on se doit
à son pays, à l'humanité; on se doit surtout à l'Eglise qui,
si on veut le bien entendre, n'est que la famille universelle,
la grande cité d'où le Christ, roi en même temps que pontife, domine les mondes, appelant, de tous les points de
l'univers, les créatures libres à s'unir sous les lois éternelles
de l'intelligence et de l'amour.

(Affaires de Rome, t. II, ch. 1.)

(1) Dicentes : Pax, pax, et non erat pax. *Jerem.* vi, 14.

PHYSCON (1)

C'est bien le meilleur des hommes que Physcon ; il n'a rien à lui, pas même sa conscience : tout est à ses amis, et il a constamment eu le bonheur de compter parmi eux tous les gens en pouvoir. On le trouve dans leur cabinet, à leur table, d'où il sort le dernier, plein d'admiration pour ce qu'ils ont dit et pour ce qu'ils diront. Ce n'est pas qu'il soit flatteur, Dieu l'en garde ! il hasardera même quelquefois de montrer une opinion, ne fut-ce que pour l'abandonner ensuite à propos. Un *je me trompais* a souvent tant de grâce et peut conduire un homme si loin ! Ne croyez pas cependant que Physcon désire les emplois ; seulement il les accepte, car enfin on doit se rendre utile. Qui en est plus persuadé que lui, et qui le dissimule moins? Membre d'un corps de l'Etat, il y parle peu, mais il vote ; et avec quelle défiance de son esprit ! il sait que les apparences trompent, qu'il n'est rien de stable sous le soleil ; au lieu donc de s'aventurer à penser encore ce qu'il avait toujours pensé jusque-là, ce qui était certain pour lui comme pour tout le monde, il s'approche modestement du régulateur de sa raison législative, se penche à son oreille, puis dresse les siennes pour recueillir, sans en rien perdre, la réponse à cette question délicate et profonde : *Monseigneur, qu'est-ce qui est vrai aujourd'hui?* Monseigneur le lui dit, le voilà tranquille. Qu'on parle maintenant, qu'on discute, sa conviction est formée, on ne l'ébranlera pas ; s'il en change jamais, ce ne sera du moins qu'après que certain hôtel aura changé de maître, alors il écoutera, il verra. Il est bon d'être ferme, il le sait, mais il sait aussi qu'on ne doit pas être sottement opiniâtre : tout en ce monde a sa mesure, ses bornes ; et encore faut-il dîner.

(Seconds Mélanges, 1826.)

---

(1) Il y eut un roi d'Egypte de ce nom, Ptolémée Physcon, dit le *Ventru*. Il est probable que ce n'est pas de lui qu'on a voulu tracer le portrait. (Note de Lamennais.)

LETTRES

LETTRES

———

A l'abbé Jean (1).

La Chênaie, 1811.

CETTE tristesse qui vous fait languir, m'alarme et me serre le cœur; je la crains plus pour vous que toutes les douleurs sensibles. Je sais, par expérience, ce que c'est que d'avoir le cœur flétri et dégoûté de ce qui pourrait lui donner du soulagement. Je suis encore à certaines heures dans cette disposition d'amertume générale; et je sens bien que, si elle était sans intervalle, je ne pourrais y résister longtemps. »

C'est Fénelon qui écrit ainsi à l'un de ses amis. Il ne faut pas se plaindre de souffrir ce que tant d'autres ont souffert. La fin, d'ailleurs, quelle qu'elle soit, est toujours

(1) Qui ignore la correspondance de Lamennais ne peut se flatter de connaître parfaitement l'homme et l'écrivain. Ses lettres dévoilent toute son âme, et, en même temps, font briller d'un vif éclat les ressources de son génie littéraire.

Ce ne sont pas, en général, des conversations qui s'envolent à distance sur des ailes légères, comme les missives aériennes de Mme Sévigné ou de Voltaire; non, la personnalité impérieuse de l'auteur règne d'un bout à l'autre. Nulle proportion dans ses jugements sur les hommes et sur les choses. Tous ceux qui n'adoptent pas ses façons de voir ne peuvent être que des criminels ou des fous. Il cherche, pour les qualifier, l'expression la plus injurieuse, l'image la plus tragique. Il aime à les nommer « âmes cadavéreuses ». Que c'est bien lui! et que ces traits nous rappellent le mot d'un personnage de Shakespeare : « Je suis moi et moi seul. »

Puis la monotonie du fond est fatigante, — c'est inévitable dans la correspondance d'un homme accaparé par des idées fixes, et trop

prochaine. *Adhuc modicum*. Je ne me sens aucun désir, ni de vie, ni de mort, ni de joie, ni de douleur. Tout m'est bon, parce que tout m'est, ce me semble, également indifférent. La vue de ces champs qui se flétrissent, ces feuilles qui tombent, ce vent qui siffle ou qui murmure, n'apportent à mon esprit aucune pensée, à mon cœur aucun sentiment. Tout glisse sur un fond d'apathie stupide et amère. Cependant, les jours passent, et les mois ; et les années emportent les années dans leur fuite rapide. Au milieu de ce vaste océan des âges, quoi de mieux à faire que de se coucher, comme Ulysse, au fond de sa petite nacelle, la laissant errer au gré des flots, et attendant en paix le moment où ils se refermeront sur elle pour jamais ? Je sais bien que c'est là de la philosophie humaine, mais tout n'est pas erreur dans la sagesse de l'homme, comme tout n'est pas folie dans sa raison. Au reste, tout ce qui est de réflexion n'est point de mon état habituel, qui me paraît être, en ce moment, une résignation sèche et tranquille...

Il semble que le jour ne se lève que pour me convaincre de plus en plus de ma parfaite ineptie. Je ne saurais ni étudier, ni composer, ni agir, ni ne rien faire. Cette incapacité absolue me tranquillise un peu sur l'inutilité de ma vie. Je ne puis enfouir, ni faire valoir un talent que je n'ai

souvent à la gêne par suite de nécessités matérielles. — Mais aussi combien de belles et grandes choses ! Parfois, c'est un mot aimable, avec un sourire mélancolique : « Le 19 de ce mois, à 3 heures de l'après-midi (vous voyez que je sais mon affaire), j'aurai 63 ans accomplis. *Dies hominis super terram pauci et mali.* Tant que dureront les miens, je vous aimerai, cher, et c'est ce que j'y trouve de plus doux. » Parfois, c'est une phrase charmante avec un trait acéré contre les divinités du jour : « Oui, certes, je garde vos lettres, dit-il à M. de Coriolis, pour qu'on sache un jour qu'en France, en 1825, il y avait encore de l'esprit, de la raison piquante, des sentiments élevés, et tout ce que M. de Villèle serait fort embarrassé de faire coter à la bourse. » Souvent la plaisanterie abonde, la gauloiserie même est fréquente ; il ne recule pas devant un mot pour se moquer de ses ennemis. Le souffle qui vient des landes bretonnes est vif, et c'est la terre des âmes franches.

point reçu. A quoi suis-je bon ? A souffrir ; ce doit être là ma façon de glorifier Dieu. Il ne faut pas gémir sur ce partage, il est encore assez beau.

Prie pour moi, je ne demande point de pitié, mais des prières. C'est du pain, et non pas une stérile compassion qu'attend et que sollicite le pauvre mendiant. *Panem quotidianum da nobis hodie.*

Adieu, et à Dieu seul. Je te verrais avec plaisir, et toutefois je ne sens aucun désir de te voir, ni toi, ni aucune créature. Dieu seul, Dieu seul !

(A. Blaize, *Œuvres inédites*, t. Ier, p. 95.)

A l'Abbé Jean.

Paris, le 25 juin 1816.

Quoique M. Carron m'ait plusieurs fois recommandé de me taire sur mes sentiments, je crois pouvoir et devoir m'expliquer avec toi, une fois pour toutes. Je suis et ne puis qu'être désormais extraordinairement malheureux. Qu'on raisonne là-dessus tant qu'on voudra, qu'on s'alambique l'esprit pour me prouver qu'il n'en est rien, ou qu'il ne tient qu'à moi qu'il en soit autrement, il n'est pas fort difficile de croire qu'on ne réussira pas sans peine à me persuader un fait personnel contre l'évidence de ce que je sens. Toutes les consolations que je puis recevoir se bornent donc au conseil banal de faire de nécessité vertu. Or, sans fatiguer inutilement l'esprit d'autrui, il me semble que chacun peut aisément trouver dans le sien des choses si neuves. Quant aux avis qu'on y pourrait ajouter, l'expérience que j'en ai a tellement rétréci ma confiance, qu'à moins d'être contraint d'en demander, je suis bien résolu à ne jamais procurer à personne l'embarras de m'en donner ; et j'en dis autant des exhortations. Ainsi, par exemple, rien au monde, qu'un ordre formel, ne me décidera jamais à aller demeurer chez M. de Janson. Où que je sois à l'avenir, je serai chez moi, ce chez moi fût-il un grenier. Je n'aspire qu'à l'oubli dans tous les sens, et plût à Dieu que je pusse m'oublier moi-même! La seule manière de me servir véritablement est de ne s'occuper de moi en aucune façon. Je ne tracasse personne, qu'on me laisse en repos de mon côté; ce n'est pas trop exiger, je pense. Il suit de tout cela qu'il n'y a point de correspondance qui ne me soit à charge. Ecrire m'ennuie mortellement, et de tout ce qu'on peut me marquer, rien ne m'intéresse. Le mieux est donc de part et d'autre, de s'en tenir au strict nécessaire en fait de lettres. J'ai trente-quatre ans écoulés ; j'ai vu la vie sous tous ses aspects, et ne saurais dorénavant être la dupe des illusions dont on essaierait de me bercer encore. Je n'entends faire de reproches à qui que ce soit ; il y a des destins inévitables; mais si j'avais été moins confiant et moins faible, ma position serait bien différente. Enfin, elle est ce qu'elle est, et tout ce qui me reste à faire est de m'arranger de mon mieux, et, s'il se peut, de m'endormir au pied du poteau où l'on a rivé ma chaîne ; heureux si je puis obtenir qu'on ne vienne point, sous mille prétextes fatigants, troubler mon sommeil.

M. de la Morinais, qui entre à l'instant, me charge de t'offrir ses compliments. On est très satisfait des deux petites filles.

Totus tuus in Christo (1).

(A. Blaize, Œuvres inédites. I, p. 263).

---

(1) Cette lettre, placée dans le recueil à la suite d'un mot de M. Carron, révèle bien l'état d'âme de Lamennais après son ordination. On s'en inquiéta dans son entourage, et le 9 juillet il ajoutait les paroles suivantes :

« On m'a fait entendre, et je crois avec raison, que ma dernière lettre était trop vive. Je ne pense pas en désavouer le fond parce qu'il ne me paraît que trop vrai, et que l'on ne peut guère s'abuser sur ce qu'on sent ; mais j'aurais dû m'efforcer de mettre plus de mesure dans l'expression. Quoi qu'il en soit, le mieux, ce me semble, est

A Mademoiselle Cornulier de Lucinière (*1*).

Saint-Brieuc, 14 octobre. 10 heures 1/2 du soir, 1818.

J'aime qu'on avoue ses torts, cela me désarme. Vous en avez de grands, Mademoiselle Ninette, vous vous êtes moquée de moi en souffrant qu'on se moquât de vous : Vous m'avez fait perdre au moins cinq ou six douzaines de bons conseils, qui m'avaient coûté cinq ou six heures de réflexion à différentes fois. Comment pardonner cela ? Je vous pardonne cependant, parce que je suis bon, et qu'il n'y a plus de remède.

Voici une phrase de votre lettre : « Si je passe à Caen, je tâcherai de me procurer une poularde de Crève-Cœur que nous mangerons ensemble. » Cet *ensemble* ne me paraît pas suffisamment clair ; car, enfin, vous n'écrivez qu'à Mlle de Tremereuc. Mais comme vous n'êtes, ni l'une ni

d'éviter, de part et d'autre, de traiter à l'avenir un pareil sujet. Tout ce qui me le rappelle, de près ou de loin, me cause une émotion que je ne suis pas le maître de modérer. »

(*Eod. loc.* I, p. 266).

(1) Cette lettre nous fait connaître deux des personnes qui formaient la petite communauté des Feuillantines, et donne le ton des rapports qui existaient entre elles et Lamennais. Nous n'hésitons pas à citer quelques-unes de ces lettres parce qu'elles nous le montrent sous un jour trop peu connu. La correspondance est d'humeur sémillante. toute en expressions de l'amitié la plus vive et la plus tendre, et fait honneur au cœur aussi bien qu'à l'esprit de Lamennais. Des réponses de ces bonnes demoiselles, celles de Mlle de Lucinière sont les plus intéressantes ; elles ont une vivacité, un abandon, une douce gaieté et parfois une franchise voisine de la hardiesse qui les distinguent.

Mlle de Tremereuc est toujours sérieuse dans son affection, s'occupe peu de politique, déclare hautement son incompétence philosophique et littéraire, mais n'en admire pas moins, sur parole, le grand écrivain qui est avant tout son ami.

Mlle de Villiers écrit plus rarement encore, sa vie est tout entière absorbée par les œuvres de charité. « C'est vraiment une belle âme » écrit d'elle Mlle de Lucinière.

l'autre, de grandes mangeuses, il me reste des espérances fondées ; sans cela cette poularde problématique, puisque votre phrase commence malheureusement par un *si*, serait pour moi un vrai *crève-cœur*.

Je passe aux andouilles de Vire, que vous rappelez fort à propos. Votre opinion sur leur compte n'est pas encore entièrement formée ; mais cela viendra sans doute, il ne aut pas vous décourager. Ce n'est qu'au sixième chapon de basse Normandie que j'ai su à quoi m'en tenir à leur égard, et que j'ai fixé mon jugement d'une manière irrévocable. Il faut beaucoup de réserve avec les andouilles et les gens de ce pays-là, sans quoi l'on serait trompé tous les jours. Vous savez qu'en dire, n'est-ce pas ?

Je conclus. Montez vite dans votre cabriolet, et revenez nous à bride abattue. C'est le dernier conseil de votre docteur, et le seul, de tous ceux qu'il vous a donnés, où il ait personnellement un grand intérêt. Dieu veuille qu'il soit mieux suivi que les autres ! Et sur ce, je suis, Mademoiselle, avec un attachement aussi tendre que respectueux, votre défunt procureur et très vivant ami.   F. M.

(*Correspondance de Lamennais*, E.-D. Forgues, t. I, p. 147, Perrin (1), éditeur).

A Mademoiselle de Lucinière.

La Chenaie, le 4 juillet 1819.

Voici une très bonne journée, mon excellente amie : une lettre de vous, une de mon père, une de Mlle de Tremereuc, une de M. de Rumédon. Les Feuillantines font encore les

---

(1) Nous devons à l'amabilité de M. Perrin l'autorisation de donner quelques lettres de la correspondance publiée par M. Forgues. — M. Perrin est aussi l'éditeur des lettres de Lamennais à Montambert, publiées par M. Eug. Forgues, et des lettres à Benoist d'Azy, publiées par le P. Laveille.

plus douces joies de Lamennais. Quel dommage qu'il y ait cent lieues entre nous deux ! Je passe ici mon temps à peu près à rien faire. M. Genoude (1) fait un herbier, à ce qu'il dit ; moi je crois que c'est une manière honnête de s'arranger pour ne pas manquer de tisanes cet hiver. Le pauvre garçon a été bien malheureux ces jours derniers : l'orage lui dérange l'estomac. Il prétend que c'est un effet de l'électricité. Ce que c'est que la science ! Théodore a aussi de petits embarras. Il s'est *laissé dire* que les serpents frayent avec les anguilles. Je ne sais pas bien ce qui en résulte, mais ce doit être un animal fort dangereux ; car depuis que le *chevalier de ces dames* s'est *laissé dire* cela, il ne se croit plus en sûreté au bord de l'étang. Il a acquis de plus, chez M. Crané, marchand de soieries, de grandes connaissances astronomiques. Hier, me promenant après souper, je crus apercevoir une fort belle comète. Tout le monde fut de mon avis, et l'on convint que c'était, en effet, une comète ; mais qu'est-ce qu'une comète ? Le savez-vous ? Une comète est un rayon du soleil, et voilà pourquoi on la voit ; au bout de quelque temps, le soleil *rattire* à lui son rayon, et voilà pourquoi on ne la voit plus. Ce qui a surtout frappé Théodore dans ma comète, vraie ou prétendue, c'est *qu'elle a la queue en l'air*. Cela dérange tout à fait son astronomie. Mais j'allais vous dire qu'à Saint-Malo, il a fait sur nos grèves une fort belle collection de coquillages. Il y en avait un d'une espèce nouvelle, et qui surprit beaucoup ma sœur... C'était... que pensez-vous que c'était ? Je vous le donne en mille. C'était une dent de cheval bien lavée par la mer, et que vous eussiez sûrement eu le plaisir de voir, si ma sœur eût été plus discrète dans son étonnement. Elle vous contera elle-même la chose, car elle paraît résolue à venir à Paris. Nous partirons à la fin d'août.

Malheureusement mon frère ne sera pas du voyage : un

---

(1) Depuis, directeur de la *Gazette de France*, et une des individualités les plus notables du parti légitimiste.

noviciat de *Petits Frères*, qu'il établit à Saint-Brieuc dans la maison même, ne lui permettra pas de s'absenter. Il est en basse Bretagne à une mission qui vient de s'ouvrir à Plestin. Je ne le verrai qu'à la mi-août. Vers la même époque, le jeune Benoît (1) doit venir passer avec moi quelques jours. Cela me fera grand plaisir.

Mais, à propos, vous allez donc devenir des nicolaïtes ? (2) Je me sens, pour mon compte, très disposé à faire profession dans cet ordre-là, quoique les nicolaïtes fussent de fort vilains hérétiques du premier siècle ; mais nous laisserons l'hérésie de côté. Le nom est joli, et le patron très imposant, quoique vous vous donniez les airs d'en plaisanter. Tout le monde, au Rouvre, se porte à merveille. Je compte y faire une visite ; c'est à peu près comme si je l'avais faite, n'est-ce pas ? Je trouverai au château M. et Mme de Guébriant et toute la famille de M. de Derval, une vingtaine de personnes, rien que cela. Ce sera fort récréatif. Je suis touché de la mort de M. Tom. d'Oilliamson. Ses derniers sentiments sont propres à consoler sa famille. Nous avons eu ici autour une fièvre épidémique qui nous a enlevé notre curé. Adieu, mon amie ; je vous quitte pour causer quelques moments avec Mlle de Tremereuc. Aimez-moi toujours comme je vous aime, et priez Dieu qu'il me ramène promptement aux Feuillantines. Mon cœur n'est à l'aise que là.

(*Correspondance de Lamennais*, E.-D. FORGUES, I, p. 148, Perrin, éditeur.)

(1) M. Denys-Benoist d'Azy, qui fut longtemps l'ami de Lamennais, se fit remarquer dans nos assemblées législatives, et particulièrement le 2 décembre 1851, à la mairie du Xe arrondissement.

(2) Il était question d'acquérir à Angers, une maison dite de « Saint-Nicolas ».

A Mademoiselle de Lucinière.

A la Chênaie, le 27 janvier 1820.

Je vous écris, la tête prise d'un gros rhume que je m'imagine avoir depuis ce matin. Selon ma coutume, je le traite avec un mépris dont j'espère qu'il ne tardera pas à s'offenser. Que ne peut-on user de cette méthode avec tous les importuns ! Vous avez, quant à vous, d'autres ressources ; mais je ne sache pas que vous en usiez dans ces circonstances ; ce serait pourtant quelquefois beau et bien à propos. Essayez : cela réussira peut-être. Vous me plaignez donc beaucoup, mon excellente amie ? Hélas ! vous avez raison, puisque je suis loin de vous, loin de notre père, loin de tous nos chers feuillantins et feuillantines. Je ne vois âme qui vive. Pour peu que cela dure, il est à croire que j'oublierai à parler, comme j'ai presque oublié à rire. Alors vous me reprendrez, et, commençant au b, a, ba, j'en viendrais, par vos soins, à tant jaser, que vous regretterez peut-être de m'avoir rendu la parole ; mais il ne sera plus temps.

Comme je sors rarement de ma chambre, et que les journaux y entrent encore plus rarement, vous me trouveriez extrêmement gothique, si j'allais me mettre à raisonner sur les affaires du temps. Je ne connais de temps que celui qu'il fait, c'est-à-dire pluie, vent, grêle, neige, glace et tout ce qui s'ensuit. J'appelle cela ma politique, et je ne serais pas surpris qu'elle ressemblât à la vôtre.

Mais je ne vois la mienne qu'à travers mes vitres ; c'est une grande et très grande différence. Qu'en dites-vous ? En attendant que vous disiez, je vous dirai que j'ai congédié mon François, dont j'étais, depuis mon arrivée, fort mécontent. J'ai essayé de la douceur, des caresses, de la sévérité, des menaces, rien n'a servi. Ce malheureux enfant n'a pas plus d'âme ni d'esprit que Mako (1). Je n'ai jamais rien vu de plus inepte, de plus nul de cœur; ajoutez à cela le mensonge, la fausseté, la paresse, vous aurez l'idée d'un fort plat et fort mauvais petit sujet. Je l'ai renvoyé chez ses parents, battre qui il voudra.

Je désire vivement que l'indisposition de Mme de Cougnac n'ait pas de suites, non plus que l'indignation de Mlle de Tremereuc. J'aimerais mieux qu'elle me battît que de rester fâchée. Ah ! çà, mon excellente amie, n'est-ce pas qu'il n'est plus question des torts que je puis avoir ? Seriez-vous donc de ceux qui comptent avec leurs amis? Encore, si j'ai bonne mémoire, ne suis-je pas si fort en arrière qu'on me le fait entendre. Mais laissons cela; je ne me défends pas; j'avoue tout ce qu'on voudra, et plus s'il le faut, pourvu que vous m'aimiez toujours. N'allons pas nous brouiller à cent lieues l'un de l'autre : je ne pourrais pas vous faire enrager pour me raccommoder. C'est là une puissante considération, méditez-la. Si vous n'en avez pas le temps, j'en charge ma fille (2). Elle a sans doute aussi le talent de méditer. C'est peu de chose dans le nombre, mais qu'est-ce que Dieu ne lui a pas donné ? Mille amitiés bien tendres à la bonne Mlle de Villiers et à tous nos amis et amies. J'embrasse mes petites nièces. Souvenirs aux domestiques; et pardon de tant de folies. Adieu, adieu. — Le vilain mot !

(Correspondance de Lamennais, E.-D. Forgues, I, p. 155.
Perrin, éditeur)

---

(1) Il s'agit d'un singe, dont il est question dans d'autres lettres.

(2) Une de ses petites nièces sans doute, à moins qu'il ne s'agisse d'une des feuillantines dont Lamennais se dit le père dans l'ordre spirituel.

A Mademoiselle de Lucinière,

A la Chenaie, 27 novembre 1822.

Vous l'avez deviné, *il ne faut pas me presser.* Quand vous m'écriviez cela, l'article avait paru. Dites-moi si vous en êtes contente. Je le suis moins que vous ne paraissez le croire de la nomination de mon frère. Il était heureux à Saint-Brieuc, il le quitte avec regret (1). Qui sait ce qu'il trouvera là où il va? toujours est-il qu'il vous verra et c'est ce qui fait que je ne le plaindrai pas davantage. Comme vous voulez bien lui donner l'hospitalité en arrivant, et que j'ignore son adresse, qu'il faut qu'il me donne bien en détail, je vous envoie une lettre que j'ai reçue pour lui. Je vous prie de ne pas trop haïr ma pauvre petite Augustine. Vous et Mlle de Villiers vous êtes bien dure pour elle ; vous avez pris cette enfant en grippe, je ne sais pourquoi ? Songez donc qu'à douze ans, on ne peut pas être dans le cin-

---

(1) L'Abbé Jean avait été nommé vicaire général de la Grande-Aumônerie, ce qui l'obligeait à rester à Paris. Il ne garda ses fonctions que jusqu'en 1824, année où il donna sa démission. Mlle de Lucinière raconte avec esprit la transformation opérée dans l'extérieur de l'abbé Jean, tout récemment arrivé de Bretagne. Voici une partie de sa lettre :

« 28 novembre de l'an des prodiges 1822.

« Je m'empresse, mon excellent ami, de vous annoncer l'heureuse arrivée du cher abbé Jean, mercredi à neuf heures du matin. Croiriez-vous que ce grand personnage a paru ravi de loger dans notre petite maison ? Je vous disais donc que notre bon frère était arrivé à neuf heures. A dix, tout était en activité pour son accoutrement. Tailleurs, chapeliers, cordonniers, marchands de bas. Enfin, à deux heures, la métamorphose a été complète, et l'abbé Jean nous est apparu pimpant, sémillant, élégant, et riant aux éclats ainsi que nous. Ce sera réellement une chose amusante, que de le voir en habit de beau drap doublé de soie, façon à la française, c'est-à-dire en habit de cour. Aujourd'hui le tailleur reçoit des ordres pour une « soutanelle » : je ne sais quelle nouveauté la journée de demain enfantera. »

quième château (1); et que, lorsqu'on y est, il y en a encore
deux autres où l'on n'est pas, afin qu'on regarde devant soi
avec humilité et derrière soi avec charité. — Sur ce, j'embrasse non pas vous parce que Papa Fauvel le défend, mais
Augustine si vous le voulez bien. Je ne la crois pas sous
sa haute direction, au moins immédiate. — Où avez-vous
pris, s'il vous plaît, que mon manteau était un petit manteau ? (2) Au reste, grand ou petit, je conçois que vous
ririez de le voir sur mes épaules; mais c'est une satisfaction, ma chère demoiselle, que vous n'aurez pas prochainement, et j'ai trop de choses sur mes épaules pour les sur-
charger encore d'un manteau. Quand j'irai à Paris, vers la
fin de l'été prochain, vous me reverrez tel que vous m'avez
vu. Je vous en avertis, afin que votre surprise ne soit pas
trop humiliante pour moi.

J'admire la justesse de vos conjectures, ou pour mieux
dire, l'esprit de prophétie qui est descendu sur vous dans
le cinquième château. *Je ne pense pas que notre sémillante
jeunesse ose faire tapage, la leçon de l'année dernière a été
trop forte.* Effectivement on a seulement failli assassiner
les missionnaires; mais ce n'est pas là *faire tapage*, n'est-ce
pas, chère sœur ?

J'embrasse sœur Ninette, sœur Villiers, frère Carissan,
et enfin toute la bonne famille que j'aime si tendrement
Dites mille choses de ma part à sœur Constance, quand
vous lui écrirez. Adieu, priez pour moi ! Pour les prophé-
ties, je vous en dispense, et, je crois, le bon Dieu aussi.

    (*Correspondance de Lamennais*, E.-D. Forgues, I, p. 173,
    Perrin, éditeur.)

(1) Allusion au traité mystique de sainte Thérèse intitulé *Las
Moradas, les Demeures* ou *le Château de l'âme.*

(2) Quelques jours auparavant, M**e de Lucinière avait invité
en ces termes Lamennais à venir à Paris : « Je ne puis m'empêcher
de rire à l'idée de voir l'abbé Jean transformé en abbé de cour. Et
vous, ne pensez-vous pas à retirer votre petit manteau de la poussière? Voilà l'heure arrivée, ou elle n'arrivera jamais. » De là cette
réponse de Lamennais.

A Mademoiselle de Lucinière.

A la Chenaie, le 18 août 1825.

Que voulez-vous, ma bonne chère amie, que je fasse de mes meubles si je ne les fais pas venir ici ? Ils pourriront à Paris, et d'ailleurs nous en manquons à la Chenaie. Il vaut mieux se résigner à une dépense de cent écus que de tout perdre. Voici donc mon dernier mot. Envoyez tout, à l'exception des objets suivants que je vous prie de faire vendre le mieux possible (1). Vous avez raison de regretter les champs, les bois, les prairies, les eaux. Quand on a une fois goûté de cette douce vie de la campagne, on ne peut plus supporter Paris. Otez-en un petit nombre de personnes que j'aime, mon plus grand bonheur serait de penser que je ne le reverrai jamais. Mais quoi que la raison et l'imagination vous disent là-dessus, le goût des cités l'emportera toujours, et vous vivrez et mourrez rat de ville ; c'est moi qui vous le prédis. Je suis fier de l'amitié que Mlle de Tremereuc a pour la Chenaie ; je voudrais bien vous y voir aussi, et Mlle de Villiers ; mais on ne vous attrape pas aisément de si loin. Mon frère est à Ploërmel, en retraite avec ses *Petits-Frères ;* c'est une fraternité de 135 membres. De sœurs, il n'en est pas question. Ne seriez-vous pas tentée de remplir ce vide ?

Que dites-vous de la bonne petite température, et douce, et bénigne, que nous avons eue pendant un mois ? Voilà le temps qu'il me faut ; c'est alors que je jouis, que je suis content, que je me moque de ceux qui disent : « J'étouffe, je meurs, je n'en puis plus. » J'ai eu pourtant mes tribulations par suite de la sécheresse. Beaucoup de mes jeunes arbres ont passé ce Styx par lequel vous jurez si doctement.

(1) Suit une liste de meubles et de recommandations que leur insignifiance nous fait retrancher. (Note de M. Forgues.)

Du reste, le mal est moins grand qu'on ne l'avait craint. Nous aurons une assez bonne récolte de blé noir ; ce qui fait que nous pourrons dire encore cette année : *A la galette chaude !* (1) et le reste que vous savez certainement. Me voilà au bout de mon papier et non de mes commissions. Pour abréger, et la place manquant pour un plus ample détail, j'embrasse à tort et à travers tout le n° 54. *Dixi.*

(Correspondance de Lamennais, E.-D. Forgues, I, p. 203.)

A Mademoiselle Cornulier de Lucinière.

A la Chenaie, 30 novembre 1832.

Gastrite, gastrite... je n'entends parler que de gastrite : encore une nouveauté ; de mon temps, on ne connaissait seulement pas ce nom-là. Mais, je vous le dis, ils sont incorrigibles avec leur manie de remuer, d'inventer. Ce n'était pas assez des maux d'estomac, il faut qu'ils aient encore imaginé cette gastrite ; et à quoi bon ? que leur en revient-il ? Folie, folie, et peut-être malice ! Je ne serais pas surpris qu'il y eût là-dessous quelque pensée secrète, quelque menée des républicains pour irriter le peuple, qui ne manquera pas de s'en prendre à la légitimité, ou à la quasi-légitimité, de ce qu'il digère mal. Ah ! quel siècle !... Tout de bon, mon excellente amie, je suis désolé de votre gastrite. Si vous pouviez supporter le lait, c'est encore ce qu'il y aurait de mieux, avec la patience ; car cette indisposition est tenace, quoique moins que l'*entérite*, autrement dite inflammation d'entrailles, ou plus vulgairement

(1) Allusion au *cri* des marchandes de galette dans les villes bretonnes, surtout à Rennes et à Saint-Malo.

des boyaux. « Je me sens les boyaux agités, » vous en souvenez-vous ?

Je vous remercie mille et mille fois de tout ce que vous me dites de bon, d'aimable et d'affectueux, ainsi que notre cher M. Lacroix, à qui je réponds en vous répondant afin d'éviter un double port de lettre. J'ai bien reconnu le cœur du véritable M. R... dans ce que vous m'avez envoyé de lui. Quant au fond des choses, ce n'est pas à son âge ni dans sa position qu'on peut le comprendre ; il est l'écho, mais écho bienveillant, des personnes qui l'entourent, et celles-ci, croyez-moi, prennent leurs désirs ou cherchent à les faire prendre pour des réalités ; les choses n'en sont pas où elles disent, tout au contraire ; voilà tout ce que je peux vous mander.

Je trouve votre conseil excellent : « Gardez-vous de blesser, de contrarier personne, et en conséquence, écrivez ! » — Sur quoi ? — « Sur rien. » Vous voulez donc que je fasse un livre sur la science, les lumières, le désintéressement, le zèle humble et charitable et la bonne foi de Nosseigneurs les évêques de France ? Ce serait un beau livre, assurément ; mais, par malheur, le siècle n'est pas mûr pour l'apprécier.....

Mon frère vous aura dit où en sont mes affaires ; elles paraissent prendre une tournure qui me promet du moins de la sécurité personnelle, et c'est tout ce qui me reste à désirer.

J'ai reçu une lettre d'Angélique ; elle avait le projet d'aller passer à Rennes une partie de l'hiver avec Mlle de Villiers, regrettant beaucoup que vous ne vinssiez pas les joindre, sur quoi je lui ai dit des choses qui vous justifient victorieusement, des choses magnifiques, dignes d'être imprimées ; si elles ne le sont pas, c'est par prudence, parce que je ne suis pas bien sûr qu'il n'y ait pas là encore certaines phrases, certains mots que les esprits mal faits pourraient prendre de travers. Vous prendrez d'une tout autre façon ce que je suis chargé de vous dire de la part de l'abbé Gerbet, qui vous offre mille hommages affectueux et respectueux, et ce dernier mot n'est pas pour la rime, quelque riche qu'elle soit.

Je me recommande toujours à l'amitié de l'abbé Lacroix, et j'embrasse ma petite Hélène, *quoique* préservée du *choléra*. Je ne veux pas qu'elle *boive au calice des souffrances*, bien qu'en dise M. R..., avec qui je ne saurais être d'accord sur cela. Pour vous, il n'y a rien à craindre, grâce à la gastrite : voilà votre part ; contentez-vous-en, et que les autres se partagent le reste. Tout à vous de cœur. Votre vieil ami,

F.

(*Correspondance de Lamennais*, E.-D. Forgues, II, p. 261.
Perrin, éditeur.)

A Monsieur le baron de Vitrolles (1).

La Chenaie, 13 décembre 1832.

Je pense tout à fait comme vous, mon bon ami, à l'égard de l'arrangement dont vous a parlé mon frère. Ce n'est pas encore chose finie, mais peu s'en faut, selon du moins les apparences. Un répit de huit années, c'est beaucoup dans cette vie qui passe si vite, et surtout dans la mienne, déjà bien avancée grâce à Dieu. Je dis comme l'homme de la

---

(1) Lamennais connaissait M. le baron de Vitrolles depuis 1824. Leur amitié s'était formée dans les bureaux du *Conservateur*. M. de Vitrolles fut chargé de demander la collaboration de Lamennais et le fit avec tant d'esprit et de bonne grâce qu'une affection réciproque fut le résultat de ces démarches. Quand le *Conservateur* eut cessé d'exister, les liens du cœur subsistèrent. Leur intimité fut sans bornes et ils restèrent attachés l'un à l'autre malgré la divergence de leurs opinions. Chaque semaine, jusqu'à la fin de sa vie, Lamennais continua d'aller chez son ami, le vieux royaliste ; souvent il y déjeunait. M. de Vitrolles fut des plus empressés auprès de Lamennais à ses derniers moments.

fable : au bout de ce temps, le roi, l'âne ou moi serons
morts ; et je fais de la philosophie en attendant.....

Je reconnais qu'il y a des choses vraies dans les conseils
de votre amitié. Cependant je n'adopte pas entièrement
votre manière de voir ni sur le passé ni sur l'avenir, ni
même à plusieurs égards sur le présent ; quoiqu'il soit très
certain qu'en considérant les choses du côté personnel,
c'est-à-dire en ce qui touche mon repos, vous avez mille
fois raison. Et je conçois que ce point de vue, qui est celui
du cœur, soit aussi celui auquel vous vous arrêtez de pré-
férence. Quant aux points sur lesquels nous sommes en
dissentiment, il faudrait pour s'entendre quelques heures
d'entretien. Les idées de cet ordre forment un tout : on ne
peut pas les prendre et les juger une à une, sans tenir
compte de leur liaison, de leurs rapports réciproques. Et
puis il y a des faits, des faits graves que vous ignorez.
Donc, renvoyons la cause à une autre session. Si je ne
suivais que mon goût, je vous assure que je cesserais d'écrire,
ou j'écrirais quelque ouvrage de pure imagination. C'est
une sorte de désir vague que j'ai eu toujours et que je ne
satisferai jamais. Je croyais sentir en moi quelque vie
de ce genre. Cette vie, si elle existait réellement, aura été
tout intérieure. Il n'en restera nulle trace dans le monde, et
le monde s'en passera merveilleusement bien. Mon hiver
d'ailleurs a commencé, ma tête blanchit comme vos montagnes, avec cette différence pourtant qu'elles reverdiron
et que je ne reverdirai point ; mais à tout prendre, le désa-
vantage ne me paraît pas en cela de mon côté. Qui voudrait parcourir une seconde fois ce cercle de douleurs qu'on
appelle la vie ? Ce n'est pas moi toujours. A mesure que
j'approche du terme, je me sens plus attiré vers ce monde
mystérieux dont celui-ci n'est que le portique ouvert à tous
les vents, au soleil, à la pluie, comme si la Providence
avait voulu nous inspirer l'envie d'entrer dans le temple.

A propos d'entrer, il me semble que nous n'entrons pas
aussi lestement que nous le pensions dans cette citadelle

d'Anvers. Et quand nous y serons, à quoi bon ? Fontenelle disait : « Les hommes sont fous et méchants. » Et il ajoutait : « Mais tels qu'ils sont j'ai à vivre avec eux, et je me le suis dit de bonne heure. » C'est vraiment là une belle chose à se dire! J'aime bien mieux vous dire, cher, que vous êtes bon dans un siècle mauvais, et que je vous en aime d'autant plus.

(*Correspondance inédite entre Lamennais et le baron de Vitrolles*, Eugène FORGUES., p. 227, Charpentier-Fasquelle, éditeur (1).

A Monsieur le baron de Vitroles.

La Chênaie, 8 mai 1834.

Représentez-vous, mon cher ami, une table dans une chambre à peu près carrée, une lampe sur cette table, et en face une fenêtre ouverte, le ciel le plus pur, un chien qui aboie dans le lointain et dont la voix se mêle au chant du rossignol, et au cri aigu du grillon. Il est neuf heures du soir, et c'est de là que je vous écris. Cher, que tout cela serait doux, si vous étiez là, si, devant ce ciel étoilé dont nos révolutions ne troublent pas le mouvement, nous causions des choses qui passent si vite, des dynasties, des peuples, par exemple, et des choses qui ne passent point, ou qui ne passent que dans une durée hors de toute proportion avec la nôtre ! Mais je suis seul, ma pensée est seule, et je n'ai pour vous la faire passer qu'une plume qui va bien lentement, et la poste aux chevaux, qui en un sens va encore moins vite.

Je suis fâché de ne pas savoir ce que vous deviendrez cet été. J'aimerais à pouvoir me dire : « Il est là », et à

(1) Nous remercions M. Fasquelle de l'amabilité avec laquelle il a bien voulu nous permettre de puiser dans la *Correspondance* qu'il a éditée.

vous suivre ainsi de gîte en gîte, surtout si j'avais l'espérance que ma pauvre petite chaumière en serait un pour vous. J'ai reconnu votre amitié dans les conseils que vous me donnez (1). Ils sont pleins de raison et je les adopte sans réserve. Il n'y aura pas de ma faute, je vous le jure, si je ne les suis pas complètement. Je propose la paix à tout le monde, parce que je ne veux que la paix pour moi. Qu'on me laisse tranquille, et certainement je ne tracasserai personne. Ce livre dont vous me parlez, pourquoi a-t-il paru ? Parceque j'ai cru que c'était pour moi un devoir de conscience, persuadé que je suis que la cause de la liberté triomphera, et qu'elle ne peut triompher sans d'effroyables catastrophes, si elle ne devient la cause de l'ordre, la cause de la justice et de la charité, la cause de Dieu. De plus, dans ma position, qu'on était parvenu à rendre équivoque aux yeux du public, je craignais qu'un jour on ne pût croire que j'avais déserté la sainte bannière de l'humanité, et connivé, à quelque degré du moins, à l'odieux despotisme qui partout aujourd'hui broie les peuples, comme l'olive est broyée sous la meule. Je n'ai pas voulu qu'on pût dire qu'un lâche silence avait scellé mes lèvres en face de la force insolente et brutale. Mais à présent que ma mémoire est à l'abri de cette tache, à présent que les hommes de bien ne peuvent plus qu'attendre les événements que la Providence prépare en secret, je ne demande, je ne désire qu'un peu de repos dans ma solitude ; tout prêt sans doute à me rejeter au milieu des flots soulevés par la tempête si je croyais qu'au risque de ma vie je pusse sauver seulement un de mes frères, mais n'aspirant du reste, pour ce qui ne

(1) M. de Vitrolles lui avait écrit quelque temps auparavant : « N'allez pas compromettre tout cela (le repos et la santé), en vous abandonnant sans voile et sans boussole aux orages des mers inconnues. Mon Dieu ! savez-vous où vous aborderez ? Savez-vous quels regrets, quels remords peut-être, vous attendent au bout de cette carrière audacieuse dont le terme vous est inconnu. En vérité, je m'en préoccupe pour vous... »

regarde que moi, qu'à la félicité de l'oubli. Voilà mon avis, mes sentiments et, vous les approuverez.

Je sais que ce ne sont pas ceux que généralement on me prête. Pourtant, je ne sens que cela en moi. Si j'étais laïque je ne vois pas que les vents pourraient désormais ébranler ma hutte de feuillage. Je ne suis pas si rassuré de ma position de prêtre. La haine parmi les hommes de ma robe, et toutes les passions ont une énergie bien autre (1). Que voulez-vous? Je m'en tirerai de mon mieux. Je serai patient jusqu'à la dernière limite. En attendant, je fais de la physique, de la chimie, de la physiologie, sans préjudice de toutes les rêveries qui bercent et endorment l'âme. Qu'elle dorme ou qu'elle veille, vous êtes, cher, toujours présent, et toujours avec le même charme.

(Correspondance entre Lamennais et le baron de Vitrolles,
p. 245, Pasquelle, éditeur.)

A *Monsieur de Vitrolles.*

La Chênaie, 30 juin 1834.

L'homme propose et Dieu dispose. Vous voilà, mon bon ami, fixé pour l'été à Paris contre vos prévisions. J'ai été bien souvent frappé, dans les petites comme dans les grandes choses, de l'inanité de nos projets. Aussi n'en fais-je guère depuis longtemps. Je me laisse aller au cours de ce fleuve qui nous emporte à travers des pays tantôt gais et brillants, tantôt tristes et désolés. Quels que soient les lieux où l'on passe, on ne s'y arrête point; on va, on va toujours, et la certitude d'arriver enfin est la meilleure

---

(1) Les vers de Lamartine sont mille fois plus vrais encore :

Pardonner, soulager, c'est tout mon ministère ;
Je suis l'œil et la main et l'oreille de Dieu,
Sa providence à tous, le curé de ce lieu.

consolation de ce mouvement sans repos et sans but sur la terre. A l'époque où il a plu à la Providence de nous faire vivre tous deux, il y a encore une autre tristesse, c'est 'absence de pensées communes, d'idées acceptées par la généralité des hommes. Chacun a les siennes et ne pourrait pas en changer quand il le voudrait. Vous avez votre point de vue, j'ai le mien ; vos opinions, j'ai les miennes; et vous ne trouverez nulle part quatre personnes qui n'en soient pas là. Il semble que la conséquence de ce fait, serait dans la pratique, une grande tolérance mutuelle; mais point du tout, chacun condamne, proscrit sans miséricorde tout ce qui n'est pas exactement conforme à ses convictions personnelles, et c'est qu'intérieurement chacun fait à sa raison l'honneur de la proclamer la bonne et la seule bonne. Ce que j'observe et blâme en tous, je l'observe et le blâme en moi, et si je n'en ai pas retiré l'avantage de douter assez de mes propres pensées, j'y ai gagné au moins de n'être jamais ni étonné, ni choqué de celles des autres. Une chose m'a encore beaucoup servi pour cela. En y regardant de près, j'ai vu que lorsque les passions et les intérêts ne sont pas en jeu, les hommes ne diffèrent dans leurs jugements, que parce qu'ils n'envisagent point les mêmes objets du même côté. Ils ne se trompent point sur ce qu'ils aperçoivent ; mais croyant apercevoir tout, ils nient ce qui n'est pas devant leurs yeux et qui est devant les yeux des autres ; c'est là leur erreur et la source de presque toutes les vaines querelles qui les divisent. Ainsi toute discussion raisonnable et sage ne consiste-t-elle qu'à s'aider à trouver un point de vue commun. Les autres ne sont qu'une lutte stérile, une folle perte de temps et de paroles...

J'ai le bonheur d'ignorer à peu près tout ce qui se passe Prenant pour moi les conseils que donnait au pigeon voyageur son frère le plus sage, je garde le logis, et j'y laisse pénétrer le moins possible les bruits du dehors.

Si vous rencontrez de nouveau l'archevêque, assurez-le

de mes sentiments pour lui, Je n'oublierai point ses procédés à mon égard. La gratitude m'est douce : on ne l'a
guère d'ailleurs usée en moi. Mille choses affectueuses au
jeune Forgues. A vous, cher, de tout cœur.

(Correspondance de Lamennais avec le baron de Vitrolles,
p. 255, Fasquelle, éditeur.)

A Madame la Baronne de Vaux (1).

La Chênaie, 2 octobre 1834.

Votre vie est vraiment une vie de souffrances, et je bénis
Dieu du courage qu'il vous donne pour les supporter. On
est bien heureux de croire, bien heureux de ne regarder
les quelques jours d'ici-bas que comme une préparation à
l'existence véritable, dont nous n'avons sur la terre que le
pressentiment. Qu'importe une heure d'angoisse placée
à l'entrée d'une éternité de joie ? Ce qui ne finit pas compte
seul, le reste n'est rien.

Il y a très longtemps que je pressais Renduel de publier
une édition populaire (2). Aussi celle qui paraît n'a pas été
faite contre mon gré. Pourquoi le pauvre peuple ne serait-
il pas convié aussi au banquet d'espérance qui adoucit le
présent par une vue anticipée de l'avenir ? Pourquoi les
conseils donnés à tous n'arriveraient-ils pas jusqu'à lui ? Il
les comprendra mieux que beaucoup d'autres, car il les
comprendra par le cœur, et c'est ma conviction profonde
qu'aujourd'hui le peuple, le vrai peuple, ignorant, dégue-
nillé, vivant chaque jour du travail de chaque jour, est
encore la portion la plus saine de la société, celle où l'on

---

(1) Mme de Vaux, fille de Mme Tallien, était née en 1800. Elle fut
mariée avec M. le baron de Vaux, et fonda, vers 1840, la commu-
nauté de Saint-Louis dont la maison mère est à Juilly.

(2) Des Paroles d'un croyant, publiées au mois de mai précédent.

trouve le plus de bon sens, le plus de justice, le plus d'humanité. D'autres le craignent, moi j'espère en lui. Ce n'est pas que je le croie parfait, il s'en faut : il lui manque beaucoup de choses et beaucoup d'autres sont à réformer dans ses idées, ses habitudes, ses mœurs. Mais le fond en vaut mieux, mille fois mieux que celui des classes qui se disent supérieures. Ses vices, on les lui donne, ses vertus n'appartiennent qu'à lui.

Quant à ma position personnelle, je l'accepte de grand cœur avec ses inconvénients.

Qui compte pour quelque chose l'opinion des hommes a renoncé à faire le bien. Qu'on loue, qu'on blâme, qu'on intrigue, qu'est-ce que cela me fait ? Tout cela s'arrête aux portes de l'âme. Il n'est en la puissance d'aucun homme de pénétrer plus loin malgré moi. Je me tairai sur certaines choses et je continuerai de parler et d'agir comme si elles étaient non avenues. Voilà ma résolution. Que le vent souffle à droite, à gauche, je ne me dérangerai point de ma route. Il y a un but devant moi, j'y marcherai sans hésiter, sans dévier tant que j'aurai la force. Je ne veux pas qu'on puisse me dire : Homme de peu de foi, pourquoi as-tu douté? ou : Homme de peur, pourquoi as-tu tremblé? Saint Jean range les timides parmi ceux qui peuplent l'abîme infernal. Quand vous verrez notre ami, veuillez lui dire mille choses affectueuses de ma part. Nous avons ici un temps magnifique, mais désolant. Tout périt faute d'eau, et outre cela beaucoup de maladies épidémiques. Je ne m'en suis pas ressenti, grâce à Dieu, jusqu'à présent. Croyez à mon dévouement sans bornes.

(Des Valades. *Quinzaine*, janvier 1895.)

A Mademoiselle Angélique de Trémereuc.

La Chenaie, 8 avril 1835.

J'ai eu, ma bonne et tendre amie, bien des fois la même pensée que vous ; je voulais vous écrire, et puis les occupations, et je ne sais quelle paresse qui prend chaque jour plus de force en moi m'en empêchaient, et je me disais : « A quoi bon, en effet, quelques froides lignes ? Ne sait-elle pas ce qu'elle est pour moi ; que jamais la vieille affection qui m'unit à elle, depuis tant d'années, ne saurait s'affaiblir dans mon cœur ? » Et quand je m'étais dit cela, je restais en repos, comme si vous aviez pu m'entendre. Ce n'est pas là me justifier, c'est raconter les choses telles qu'elles sont. Au demeurant, croyez bien que je n'ai pas changé, ni ne changerai jamais à votre égard. Au contraire, il semble qu'à mesure qu'on avance dans la vie, les anciennes affections deviennent plus chères et plus précieuses : rien ne les remplace, rien n'a la douceur de ces attachements éprouvés qui sont devenus l'âme même. L'avenir si court qu'on a devant soi est trop étroit pour des désirs et des espérances nouvelles, et tout ce qu'on peut attendre encore de bonheur — pauvre et faible attente ! — on ne le cherche que dans ses souvenirs. Je vois par la date de votre lettre que vous êtes à la campagne, et je vous en félicite ; pour moi, je ne me plais que là. Je n'ai jamais beaucoup aimé le monde ; à présent il m'inspire un insurmontable dégoût : ce ne pourrait être qu'une pensée de devoir qui me fît sortir de ma solitude, et cela n'est guère prévoyable. Je n'ai pas cependant renoncé à quelques voyages à Paris, où j'ai un très petit nombre d'amis véritables, que je serais fâché de ne pas revoir de temps en temps ; ici je mène la vie des champs, je plante et j'abats ; je fais des allées, des terrasses ; je bâtis même, non un château, mais une portion de basse-cour, tout cela m'occupe,

je passe mon temps à diriger les ouvriers ; et depuis six
mois ç'a été presque mon unique emploi, d'autant que de
fortes indispositions, de vives douleurs à l'épigastre, ne
m'ont guère permis aucun autre travail. Ma santé maintenant
est un peu meilleure : pourquoi ne me dites-vous rien
de la vôtre ? J'aime à croire que c'est parce que vous n'avez
pas, en ce moment, trop à vous en plaindre ; n'importe, il
aurait fallu m'en donner l'assurance. J'ai appris avec
beaucoup de peine la maladie de notre chère Villiers ; son
âge et sa faiblesse rendent, en ce genre, tout inquiétant.
Pour Ninette (1) elle est mieux que jamais, elle doit aller
après le carême passer un ou deux mois chez son cousin,
à Saint-Hilaire, d'où elle me promet de venir ici ; mais je
n'ose y compter. Et vous, mon amie, quand vous rever-
rai-je avec ma bonne petite Clara ? Hélas ! comptez combien
déjà d'années de séparation. La vie ne paraît-elle pas un
rêve, et un rêve bien triste ? Songez à Kensington-Gore (2),
et aux vingt années qui se sont écoulées depuis lors, et à
ce qui les a remplies, et à tout ce que nous avons vu
paraître, et aux peines et aux joies qui se sont évanouies
comme de vaines ombres. Etrange chose que notre existence ! J'envierais celle du petit oiseau, et plus encore celle
de l'éphémère qui, le matin, sort des eaux, et, avant que le
soleil se couche a accompli sa destinée, si je ne me figurais
une existence plus vaste, plus puissante, où l'univers
s'ouvrant devant nous livrera ses mondes et ses merveilles
à jamais inépuisables à notre curiosité et à notre amour.
Mais j'irais trop loin sur cette route-là, et je m'arrête. Adieu
donc, bonne et chère amie ! J'embrasse la tante et la nièce
de toute la tendresse de mon cœur.

(*Correspondance de Lamennais*, E.-D. Forgues, II, p. 430.)

(1) Mlle de Lucinière.
(2) En Angleterre où Lamennais avait rencontré pour la première
fois ces trois précieuses amies dont nous avons parlé.

A *Monsieur Marion* (1).

Paris, le 6 mars 1838.

La nature a cela de bon, qu'il n'en est pas d'elle comme de nous. L'été lui rendra la parure dont l'hiver l'a dépouillée. Elle reverdira, aussi vigoureuse, aussi jeune qu'aux premiers jours du monde. Il n'en est pas ainsi de nous, pauvrets, et je ne m'en plains pas. Qui voudrait recommencer ce rude travail qu'on appelle la vie? Passée près de vous, cher bon ami, combien la mienne serait plus douce! J'y pense souvent, je vous désire et vous regrette sans cesse. Ne doutez donc pas que si je reste ici, ce ne soit, sous ce rapport, bien contre mon gré. Pourquoi la Bretagne est-elle si loin? Le voyage me fatigue. Aller et revenir en quinze jours, je n'en ai plus la force; je l'ai bien éprouvé l'an dernier. D'une autre part, je ne pourrais me résoudre à retourner à la Chenaie; c'est une idée que je ne supporte pas. De plus, il faut que je profite des beaux jours pour travailler. La moindre interruption m'arrière extrêmement, et, si je me laissais gagner par le temps, je me trouverais plus tard en de fâcheux embarras. Tout cela ensemble ne forme pas une position bien gaie; mais telle que Dieu me l'a faite, il est naturel que je l'accepte. *Dulcius fit patientia quidquid corrigere est nefas.* Au moins donnez-moi de vos nouvelles; vous m'écrivez trop peu souvent. Je ne sors guère de chez moi que pour aller dîner en ville, et ma paresse est justifiée par le désagréable

(1) M. Marion né à Saint-Malo en 1772, d'une ancienne famille, après de brillantes études de droit, s'était d'abord occupé d'armements. Vers 1810 il se retira dans sa terre du Bouvet.

Chateaubriand avait voulu l'appeler dans les conseils du gouvernement. M. Marion refusa. Lamennais l'appréciait beaucoup, et il épanche son cœur dans le sien avec une pleine confiance. M. Marion mourut en 1848.

temps que nous avons depuis quinze jours. Au froid ont succédé des pluies presque continuelles. A la campagne, on s'en plaindrait peu ; mais à Paris, c'est pour les piétons une sorte de supplice, à cause de la boue.

Mille choses affectueuses à tous les vôtres, cher ami, je vous embrasse du fond du cœur.

(Confidences, p. 151.)

A Monsieur Marion.

Paris, 22 octobre 1838.

Voilà bien longtemps, cher ami, que je n'ai reçu de vos nouvelles et que je ne vous ai donné des miennes. Ce n'est pas que je ne pense bien souvent à vous ; mais, dans cette ville de bruit et de mouvement, les heures sont emportées sans qu'on puisse les saisir. Joignez à cela mille petites misères et un travail assez assidu, vous ne vous étonnerez pas que j'arrive au soir avec des projets formés le matin, formés de nouveau plusieurs fois dans la journée, et qui, en fin de compte, ressemblent à ces éternuements qui toujours vont venir et qui ne viennent jamais. J'ai passé l'été tout entier dans ma chambre, sauf quelques dîners en ville, de sorte qu'on ne saurait être plus en règle avec Montaigne, La Bruyère et Pascal, qui disent que tout le malheur de l'homme vient de ne pas savoir rester tranquille dans son taudis. Mais je conclus de leur maxime, combinée avec ma pratique, qu'il n'y a pas grand bonheur à espérer sur cette terre, soit qu'on coure après, soit qu'on reste dans son fauteuil ; et quand désormais j'entendrai sonner à ma porte, ma première pensée ne sera pas du tout que c'est lui. Comment ne pas penser à ses amis qui sont loin de là et n'y point penser tristement ? Comment ne pas trouver le ciel sombre et en arrière et en avant? Les souvenirs passent à travers l'esprit comme des nuages chargés d'une pluie froide, et pour la plupart bien noirs. Cependant il est bien vrai que cette solitude est encore préférable au monde. Je ne l'ai jamais extrêmement goûté, il ne m'a jamais séduit ; mais chaque jour il me devient notablement plus insupportable, attendu que chaque jour il me paraît plus sot. La politesse même s'en va, on ne sait plus causer, on pérore, on plaisante gauchement, sans finesse et sans grâce. Puis vient la politique, et la politique, qu'est-ce? Ou quelque lourde théorie, qu'avec raison personne n'écoute, tous les lieux communs dont on est rebattu, ou le dégoûtant récit de la turpitude du jour. Vous en avez l'écho dans les journaux, et les journaux ne disent pas tout ; ils ne sauraient tout dire, car la loi s'est faite la protectrice de l'infamie, et si Boileau, de sévère mémoire, s'avisait de dire aujourd'hui :

J'appelle un chat un chat et Rollet un fripon,

Boileau payerait infailliblement des dommages-intérêts à Rollet, et notre auguste magistrature l'enverrait refaire son vers en prison. Malgré cela, on en sait assez, et les Rollets de notre temps y perdent peu, il faut l'avouer.

Adieu, cher bon ami, c'est une bonne et douce chose que de causer avec vous, même quelques instants. Tout à vous de cœur et à jamais.

(Confidences. p. 168.)

A Monsieur Marion.

Paris, le 3 mars 1840.

Je réponds, cher ami, à votre lettre si bonne et si tendre du 28 février. Croyez bien qu'être séparé de vous est une de mes plus vives peines, et que si j'avais pu trouver quelque moyen de nous rapprocher, je l'aurais depuis longtemps saisi avec bonheur. Ma vie est fort triste ici. Il y a huit jours que je ne suis sorti de ma mansarde. Je n'ai pour me distraire que quelques livres, lorsque je puis m'en procurer. Le travail serait pour moi une ressource, mais voilà trois mois qu'il me manque. Je n'ai de courage à rien; tout m'ennuie et me dégoûte. Je ne vois que très peu de personnes, et ce peu m'est à charge. C'est une dure chose que de vieillir seul, sans avoir près de soi l'ombre même d'aucune affection. On vous invite, on vous recherche, non pour vous-même, mais à cause de votre nom, pour vous montrer aux autres comme une curiosité et s'amuser quelques instants de votre conversation, faute de mieux. D'attachement réel, pas la moindre trace. Il y a surtout des jours, ceux-ci par exemple, où l'on se réunit en famille. Alors, pour n'être pas indiscret, l'homme qui vit seul doit rester chez soi. C'est en ces moments que le contraste de sa position et de celle des autres se fait surtout vivement sentir. Lorsque, après les lentes heures de la journée, il s'assied à la table solitaire, devant les restes du petit bouilli de la veille, ce n'est pas des privations matérielles qu'il souffre, qu'est-ce que cela ? mais du vide profond de son existence. Le plus pauvre a sa femme, ses enfants, un cœur enfin sur qui il peut appuyer le sien, le son d'une voix amie qui réjouit son oreille. Le vieillard isolé n'a rien ! Mais laissons ce sujet. Je voudrais plutôt augmenter vos joies, s'il m'était possible, que vous attrister de ma tristesse.

Nous avons, depuis deux semaines, d'assez fortes gelées. C'est un temps déplorable pour le malheureux peuple. Je ne sais vraiment pas comment il vit. Pour vous donner une idée du prix des choses, figurez-vous que le beurre frais, ou soi-disant tel, se vend 48 sous la livre, un mauvais petit chou 8 sous, un œuf 4 sous, 5 sous même, s'il est un peu gros, et le reste proportionnellement. Voilà le moment choisi par Louis-Philippe pour demander à ce même peuple, à qui le travail manque, de prélever sur sa misère 5oo.ooo francs de rente au profit d'un prince. Les ministres qui ont présenté cette demande sont partis, à la vérité, mais ceux qui les remplacent ne valent assurément pas mieux, et je ne crois pas qu'ils durent plus longtemps ; car, représentants du même système, ils rencontreront les mêmes obstacles. Et, d'ailleurs, il n'est point dans la Chambre actuelle de majorité durable possible. L'égoïsme de ses membres les divise entre eux, comme il divisera le ministère même composé d'éléments hétérogènes, de gens de la gauche et de doctrinaires, qui ne s'entendront jamais bien. Puis vont venir les difficultés qui naissent en foule des immenses questions à résoudre à l'extérieur et à l'intérieur. Les Anglais veulent l'Egypte ; ils commencent à l'avouer hautement. L'auront-ils ? Oui, sans aucun doute, s'il ne dépend que de nous. Voilà pourquoi ils applaudissent avec une joie si vive à l'avènement de M. Thiers. Mais heureusement Méhemet-Ali n'est pas homme à céder à une simple sommation.

Mille amitiés autour de vous. Je vous embrasse de cœur.

(*Confidences*, p. 217.)

A Monsieur Marion.

Sainte-Pélagie, 16 janvier 1841.

Je m'empresse, cher ami, de répondre à votre dernière lettre, qui m'a été remise par M. Benoît. Vous pouvez continuer de m'écrire par la même voie, ou sous le couvert de M. Pagnerre. Benoît et sa femme ont été parfaits pour moi dans le procès acharné et dispendieux qui s'est terminé par mon entrée dans cette maison, où je suis, au reste, à peu près aussi bien qu'on puisse être en prison. J'ai une chambre assez vaste, puisque je peux faire neuf pas par la diagonale. Elle est éclairée par des impostes de 10 pouces de hauteur, qui lui donnent, à cause de leur élévation et des barreaux de fer qui les ferment en dehors, une très agréable apparence de cave. Ils laissent cependant passer quelques rayons de soleil en cette saison où il est bas. J'ai deux expositions : l'une à l'est, l'autre au sud, et, comme je suis juché sous le toit, en grimpant sur une chaise, je découvre un horizon fort étendu. Debout sur le carrelage, je touche le plafond non pas avec la main, mais avec le poignet. Un petit poêle que j'ai fait poser me donne assez de chaleur. Il y a une cour étroite où je pourrais aller avec les autres à certaines heures, mais je n'y vais point, et je n'y irai jamais. J'aime mieux rester dans mon donjon, et pour plus d'une cause. On accorde assez facilement la permission de venir m'y voir. Mon neveu, qui est pour moi du plus touchant et du plus admirable dévouement, y vient tous les jours. Quant aux lettres, celles que l'on m'adresse par la poste sont d'abord portées et lues à la police. Sur quoi j'ai déclaré que, ne voulant pas donner la main à une aussi infâme pratique, je n'en recevrai aucune, quelle qu'elle fût. Vers neuf heures, je fais mon café : quatre heures après, je mange un petit morceau de pain et de beurre : à six heures, on m'envoie du restaurant voisin les deux plats de mon dîner. La journée se passe sans ennui, car on ne s'ennuie pas quand on a des livres. Mais pourrai-je travailler ? Je n'en sais encore rien ; je prévois seulement que ce me sera difficile. J'oubliais une petite cérémonie. Ma porte se ferme en dedans par un loquet de bois, en dehors par un gros verrou, qui se fixe au moyen d'une bonne serrure qu'un guichetier vient fermer tous les soirs. Ce qui me manque le plus, c'est le sommeil. Peut-être viendra-t-il plus tard. En somme, tout cela ne m'a pas causé un seul moment d'émotion pénible. Je suis où je dois être, où il convenait que je fusse, pour la cause à laquelle j'ai consacré ma vie. *Deus bene omnia fecit.*

Pour parler maintenant d'autre chose, quand je vous disais de ne pas lire mon livre, ce n'est certes pas que vous ne le puissiez parfaitement entendre, mais je craignais qu'il ne vous ennuyât. Savez-vous qui en est ravi à la lettre ? Béranger. Ce pauvre livre, au reste, m'a déjà valu force calomnies et grosses injures pieuses. Cela n'empêche pas que déjà dix-huit cents exemplaires courent le monde.

Amitiés à ce qui vous entoure. Je vous embrasse, cher, de tout cœur.

(Confidences, p. 234.)

A Monsieur de Vitrolles.

Paris, 29 septembre 1844.

Le soleil, mon bon ami, vous fait la cour, à peine êtes-vous à la campagne que le voilà qui reparaît ; jouissez-en bien, jouissez-en vite, car il est capricieux, en cette saison surtout. Vous revoyez encore verts les arbres que vous avez plantés, et comme vous ne leur demandez pas d'ombre, il n'y a aucun motif de mécontentement entre eux et vous. Mais avez-vous à Vassy des eaux, je veux dire de beaux et grands étangs ? Sans cela, nul paysage, nulle campagne, si pittoresque qu'elle soit, n'est complète pour moi.

> Les délicats sont malheureux,
> Rien ne saurait les satisfaire.

Je me contente pourtant de moins : en fait de bois, d'un rosier ; en fait de prairies, d'un peu de cresson alénois ; en fait d'eaux, d'une carafe : ce sont là mes forêts, mes parterres et mes lacs. J'ai aussi mes chasses, chasses de nuit ; mais, par malheur, c'est moi qui suis le gibier.

Nous sommes fort tranquilles depuis votre départ : plus de bruit, plus de mouvement, calme profond et silence complet.

> Tout dormait, et le camp, et les vents, et Neptune (1).

(1) Souvenir du vers de Racine dans son *Iphigénie* :
> Mais tout dort, et l'armée, et les vents, et Neptune.

Du Maroc et de Taïti, pas un mot. Chacun a repris ses allures, et s'est mis à penser à rien. Avec cette douce et sage habitude, rien ne tourmente l'âme, ne fatigue l'esprit, et l'on s'arrange du monde tel qu'il est. Qui ne s'en arrange pas, c'est Mme Sand, quoiqu'il lui soit meilleur qu'à beaucoup d'autres. Elle vient d'envoyer au *Constitutionnel* un nouveau roman en trois volumes, lequel roman, dit-on, est une attaque violente contre cette chose monstrueuse qu'on appelle la propriété. Comment faire agréer une pareille œuvre aux lecteurs, sous ce rapport si peu avancés, du journal de M. Véron? C'est ce que celui-ci se demande, et il conclut qu'il n'y a pas moyen d'en hasarder l'essai. Là-dessus, négociations, car c'était pour l'auteur une affaire de 39.000 francs ; on lui en offre 27.000. Propriétaire à ce prix de trois volumes écrits en trois semaines, Véron en ferait ce qu'il voudrait. Les choses en sont là. Que feriez-vous ? et que fera Mme Sand ?

Je lis *le Juif errant*, et il m'intéresse ; il n'y faut pas chercher la vraisemblance quant aux événements ; mais il y a beaucoup de vérité dans la peinture des caractères, et un talent dramatique réel dans la manière de mettre les personnages en scène. L'effet quelquefois est exagéré ; peut-être est-ce moins la faute de l'auteur que de son public. La sobriété, les nuances délicates, la mesure en toutes choses, ne sont pas, je crois, les qualités par lesquelles il serait prudent à un auteur qui veut réussir d'essayer de lui plaire. Pour moi, je pardonne presque tout, pourvu qu'on ne m'ennuie pas. L'ennui est le grand reproche que je fais à la triste et fade vie humaine.

Après nombre de projets de voyage, Chateaubriand finit par rentrer à Paris, et il a raison, ce me semble ; Louis-Philippe ferait bien de l'imiter, mais son démon le pousse. S'en aller en ce moment à Londres me paraît, de sa part, une hardiesse qui touche à l'aliénation. C'est là-dessus, par exemple, qu'on ne se tait pas. Tous et chacun se tiennent pour vendus et revendus ; je ne dis pas qu'ils se trompent, mais je les plaindrais plus s'ils étaient bons à quelque autre chose.

Adieu, cher, tout à vous de cœur.

(Correspondance inédite entre Lamennais et le baron de Vitrolles, page 409, Fasquelle, éditeur.)

A Monsieur Marion.

Paris, 31 décembre 1844.

Il ne peut pas être question entre nous, cher ami, de nous convaincre de nos sentiments réciproques, à jamais inaltérables s'il en fut, ni de ma confiance en vous, *plus grande* certainement, sous tous les rapports, que celle que j'ai en moi-même. A présent voici comment les choses se sont passées. Premièrement, j'ignorais que cette vente eût été arrangée par vous; ensuite on m'a dit seulement qu'on devait abattre cent cinquante arbres sur le Péron. Or, quoique je ne doive jamais, selon toute apparence, revoir la Chenaie, j'y tiens toujours par mes souvenirs, et je n'ai pu me représenter ce joli coteau, si soigné par moi, dépouillé de sa parure, nu en partie, sans en éprouver une vive peine. Qu'est-ce qu'un peu d'argent près de cela? C'est ce que je me suis dit. J'erre encore en imagination sous ces arbres dans la sève desquels coule toute ma vieille vie. Eux partis, il me semble que je resterais seul en ce monde. D'autres les abattront, je le sais bien, mais alors je ne serai plus. Je demande donc grâce pour ces pauvres arbres. Leur caducité ne ressemble que trop à la mienne, et ceux qui m'ont vu naître, je ne veux pas les voir mourir. En ce qui tient aux choses matérielles, je suis habitué aux privations, elles me coûtent peu. Cependant, si en dehors du Péron il y avait quelque parti à tirer d'arbres vieux et qui ne peuvent désormais que dépérir, je n'aurais pas les mêmes regrets, ils rentreront dans les conditions d'une exploitation ordinaire.

J'ai été fort éprouvé par le froid et par les brouillards qui sont venus ensuite. Chaque année les hivers me deviennent plus rudes. C'est l'annonce de l'hiver qui n'a point de printemps. Que l'année qui va commencer vous soit, cher ami, bonne et douce! Je ne forme aucun vœu plus selon mon cœur. Il sera vôtre pendant qu'il sera, et, si vous en doutiez, chose impossible, ce serait assurément une des plus vives douleurs qu'il pût ressentir.

(Confidences, p. 3oo.)

A Mademoiselle de Trémereuc.

Paris, 13 mars 1853.

Il est vrai, mon excellente amie, que la lettre dont vous me parlez s'est égarée, et c'est ce qui arrive assez souvent à celles qu'on m'écrit, et probablement à celles que j'écris moi-même. Heureusement qu'entre nous ni l'affection, ni les souvenirs ne s'égarent jamais; ils se retrouvent toujours vivants au fond du cœur, comme il y a tantôt quarante ans. Voyez quelle date, et quel espace elle marque derrière nous! Regardons devant, cela est moins triste. Le passé n'est qu'une suite de douleurs, et au fond de l'avenir luit une grande espérance!

Vous allez donc entrer en ménage. L'expérience que j'en ai m'empêche de trop vous en en féliciter. Mais vous avez Clara (1) et cela change bien les choses. Pour moi qui suis seul, je trouve le fardeau lourd. Quand les forces et la mémoire baissent, il vous faudrait comme aux enfants une bonne et une nourrice. Profonde mi-

---

(1) Nièce de Mlle de Trémereuc.

sère ! Acceptons-la toutefois, puisqu'elle est dans les lois de la Providence. Vous voudriez que je quittasse Paris; mais pour aller où? J'ai des affaires, qui les suivra? En vieillissant, d'ailleurs, on a besoin de quelque société. La solitude des champs que mon imagination ne peuplerait plus, serait une espèce de tombe anticipée. Ce n'est pas la peine d'aller chercher une fosse si loin. Il faut vivre de l'esprit aussi longtemps qu'on peut, car c'est la dernière chose qui reste, le débris flottant de la barque fracassée, que le flot bientôt jettera sur le rivage. Partout où je suis, j'aimerais à me dire : Tu finiras ici; je trouverais dans cette pensée une sorte de repos, et le repos, peu à peu, devient à peu près l'unique bien; tout le reste est travail et fatigue. Or, voilà justement qu'il me faut que je me remue pour déménager à la fin du mois. Je quitte le Palais-Royal, où, par certains côtés, je me plaisais beaucoup, pour aller m'établir au Marais, rue du Grand-Chantier, n° 12 (1), tout près du Temple que vous connaissez bien. Ce sera de nouvelles habitudes à prendre, partant une gêne plus ou moins longue, pour, à fin de compte, retrouver l'ennui que partout on porte avec soi :

> Le chagrin monte en croupe et galope avec lui.

Je ne galope plus, à la vérité; mais le compagnon dont parle le poète n'est pas plus agréable à qui se traîne.

Lors de leur voyage à Paris, j'ai vu avec beaucoup de plaisir Mme votre nièce et son mari. Mais c'est vous, c'est Clara, chère bonne amie, qu'il faudrait revoir. Dites-vous bien l'une et l'autre combien j'en serais heureux et croyez fermement à l'inaltérable tendresse que vous a vouée depuis si longtemps votre pauvre vieux ami.

(R. P. Roussel, t. II, p. 356.)

(1) Il y devait mourir moins d'un an après.

A Monsieur de Vitrolles.

Paris, 14 septembre 1853.

J'apprends avec beaucoup de joie que vous serez de retour parmi nous à la fin du mois. Ce me sera une douce occasion de sortir, ce à quoi je ne sais pas me décider, quand il ne s'agit que de me remuer. Je suis cependant allé une fois, il y a deux jours, au jardin des plantes ; j'y ai trouvé, couchée au soleil, cette informe bête qu'on appelle hippopotame ; la foule l'entourait joyeuse, heureuse. On eu dit une fête de famille. Pour moi, rêvassant, je me retirai dans ces longues allées désertes que bordent des plates-bandes et des carrés de fleurs, fleurs d'automne, sans parfum, comme celles de la vie à son déclin. Toutefois je sentais là renaître en moi, affaibli, triste, le sentiment de la nature, si puissant jadis sur mon âme ; j'entendais les voix du passé, telles qu'un écho lointain, et ma pensée flottait vaguement au milieu de ce mélange de souvenirs et de sensations presque insaisissables. Puis, rentré chez moi, j'y retrouvai les réalités de la vie, et elles ne me parurent pas, à beaucoup près valoir ses songes.....

Vous savez, cher, avec quelle tendre affection je suis à vous.

(*Correspondance entre Lamennais et le baron de Vitrolles,*
p. 484. FASQUELLE, éditeur.)

A Monsieur de Vitrolles.

Paris, 29 décembre 1853 (1).

Ce que je fais, mon bon ami ? Je dis mon chapelet, et tous tant que nous sommes, nous défilons notre vie grain à grain, sur le cordon qu'on appelle le temps ; et chacun des grains ressemble tellement à l'autre, que toute cette belle opération ne serait qu'un long bâillement sans les *gloria* qui, de distance en distance, en rompent un peu la monotonie. Et les *gloria*, qu'est-ce ? Pour celui-ci, la migraine ; pour celui-là, quelque bonne grosse toux ; pour cet autre, la gravelle, la sciatique, la fièvre, et pour moi, en ce moment la goutte. Je ne laisse pas d'être ravi que les *gloria* aient disparu de votre chapelet cet hiver et j'espère qu'il en sera ainsi nombre d'hivers encore.

On me dit qu'il est presque impossible de se tenir debout sur la glace qui recouvre le pavé. Peut-être est-ce pour cela que tant de gens aujourd'hui se traînent à plat ventre. Si cette manière d'aller devenait une allure nationale, ce serait un beau spectacle pour le monde. J'aime à me flatter que le printemps nous relèvera. Mais le printemps, quand viendra-t-il ? Qui le sait ? Les saisons sont si dérangées ! L'avenir me paraît comme ce trou noir qu'Herschell apercevait au bout de son télescope par delà les strates de la voie lactée.....

Je plains le pauvre peuple, qui souffre horriblement de ce froid et de la chute de toutes choses. Les boulevards, les rues et les places sont couverts de petits marchands qu'on voit là grelottant près de leur étalage, et, pour la plupart, ne vendant quasi rien. Il faut avouer que ces malheureux défilent un bien triste chapelet. On leur dit pour les con-

(1) Ce billet, dont l'écriture semble un peu altérée, est le dernier que M. de Vitrolles ait reçu de Lamennais.

soler : C'est l'ordre de ce monde, rien ne le changera. Vous êtes ce que furent vos pères, et vos enfants seront ce que vous êtes. Nous ne nions pas que ce soit un moment un peu rude à passer, mais il finira. Laissez-vous enterrer seulement, et vous verrez comme vous serez à l'aise. Je suis étonné, en vérité, qu'une invitation si gracieuse, soutenue d'une promesse si nourrissante pour l'âme dont le corps meurt de faim, ne produise pas plus d'effet.

Me voilà dans ce bavardage que vous connaissez depuis trente-sept ou trente-huit ans. Il n'y a guère d'apparence que je m'en corrige :

> Je suis chose légère, et vole à tous sujets (1).

Mais où je cesse d'être léger, c'est dans la douce et vieille amitié qui me lie à vous, cher, et que chaque année rend plus vive et plus ferme.

> *(Correspondance entre Lamennais et le baron de Vitrolles,*
> p. 485, Fasquelle, éditeur.)

(1) Tout le monde sait les vers de La Fontaine :

> Papillon du Parnasse, et semblable aux abeilles
> A qui le beau Platon compare nos merveilles :
> Je suis chose légère, et vole à tout sujet,
> Je vais de fleur en fleur, et d'objet en objet.
>
> (Discours à Mme de la Sablière).

PENSÉES

PENSÉES (1)

Il y a peu d'âmes assez fortes pour s'élever jusqu'à l'orgueil; presque toutes croupissent dans la vanité.

Vivre, c'est observer; vieillir, c'est apprendre.

L'avarice, qui est la dernière passion, s'engraissant des débris de toutes les autres, croît jusqu'à la fin et ne lâche prise que lorsqu'elle a décidément étranglé l'âme.

Pourquoi nous parle-t-on sans cesse du progrès des lumières, et jamais du progrès du bonheur? C'est qu'il est aisé de persuader à un sot qu'il a de l'esprit, et d'autant plus aisé qu'il est plus sot; mais on ne persuade pas de même au misérable qu'il est heureux.

Certaines gens rient devant la vérité, comme quelques autres rient devant la mort : rire effrayant de stupidité ou de désespoir.

Au moment où la foi sort du cœur, la crédulité entre dans l'esprit.

(1) Lamennais a publié des *pensées détachées* à la fin de ses premiers et de ses seconds mélanges. Nous avons choisi les plus saillantes. Puis nous en avons recueilli d'autres à travers ses différentes œuvres, et dans sa correspondance.

Les hommes changent peu d'opinion à un certain âge, comme ils changent peu d'habitudes. On fait honneur de cette constance tardive à la maturité de leur esprit, et l'esprit, au fond, n'y est pour rien : ils n'aiment pas à déranger leurs idées, voilà tout. C'est une inertie d'âme produite par l'inertie des organes.

La prière est le langage de l'espérance et la plus tendre expression de l'amour; elle est si naturelle à l'homme, qu'il n'en vient pas aisément à ne plus prier; c'est comme le dernier effort d'un être que l'orgueil concentre en lui-même, et qui rompt avec tout ce qui est. Le désespoir ne prie point : aussi l'orgueil, porté à son comble, est-il une sorte de désespoir affreux de l'intelligence, qui aime mieux régner sur le néant, sa possession propre, que de recevoir de Dieu l'être ou la vérité.

Le passé est comme une lampe placée à l'entrée de l'avenir, pour dissiper une partie des ténèbres qui le couvrent.

Le remords est une douleur qui nous avertit qu'il y a en nous quelque désordre; il sert, comme la douleur physique, à la conservation de la vie.

La vie est, comme une nuit d'hiver, triste et longue ; la philosophie la fait haïr, la religion la fait supporter : ce n'est pas son moins beau triomphe.

Les passions du cœur sont plus vives, mais moins constantes que celles de l'esprit.

Il y a un libertinage d'esprit qui use l'âme, comme la débauche use les sens.

Les circonstances ne forment pas les hommes, elles les montrent; elles dévoilent, pour ainsi dire, la royauté du génie, dernière ressource des peuples éteints. Ces rois, qui n'en ont pas le nom, mais qui règnent véritablement par la force du caractère et la grandeur des pensées, sont élus par les événements auxquels ils doivent commander. Sans ancêtres et sans postérité, seuls de leur race, leur mission remplie, ils disparaissent en laissant à l'avenir des ordres qu'il exécutera fidèlement.

Les hommes sont aussi avares de louanges que prodigues de flatteries.

L'esprit le plus fort est celui qui connaît le mieux sa faiblesse.

On demandait au brahme Poulahvi ce qui monte le plus haut? Il répondit : L'orgueil d'un esprit médiocre qui détourne ses regards de Dieu. Ce qu'il y a de plus vaste? Il répondit : Les prétentions d'un homme ambitieux qui n'aime que soi. Ce qu'il y a de plus profond? Il répondit : Le sommeil d'un prince que sa conscience ne réveille plus. Ce qu'il y a de plus petit? Il répondit : Les pensées d'un vizir qui ne voit que le présent. Ce qu'il y a de plus malheureux? Il répondit : Le sort du peuple abandonné à ce vizir.

Il y a une sorte de clémence sanglante, et c'est celle qui ne prend point conseil de la justice. Le pardon qui ne tombe que sur le crime est un nouveau crime. Dieu lui-même ne pardonne qu'au repentir.

De tous les sentiments que peut inspirer l'autorité publique, le mépris est le plus funeste; la haine a moins de danger. Les peuples ressemblent à la plupart des hommes, qui tremblent devant le lion, et qui écrasent sans pitié les reptiles.

Toute législation légitime émane de Dieu, il en est le père; et votre code de vingt-cinq mille lois, qui ne remontent pas plus haut que l'homme, ressemble à un vaste hôpital d'enfants trouvés.

L'homme sent tellement qu'il est né pour le travail que le peuple attribue au travail tous les genres de supériorité, même le génie.

Le temps est un fleuve rapide, mais qui tarira. Chargé de tous les êtres vivants, il les emporte pêle-mêle à travers des régions inconnues, et les jette çà et là sur ses bords.

Avez-vous vu sur un cercueil ce long drap noir semé de larmes ? C'est l'emblème de la vie.

Toutes nos joies sont soudaines ; jamais elles ne naissent de la réflexion : on dirait qu'elles ne peuvent entrer dans l'âme que par surprise.

Quand la foi meurt, la raison s'imagine qu'elle héritera ; mais son fils aîné, le doute, lui dispute la succession ; il fait plus, il s'en empare, et l'on ne sache pas que sa mère l'ait jamais dépossédé.

La flatterie est la politesse du mépris.

Pourquoi les hommes pardonnent-ils plus aisément la haine que le mépris ? Ne serait-ce pas parce que la haine s'attache toujours à quelque chose par où l'homme qui est haï s'élève au-dessus de celui qui hait, et le mépris au contraire ? La haine monte vers son objet ; le mépris descend, mais pas assez pour qu'on ne puisse quelquefois lui échapper à force de bassesse.

Le plus haut degré de crédulité est la foi en soi-même.

La prière est le dernier lien qui nous attache au ciel :

quand il se rompt, l'enfer s'ouvre et reçoit son nouveau sujet.

Qui ne serait, en se regardant, effrayé de sa misère? Perdu dans l'espace comme dans la durée, cet être au fond duquel l'orgueil se remue ignore tout et s'ignore lui-même. Sa nature, sa vie, lui sont incompréhensibles. Naître, mourir, qu'est-ce? Le sait-on? On a cru voir passer une ombre et entendre une plainte; c'était ce qu'on appelle l'homme.

Nous avons peu de sentiments purs; presque tous ils sont mélangés. Les larmes ont leur joie secrète, et il ne faut pas creuser bien avant dans la joie pour y découvrir quelque tristesse cachée.

Dans le jeune âge on aime beaucoup, parce qu'on croit beaucoup; on n'a l'expérience ni des hommes, ni des choses, ni du temps. Plus tard le cœur se resserre, parce que la foi diminue; quand elle s'éteint tout à fait, il se ferme.

La plus grande misère de l'homme n'est pas l'incertitude de ses jugements, mais l'inconstance de sa volonté.

La raison n'ordonne jamais, elle conseille tout au plus : la parole qui commande vient de plus haut.

Il y a des choses qu'on dit pour les faire d'abord croire aux autres et tirer ensuite de là un motif pour les croire soi-même. Voilà pourquoi les vieillards aiment à se louer de leur santé, de leur mémoire, de leur esprit qui n'a pas baissé, disent-ils. Ils cherchent un témoignage pour affermir leur foi.

On aime généralement à montrer ce qu'on sait. Il y a cependant une chose dont on est encore plus pressé de parler ; c'est de ce qu'on ne sait pas.

Les Français passent pour frivoles parce qu'ils rient de tout, des vices, des crimes même ; et cependant il n'y a point en France plus de criminels et de gens vicieux qu'ailleurs, au contraire : ce n'est donc pas par corruption que le Français rit. Qu'on y regarde de près, on verra que le rire en général est déterminé par le contraste vivement senti entre ce qui devrait être raisonnablement et ce qui est. Or, rien de plus opposé à la raison que le vice et le crime ; et tout vice comme tout crime est une sottise.

Bossuet, dans son oraison funèbre de la princesse palatine, dit qu'elle fut *douce avec la mort*. Je voudrais que nous fussions « doux avec la vie » ; mais cela, j'en conviens, est plus difficile.

Malgré tout ce qu'on fait contre elles, les bonnes doctrines ne laissent pas de se propager et de s'affermir. Le temps est pour elles, mais par politique, je crois ; parce qu'elles sont de l'éternité et qu'il y retourne.

La souffrance est le grand maître des hommes, mais son enseignement est long.

Il faut se prêter aux hommes, et ne se donner qu'à Dieu.

Il y a une certaine simplicité d'âme qui empêche de comprendre beaucoup de choses, et principalement celles dont se compose le monde réel. Sans s'attendre à le trouver parfait, ce qui ne serait pas seulement de la simplicité, mais de la folie, on se figure qu'entre lui et le type idéal qu'on s'en est formé d'après les maximes spéculativement admises, il existe au moins quelque analogie. Rien de plus trompeur que cette pensée.

J'ai pour maxime de regarder toujours en avant. Le passé est triste comme la réalité ; l'avenir est beau comme l'espérance, ou, si vous le voulez, comme l'illusion ; la différence, s'il y en a, n'est pas grande.

L'avenir est une mer qui n'a point de reflux ; chaque flot vient et se retire ; mais la masse monte toujours.

Torpeur, puis convulsions, puis une nouvelle torpeur et des convulsions nouvelles, et enfin la mort, voilà ce qu'éprouvent les êtres vivants dans la machine pneumatique. Il se passe quelque chose de semblable pour les peuples, lorsque, les croyances s'éteignant, ils se trouvent tout à coup plongés dans le vide. Les âmes aussi ont besoin d'air.

La pensée creuse le cœur et le laisse vide ; il faut autre chose pour le remplir.

Lorsque, par un beau jour d'été, vous suivez dans une forêt un sentier recouvert de branches qui se courbent en berceau, vous voyez le long du sentier, au milieu de larges ombres, une lumière tremblotante produite par les rayons qui pénètrent à travers le feuillage. Ce sentier, c'est notre vie, et cette lumière vacillante et faible, c'est notre science.

Le bien ne se fait qu'au prix de ce que les hommes recherchent avant tout, et c'est pourquoi il s'en fait si peu.

Patience : c'est le mot de la terre ; il se traduit plus haut dans le mot : joie. C'est tout ce que nous savons de la langue du ciel.

Il est rare que le jour présent ne soit pas tolérable. C'est demain qui tue l'homme, et il ne sait pas s'il verra le lendemain.

Le droit et le devoir sont comme deux palmiers qui ne portent point de fruits s'ils ne croissent à côté l'un de l'autre.

Les tristesses de la vie se dissipent aux rayons de l'amour fraternel comme les gelées d'automne fondent le matin quand le soleil se lève.

On se corrige du vice ; rarement on revient d'une incrédulité précoce.

Nous nous en allons vers notre vraie patrie, vers la maison de notre père. Mais, à l'entrée, il y a un passage où deux ne sauraient marcher de front, et où l'on cesse un instant de se voir : c'est là tout.

TABLE DES MATIÈRES

PAGES CHOISIES

PERLVSTRAT
VELOCI CVRSV
VT ALIGER ORBE
A IN PRI CIPIO
Ω ERAT VERBV

www.ingramcontent.com/pod-product-compliance
Lightning Source LLC
LaVergne TN
LVHW011904180726
843502LV00003B/582